国家社科基金项目(15BG105)
江苏高校优势学科建设工程资助项目(2014SJB526)

文化创意产业与高等艺术教育互动发展研究

束霞平　著

苏州大学出版社

图书在版编目(CIP)数据

文化创意产业与高等艺术教育互动发展研究 / 束霞平著. —苏州：苏州大学出版社，2015.12
(苏州大学艺术学优势学科建设学术文库艺术理论系列丛书)
江苏高校优势学科建设工程资助项目
ISBN 978-7-5672-0774-5

Ⅰ.①文… Ⅱ.①束… Ⅲ.①文化产业—产业发展—研究②艺术教育—教学研究—高等学校 Ⅳ.①G114 ②J—4

中国版本图书馆 CIP 数据核字(2015)第 292771 号

书　　名：文化创意产业与高等艺术教育互动发展研究

著　　者：束霞平
责任编辑：李　兵

出版发行：苏州大学出版社(Soochow University Press)
社　　址：苏州市十梓街 1 号　邮编：215006
印　　刷：苏州工业园区美柯乐制版印务有限责任公司
网　　址：www.sudapress.com
邮购热线：0512-67480030
销售热线：0512-65225020

开　　本：787 mm×1 092 mm　1/16　印张：14.75　字数：368 千
版　　次：2015 年 12 月第 1 版
印　　次：2015 年 12 月第 1 次印刷
书　　号：ISBN 978-7-5672-0774-5
定　　价：42.00 元

序

束霞平博士的新著《文化创意产业与高等艺术教育互动发展研究》，是一部探讨新兴的文化创意产业与高等艺术教育互动关系的著作，是作者在其教育学博士后“出站报告”的基础上修改出版的。我作为作者的博士后“合作导师”，应他的请求为这部著作写了下面一些或许是外行的话，聊充书序。

本书论述了文化创意产业的基本内涵，介绍了国内外文化创意产业教育的发展历程和趋势，分析了文化创意产业与高等艺术教育的互动关系；针对我国的实际，具体剖析了动漫产业、广告产业、服装产业的发展情况以及相关的高等文化创意产业教育的现状；在此基础上，提出了发展我国高等文化创意教育的基本思路和对策，论述了创新我国高等文化创意产业人才培养的若干设想和建议。该书对我国高等艺术教育具有较强的针对性，内容比较丰富，对我国高等文化创意教育的发展和高等艺术教育的发展都有重要的参考价值。

艺术教育的目的，是陶冶性情还是世俗应用，这在艺术教育发展的漫长历程中，可能是一对始终纠缠不清的矛盾，这倒是在一定程度上印证了本书所引用的“共生现象”理论。早在人类文明教育萌芽的初期，无论是在正规的学校里还是在自由民的家庭中，艺术教育几乎从一开始就势不两立：既有单纯以培养“画师”、“琴师”为目的的专业艺术教育，也有完全以滋润心灵、陶冶性情为宗旨的素养艺术教育。当然，在一般的社会观念中，尤其是在上等社会的观念中，前者只是“下等人”所为，后者才为“上等人”所特享的一种素养。相传在古希腊时期，一个雅典的孩子在学习乐器的过程中，如果被父母指责说“你怎么弹得像个专业演奏员”，那应该是非常严厉的批评了，因为弹得太“专业”，似乎就偏离了“上等”的“心灵和性情”素养，而大有堕落为那些苦于谋生的“下等”“琴师”、“琴匠”之虞。上下之分，文野之别，自是非同小可！

但是，艺术教育尤其是高等艺术教育的发展过程，似乎就是各种世俗的艺术、实用的艺术不断登堂入室的过程，或者说是艺术教育不断世俗化、实用化，甚至是产业化的过程，是艺术教育的外延不断扩展的过程。在艺术教育的课程表中，在单纯的音乐、美术、声乐、器乐、和声学、色彩学、艺术史、音乐史、东方艺术史之类的经典课程之外，先后有了实用美术、艺术设计、视听艺术设计、播音主持之类的课程甚至专业，而今又有了动漫、广告、服装之类的“文化创意产业”课程和专业。在大不列颠，1980 年建立了“创意艺术大学”；在我国的高校里，各类“文化创意学院”、“创意设计学院”、“文化产业学院”之类的二级院系也雨后春笋地冒了出来。这些专业和院系都涌入“艺术教育”的殿堂之内，按照“艺术教育”进行招生、培养，最后到相关的“产业”去就业，不管人们喜欢不喜欢，也不管经典艺术教育者们怎样看待，这似乎是一个历史的潮流，一个时代的走向，浩浩荡荡，不以人们的意志为转移。

本书将“文化创意产业”界定为“那些可以生产内含文化艺术或创意的并可传达某种文化象征意义的，来源于人的创造力和智慧，并通过文化与科技的融合途径和市场化运作可以被产业化的活动的总和”。这样的界定，是有理论的依据和实践的基础的。其实，“创意”作为一种创造性、创作性的精神活动，源于“创造力和智慧”，自不待言；而这种精神创造与创作活动具有“文化内涵”或“文化象征意义”，也可以认为是不言自明的；最核心的是，这种具有“文化内涵”或“文化象征意义”的精神创造和创作活动，定向于“市场”和“产业”，它可以进行“市场化运作”，可以“被产业化”，这就将“文化创意产业”与其他一般的精神创造、创作活动区分了开来，它是定向于市场和产业的“文化创意”活动，是以市场和产业为归宿的“文化创意”活动；这种“文化创意”活动，一方面要以文化艺术作为其专业基础，另一方面又要以经济学等学科作为其专业支撑，实际上它具有跨学科的性质，这也许就是“文化创意产业”类专业在高等艺术教育领域中的特殊性之所在。“文化创意产业”能否与高等艺术教育互动发展，无疑是以这种跨学科性为基础的，是以这类专业与艺术类专业及其他相关专业的内在关系为基础的，对于这种跨学科性以及各专业之间的内在关系，显然还有许多深层的理论和实践问题需要进行更深入的探讨，这也是笔者寄希望于作者的。

苏州大学教科院院长、博士生导师周川教授

2015 年 3 月 6 日

目录 Contents

第一章　高等艺术教育研究视野下的文化创意产业

第一节　文化创意产业的概念及现状

一、文化创意产业的概念

随着知识经济的发展和信息技术的普及，传统产业结构演进的规律已经愈来愈无法描述当前经济发展的结构特征。作为一种新兴的产业类型，创意产业开始进入人们的视野。就创意产业这一概念本身而言，学术界就一直围绕两类观点展开讨论。一类是把创意产业理解为内容产业和文化产业的高端环节[1]；一类是把创意产业确立为涉及具有高科技含量、高文化附加值和丰富创新度的多种产业集合体，其实质是把所有以科学、工程与技术为基础的部门中所有以专利为基础的研究和发展领域都囊括了进来[2]。争论还在继续，但创意产业，这个具有巨大活力的新生事物却在实践中发挥出了巨大作用。与此同时，人们对创意产业的兴趣与日俱增，因为在越来越以市场为主体的全球化经济环境中，创意产业向人们展示了一幅幅城市复兴和地区发展的美好前景[3]。创意产业作为一种以地点为基础的市场[4]，作为融合城市和地区更新战略的关键因素[5]，作为一条具有高附加值的出口创汇渠道，从一开始就被普遍认为能为地方产生更多的交易，带来更为活跃的经济，并从其发展之初就从政府决策那里得到了与科学技术同等的待遇。

“创意产业”这一概念的提出源于英国1998年出台的《英国创意产业路径》，英国有许多学者把创意产业称为文化产

〔1〕 金元浦.世界创意经济浪潮正在勃兴.决策与信息，2005，4：6—7.

〔2〕 Join Howkins. The Creative Of Economy. How people make from ideas M Allne lane，The penguins press，2001.

〔3〕 Ivan Turok. Cites，Clusters and Creative Industries-The Case of Film and Television in Scotland J European Planning Studies，2003.

〔4〕 Landry，Charles，Comedia（Firm）. The Creative City：A Toolkit for Urban Innovs M. Earthscan Pubications，2000.

〔5〕 Flrida，Richard. The Rise Of The Creative Classe Mew York，Basic Book，2002.

图 1-1-1 英国是第一个定义文化创意产业的国家，伦敦作为英国的首都，有近 2000 年历史，整个城市好像一座巨大的建筑博物馆；伦敦的楼群、雕像、纪念碑、教堂都打上了多元文化和不同历史时期的烙印；其浓厚的文化底蕴、多元化的社会结构和丰富的人文背景赋予它有别于世界上其它城市的独特魅力。

业，并指出文化产业的创新性、创意性是新经济企业的最主要的动态特征。何为文化创意产业？文化创意产业与文化产业有何区别？是不是就是一个概念？这可谓仁者见仁、智者见智。英国是较早定义文化创意产业的国家，认为文化创意产业即“源于个体创造力、技能和才华的活动，而通过知识产权的生成和取用，这些活动可以发挥创造财富和就业的潜力”。[1]这个概念的提出，对世界其他国家产生了深远的影响，各国及地区都结合各自特点加以调整适用。（图 1-1-1）关于文化创意产业的提法，世界各个国家和地区都有所不同，依据名称可归纳为三种：一是以英国政府定义为基础的“创意型”；二是以美国界定为代表的“版权型”；三是以中、韩等国为代表的“文化型”。其他诸文化创意产业的提法是对以上三种基本类型的进一步阐发。[2]

之所以提出文化创意产业概念，一定程度上主要是为了与“文化产业”相区别。文化产业相对文化创意产业出现较早，“文化产业”一词最早出现在 20 世纪 30 年代德国人瓦尔特·本雅明的《机械复制时代的艺术作品》一书中（图 1-1-2），而文化产业概念最初由 Adorno 和 Horkheimer（1974）提出，强调大众文化不是由社会大众所自然产生，它不是一种自我回馈的文化，它是统治阶级强加于人民以行统治控制之目的，其标准化和规格化将导致个体性丧失。此时的文化产业概念，侧重于文化而非产业，强调的是文化而非经营。[3]后来，文化产业概念也得到了进一步发展，即利用商品生产模式和产业企业组织，通过文化商品和服务的形式，来生产和分配各种

〔1〕［澳］斯图亚特·坎宁安．从文化产业到创意产业：理论、产业和政策的含义．宛洁译//林拓，薛晓源．世界文化产业发展前沿报告（2003—2004）．北京：社会科学文献出版社，2004：134—147．

〔2〕张京成．中国创意产业发展报告（2007）．北京：中国经济出版社，2007：23．

〔3〕高洪深．知识经济学教程．北京：中国人民大学出版社，2001：89．

图 1-1-2 [德]瓦尔特·本雅明著，王才勇译，《机械复制时代的艺术作品》，中国城市出版社，2002 年。

符号和象征。换句话讲，由文化产品（或服务）的生产、流通和消费所形成的产业自然成为文化产业。2003 年 9 月，我国文化部制定下发的《关于支持和促进文化产业发展的若干意见》将文化产业界定为：从事文化产品生产和提供文化服务的经营性行业。

从提出的时间来看，“文化产业”的提出早于“文化创意产业”；从逻辑上看，文化产业是一个范畴，文化创意产业是另一个范畴，只是二者存在很多的内容交集，二者都能将具有原创性和变化性的知识融入到文化之中，创造新的价值。当然，二者也存在区别，文化产业把文化变成商品，但文化创意产业不仅包括把文化变成商品这一单向的过程，还包括在各种商品中融入创意的元素，并使之成为该商品的主导和标志性元素，大幅度提高该商品的附加值。[1]可见，文化创意产业不仅仅局限于文化产业的范畴，也延伸至其他传统产业领域，它是文化产业发展到一定阶段的产物，也是文化产业发展的新阶段。

文化创意产业的最大特点就是运用个人的创造力，重视将文化产业与传统产业相结合，以增加传统产业的文化附加值。中国人民大学人文奥运研究中心主任、创意产业专家金元浦对《中国经济周刊》介绍说：“创意产业、创意经济，是在全球化的消费社会的背景中发展起来的，它与技术生产力不同，推崇创新、个人创造力，强调文化艺术对经济的支持与推动。”[2]薛晓源先生对文化创意产业内涵作了较为全面的阐述，“以经营符号性商品与信息为主的那些活动，这些商品的基本经济价

〔1〕 张京成.中国创意产业发展报告(2007).北京：中国经济出版社，2007：45—46.

〔2〕 王章旺.创意产业：我国新经济的引擎//王章旺.创意的经济与创新设计人才的教育.沈阳：辽宁美术出版社，2009.79—83.

图 1-1-3 《The Voice》2010 年由荷兰著名制片人 John De Mol 打造，在荷兰一经播出便轰动。而后美国版的《The Voice》使其更为名声大振，NBC 电视网引进并在 2011 年 4 月 26 日开播，节目播出后不到 1 个月的时间就爆红，成为 NBC 电视网收视最强劲的节目之一。2012 年 3 月 24 日，英国 BBC ONE 同样引进了《The Voice》，节目包装和赛制与《荷兰之声》和《美国之声》完全相同，现全球有 23 个国家播出这个节目。

值源自于它们的文化价值；它包括‘传统的’文化产品如广播、电视、出版、视觉艺术等，也涵括了最新的文化产业如互联网和相关的高新技术产业；文化产业在全球化时代已经构成了一个巨大的产业链，Andy C. Pratt 博士把它归纳为：内容的创意、生产输入、再生产和交易。这四个链环互相交融构成了庞大的文化产业生产体系。”[1]

文化创意本身也是一种创意行为。著名经济学家凯夫斯认为，某种行为要成为创意行为并带来经济利益必须具备以下特点，即“要求的不确定性、创意产业人员关注自己的产品、创作产品要求多种技能、产品的差异性、纵向区分的技艺、时间因素至关重要、持久产品与长期赢利”。[2]（图 1-1-3）

根据西方权威研究部门的研究成果，把文化创意产业的创新性概括为以下几点：第一，文化产业是一种创意产业，产业的整合与发展必须拥有新思想、新观念、新方法；第二，文化产业的本质是文化的产业化，也就是说，文化产业必须实现业已拥有的新思想、新观念、新方法去创造财富；第三，文化产业必须时刻应对千变万化的市场。[3] 这就对文化创意人才素养提出了更高的要求。

文化创意产业强调开发人的创造力、技能、潜能和创造财富的能力，它是文化在精神产品与物质产品领域的创造力，并使人的积极性、主动性与创造性得到充分展现，实现人的全面发展。这里所指的“文化”不仅仅专指排除人类社会历史中关于物质创造活动及其结果的部分，专注精神创造活动及其结

〔1〕 薛晓源，沈阳：全球化与文化战略研究//王治河. 全球化与后现代性. 桂林：广西师范大学出版社，2003：149—160.

〔2〕 [美]理查德·E·凯夫斯. 创意产业经济学：艺术的商业之道. 孙菲等译. 北京：新华出版社，2004：序言 4—11.

〔3〕 薛晓源. 全球化与文化战略研究//王治河. 全球化与后现代性. 桂林：广西师范大学出版社，2003：149—160.

果，即所谓的狭义的文化概念，实际上涉及领域广泛，是广义的文化概念，如“认知的（语言、哲学、科学思想、教育）、规范的（道德、信仰、法律）、艺术的（文学、美术、音乐、戏剧、建筑的美学部分）、器用的（生产工具、衣食住行的器具，以及制造这些工具和器具的技术）、社会的（制度、机构、风俗习惯）等方面。它们是人的创造性活动驰骋的天地，人类自身也正是在这一天地里成长并受其制约。其实，考古学上的文化更接近广泛的文化，即人类的精神创造和物质创造的综合”[1]。可见，文化包括自然、物态文化、制度文化、行为文化、社会意识等。

同时，人的创造力的发挥就是人的创意的表现，而创意不等于“智力”，一篇学术综述这样写道：“很多研究认为创造力是一种有别于其他智能的认知能力，尤其是不同于‘智力’范围内各种综合能力的一种认知能力。尽管智力作为一种处理大量资讯的能力，有利于创造潜力的发挥，但它不等同于创造力。”[2]其实，创意是一种综合能力，它是对各种数据、观点和材料进行过滤，产生出新的、有价值的组合，要求创意者具有自信心和承担风险的能力。正如玛格丽特·博登在《创意心灵》中所描述的那样：“（创意）不仅要求（创意者）具有激情，同时也要求他保持自信。一个人必须自尊自重才能寻求到新的创意，并且不受别人批评的干扰，在不断犯错误的过程中最终实现其目标。有时可能出现自我怀疑的情况，但终归会被自信所战胜。打破甚至完全颠覆惯例常规，必须具有足够的自信。在面临别人的怀疑和嘲讽时继续前进，则需要更强的自信心。”[3]

〔1〕 冯天瑜，何晓明，周积明．中华文化史．上海：上海人民出版社，1990：28．

〔2〕 ［美］理查德·佛罗里达．创意阶层．司徒爱勤译．北京：中信出版社，2010：33．

〔3〕 Margaret Boden. The Creative Mind：Myths and Mechanisms. New York：Basic Books，1990：225．

基于以上各种定义及特征阐述，文化创意产业可以理解为：那些可以生产内含文化艺术或创意的并可传达某种文化象征意义的，来源于人的创造力和智慧，并通过文化与科技的融合途径和市场化运作可以被产业化的活动的总和。

二、国外文化创意产业现状与启示

（一）英国文化创意产业

英国作为世界上最早提出创意理念的国家，也是第一个政策性推动创意产业发展的国家。1997年，布莱尔政府将文化创意产业作为国家重要产业加以重点政策支持，成立了“创意产业特别工作组”，全面推动文化创意产业的发展。同时该小组分别于1998年与2001年两次发布《英国文化创意产业路径文件》，并对创意产业范围作了界定，包括出版、音乐、表演艺术、电影、电视和广播、软件、互动休闲游戏软件、广告、建筑、设计、艺术品和古董交易市场、手工艺品以及时装设计在内的13种行业。英国政府还成立了文化媒体及体育部，鼓励和提倡人的创造力在英国经济发展中的重要作用。在英国政府的积极推动下，文化创意产业成了英国发展最快的新型产业，使英国成为继美国之后的世界第二大创意产品生产国。英国创意产业的发展对其经济产生了重大的影响。有资料显示：“1997年英国文化创意产业产值仅为600亿英镑，到2002年英国的文化创意产业创造了1125亿英镑的收入。1997～1998年，英国文化创意产业产量增长16%，此时整个经济增长在6%以下。从1997年以来，英国文化创意产业年均增长9%，大大超过传统工业2.8%的

图 1-1-4　英国福特分公司于 2008 年 2 月 4 日推出全新福克斯汽车广告，广告主角为汽车乐器+乐队。好莱坞电影作曲 Craig Richey 和纽约音乐设计人 Bill Milbrodt 改装了福克斯车身的 21 个零部件成为乐器，在美国加州的通用工作室完成装配，进行演奏。目前该"福克斯乐团"的照片，已被加州环球影城列为珍藏，广告由英国 ITV 电视台播送。

增长率，是其他产业的 3 倍，对经济的贡献率达到 4%。2000 年，文化创意产业增加值已超过 500 亿英镑，占国内生产总值的 7.9%。2002 年文化创意产业增加值达 809 亿英镑，占其经济总量的 9%，显示了英国经济从制造型向创意服务型的转变。"[1]可见，发展文化创意产业已成为英国政府推动经济增长的有效发展战略。(图 1-1-4)其中英国的首都伦敦作为一座在文化方面具有世界地位的城市，也是一座文化创意产业高度发达的国际大都市，已形成了一个多样化、复杂的并且在国际上面向文化创意产业的体制，这一体制成功地培育了大量本土的和国际的文化创意产业，从而使伦敦这个创意城市更富于魅力。伦敦"有 68 万人工作在创意产业领域，他们创造的产值占伦敦经济的 15%，他们的人数占伦敦就业人口的 20%，创意产业每年的产值在 250 亿—290 亿英镑之间。伦敦的人口占全英人口的 12%，但是，它却有着全英 40%的艺术设施，70%的音乐录音工作间，90%的音乐活动，70%的影视制作，46%的广告，85%的时尚设计师和 27%的建筑艺术设计实践。过去 10 年间增长最快的行业是'服装设计师'，增长幅度达到了 88%；'艺术家、商业艺术家和平面设计师'增长了 71%；'演员、演艺者、舞台经验、节目制作和导演'增长了 43%"。"伦敦创意产业出口值为 38.52 亿英镑，高出进口值 25.22 亿英镑，整整 13 亿英镑。据悉，英国有 1.17 万个创意产业公司和机构。另外，伦敦还有 2.57 万个自就业者"。[2]可见，伦敦是一个国际文化创意产业都市，国际著名杂志《新闻

[1] 张文洁. 英国创意产业的发展及启示. 云南社会科学，2005(2)：85—87.

[2] [澳]约翰·哈特利. 创意产业读本. 曹书乐，包建女，李慧译. 北京：清华大学出版社，2007：195.

〔1〕 熊澄宇.英国创意产业发展的启示、求是,2012(7):58—60.

周刊》称之为“世界上最酷的首都”。

英国文化创意产业之所以成为仅次于金融业的第二产业,主要取决于英国政府采取了科学有效的政策推动,政策法律上有保障,资金上有扶持,人才上有支撑。这体现在支持文化创意产业从业人员的技能培训,对创意产业财政扶持,加强知识产权保护和扶植创意产业出口等方面。英国政府不直接参与文化创意产业的活动,仅靠政策支持来发挥个体的创造性。正如清华大学国家文化产业中心主任熊澄宇先生所说:“英国文化机构采用‘三三制’的资本结构方式:1/3 的投入来自政府;1/3 来自社会资金,比如彩票和其他社会捐助;另外 1/3 来自组织自身的商业活动,如门票、场地租用费等。‘三三制’充分调动个体的积极性,既提供发展空间与条件,又留有压力和风险。这种政策引导方式,要求个体必须积极主动地寻找机遇、挖掘资源、开拓市场,从而将政策和资本的效率发挥到极致。”〔1〕在法律上英国政府对文化创意产业发展也有保障,如英国早在 1709 年就制定了《安娜女王法令》,其后先后颁布过 1814 年《版权法》、1842 年《版权法》、1911 年《版权法》、1956 年《版权法》、1949 年《注册外观设计法》、1968 年《外观设计版权法》、1988 年《版权、外观设计、专利法》。经过 300 多年的建设,英国形成了以《版权法》为核心的知识产权法律保护体系。同时,英国 1993 年颁布了《彩票法》,1996 年颁布了新的《广播电视法》,1996 年后又陆续颁布了《电影法》《著作权法》和《英国艺术组织的戏剧政策》等。可见,英国的文化创意产业体系无

图 1-1-5 **英国创意艺术大学（University for the Creative Arts），创建于 1980 年，是新兴的英国艺术院校，在英国本土迅速打开知名度。它代表了当今英国艺术人才的汇聚之地。创意艺术大学是欧洲规模最大的艺术类专科院校之一。**

论是从法律的制定还是执行以及处罚都已经十分完善，这为文化创意产业知识产权提供了有力保障。英国在文化创意产业人才培养方面也是值得借鉴的。英国政府认为，艺术教育是启发人思维的教育，是提高个人综合素质和创造力的教育。因此，英国孩子从 12 岁开始一直到大学都要学习设计理念，且一般都邀请专业领域的相关专家授课。（图 1-1-5）其次是实施人才再造工程。英国教育机构有时会根据业界需求增设与创意产业接轨的新课程。例如，英国产业技能委员会曾在高校为电影、电视和多媒体行业实施为期 3 年的人才再造工程，提供了上百种课程，使 66％的影视业和 24％的多媒体业员工达到研究生水平，有效地提高了这些行业的创新潜能。再次是资助机构进行大众教育。英国政府出资支持一些专业的机构或协会，如艺术委员会，让这些协会来支持大众的艺术教育。在英国艺术委员会的常规资助机构中，90％以上的机构都有艺术教育的功能，33 万青年人被纳入了创意合作伙伴计划中，大约 3000 所学校在音乐、舞蹈、戏剧、艺术和设计等学科设置了艺术学分。为了方便大众的学习，英国政府还资助成立了“人民网络”计划（People's Network），在该计划的帮助下，公共图书馆开通了互联网终端。此外，英国还广泛吸收国际资本和创意企业，使越来越多的全球创意人才汇聚英伦。[1] 目前东亚各地迅速流行的“创意热”，无论发展理念，还是实际影响，甚至包括理论概念，都不同程度上效仿英国文化创意产业发展模式。

〔1〕 吴丽萍.英国创意产业发展现状与经验启示.发明与创新，2012(7)：25—27.

图 1-1-6 [英]约翰·霍金斯著，洪庆福、孙薇薇、刘茂玲译《创意经济——如何点石成金》，上海三联书店，2006 年。

（二）美国文化创意产业

美国文化创意产业由以创意为中心的版权产业和以艺术为中心的创意产业共同构成，它包括文化艺术业、影视业、网络服务业、音乐唱片业、出版业、传媒业六大主要行业。根据国际知识产权联盟的标准，“版权产业”分为四大类，即核心版权产业、发行类版权产业、部分版权产业、版权关联产业。其中核心版权产业，主要包括广播影视业、录音录像业、图书报刊出版业、戏剧创作业、广告业、计算机软件和数据处理业等，其基本特征是研制、生产和传播享有版权的作品或受版权保护的产品。[1]在美国，虽无正式提出过“创意产业”这一概念，但在使用的版权产业的概念中包含了商业和法律意义上的文化创意产业，尤其是版权产业的核心部分，即需要受版权保护的作品或其他物品的生产、创造与制造、表演、宣传、传播与展示或分销和销售的产业，这与文化创意产业关联密切，甚至等同。在美国，版权产业，尤其是核心版权产业，已成为国民经济的支柱产业和经济增长的主要动力。《创意经济——如何点石成金》（图 1-1-6）一书写道：“国际知识产权联盟曾经预算，到 2000 年，美国版权产业对该国经济所做贡献将大于化工、飞机及其部件、原金属制品、电子设备、工业机械、食品以及饮料业在内的其他产业。在 20 世纪 80 年代至 90 年代期间，美国版权产业的平均增长率为 6.3%，而美国产业整体年均增长仅为2.7%。”2006 年，美国麦肯锡（McKinsey）咨询公司的评估报告更令人振奋：在美国，40%的工作要求员工能够

〔1〕 蒋三庚．文化创意产业研究．北京：首都经济贸易大学出版社，2006：36—37.

图 1-1-7　美国经典电影《乱世佳人》　米高梅电影公司(英语：Metro-Goldwyn-Mayer, Inc. ,MGM),创办于1924年。米高梅电影公司曾拍摄了电影史上最出色的影片之一的《乱世佳人》,创造出历久不衰的银幕经典——007,塑造了不朽的卡通形象——猫和老鼠,发起成立了美国电影艺术与科学学院,并推出了学院奖(即奥斯卡奖)。米高梅电影公司的雄狮利奥标志一度被当成了美国的象征,它旗下巨星云集,曾创造每周推出一部电影的神话。

表达其创意天赋,更重要的是,超过60%的新增岗位提出了这样的要求。到2004年,“美国知识产权价值介于5兆至6兆美元之间,占美国国内生产总值的45%,大于其他某些国家的总国内生产总值。”[1]而据美国商务部的统计,“1996年文化产品(电影、音乐、电视节目、图书杂志及计算机软件)以601.8亿美元的出口额首次超过汽车、农业、航空和军火等其他传统行业,成为美国最大的出口项目。1999年文化产品出口又超过1000亿美元,2001年则高达1600亿美元,位居美国所有产品出口量之首”。[2]可见,美国文化创意产业凭借技术、经济和知识优势,发展迅速,引领世界文化创意产业发展潮流。美国文化创意产业的发展在影视行业的成就尤为突出。(图1-1-7)在50部被全球评为一生不得不看的经典电影中,美国电影占其中的30部,无论是对外销售还是出口的成绩都令人惊叹,其贸易额从1991年的70.2亿美元增长到2002年的170亿美元,年均增长9.25%。而在四大类版权产品的国际收入中,影视产品所占比重高达19%。[3]在世界各国设立的名目繁多的电影奖项中,美国的奥斯卡金像奖可谓影响最大。(图1-1-8)

美国文化创意产业一直遵循“高成本,高收益”的投资理念,“利润最大化”永远是他们的第一信条。当然,仅靠高投入是不行的,美国的文化创意产业深知市场的重要性,他们严格按市场规律办事,通过产品开发、建立全球销售网络、宣传促销和捆绑销售等多种手段和方法,以实现利润最大化。迪斯尼可以说是这方面的行家里手,迪斯尼一般分五步提取最大

[1] [英]约翰·霍金斯.创意经济——如何点石成金.洪庆福,孙薇薇,刘茂玲译.上海:上海三联书店,2006:93—94.

[2] 孙安民.文化产业理论与实践.北京:北京出版社,2005:58.

[3] 管晨.全球化背景下美国创意文化产业链.艺术百家,2007(7):4—6.

图 1-1-8　奥斯卡金像奖是美国电影业界年度盛事。

图 1-1-9　世界上最早建立的美国加州迪斯尼乐园。

赢利:票房收入是第一轮收入;发行录像带、DVD是第二轮收入;迪斯尼主题公园的推广是第三轮收入;特许经营和品牌专卖是第四轮收入;最后,通过电视媒体获取最后一轮收入。据统计,在迪斯尼的全部收入中,电影发行加上后续的电影和电视收入只占30%,主题公园的收入占20%,其余的50%则全部来自品牌销售。(图1-1-9)

由于美国政府在政策上采取了“杠杆方式”,以“资金匹配”来要求和鼓励各州、各地方以及企业拿出更多的资金来赞助和支持文化艺术事业,因此,各州、各地方都必须拨出相应的地方财政来与联邦政府的资金配套。据统计,美国联邦政府对艺术的年投入约11亿美元,而州、地方政府和企业的赞助高达50亿美元以上。如美国国家交响乐团每年得到的艺术委员会拨款只占总费用的10%,其余款项需由地方、企业及全社会予以资助。美国作为全球版权产业最为发达的国家,版权产业已经成为其最大、最富有活力并带来巨大经济收益的产业。特别是美国的影视业和软件业发展迅速,在国际市场中优势明显。美国是世界电影业最发达的国家,美国电影市场年销售总额高达170亿美元,占全球85%的份额,仅米老鼠和史努比两个动画产品在全球范围内的年收益就超过500亿美元。美国也是称雄世界的软件大国,其软件销售额约占全球软件销售额的2/3,几乎垄断了全球的操作系统及数据库市场。美国版权产业在出口、增值和就业等方面的持续增长,巩固了版权产业作为美国经济发展的支柱产业的地位。

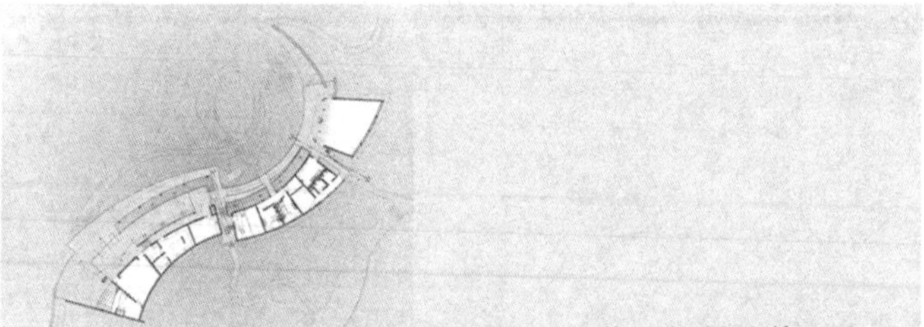
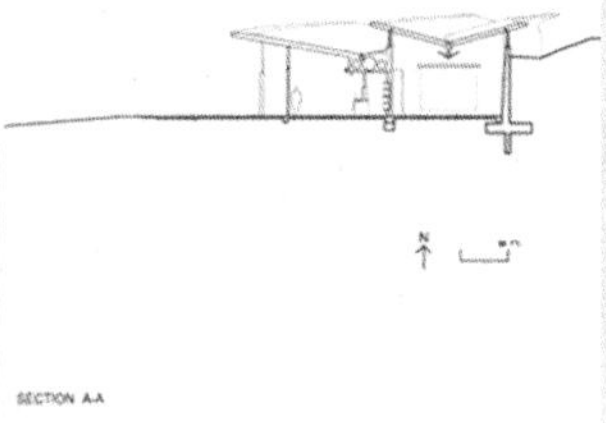

图 1-1-10　美国加州鲍德温山观景台设计：公园包括新建的占地10000平方英尺的游客中心、观景平台、登山通道、野餐区和恢复的自然景观。鲍德温山动荡的历史，从石油钻井开发到大规模住宅项目发展，将此地的自然特性严重毁坏，因此这个设计的目的之一在于最大限度地恢复此地的自然状态，创造出合适的应对策略。

美国文化创意产业发展之迅速，成为美国经济领域的支柱产业，主要决定于美国政府重视版权保护、加强版权立法、实施数字化版权保护战略、推进文化创意产业链等发展措施。美国在版权立法与保护方面值得借鉴：首先，从宪法层面保障出版自由权，《版权法》颁布实施并不断修订与完善，而后又相继增补了对其他文化创意产品著作权的保护条款；其次，为促进软件业的发展，先后颁布了《计算机软件保护法》《反盗版和假冒修正法案》(1982年)、《反电子盗版法》(1997年)、《跨世纪数字版权法》(1998年)等；再次，不断促成版权保护的国际化法制进程，通过《伯尔尼公约实施法》(1988)、《综合贸易与竞争法》中的特别301条款等强化了国际版权保护，促成了美国文化创意产业更为广泛的国际保护机制，以推进其文化产品的国际化发展。(图1-1-10)

除了英国、美国之外，日本、澳大利亚、芬兰、加拿大、韩国、印度等国的文化创意产业也发展迅速，在世界文化创意产业领域中越来越扮演着重要角色，在推动世界经济发展中发挥着重要作用，也成为各国国内经济发展的助推器。

三、中国文化创意产业现状与思考

创意产业是以知识产权为核心资产的新的产业门类，作为知识经济时代的产业形式，是经济发展的重要引擎，在增强自主创新力、建设创新型国家的过程中起着重要的作用。要发展壮大我国的创意产业，应从源头入手，加强政府宏观指导作用，拓宽投融资渠道，完善对知识产权的保护，培养创意产业人才，营造合适的环境和文化氛围。文化创意产业作为知识智慧密集型的新兴产业领域，已经成为发达国家和地区发展势头最强劲的产业。对产业结构调整和升级中的制造业大国——中国来说，大力发展文化创意产业，对于进一步解放生产力，推动经济、文化和社会发展具有重要的战略意义。

（一）中国文化创意产业发展现状

当前，我国正处于经济体制转轨、产业结构升级、城市功能转换的关键时刻，自主创新已成为我国国家战略。中国要想产业升级、技术创新、打造创新型国家，以至在未来的创意世界时代占有一席之地，就必须大力发展文化创意产业。我国文化创意产业虽然起步较晚，但发展很快。从国家层面来看，2009 年 7 月 22 日，时任国务院总理温家宝主持召开国务院常务会议，讨论并原则通过《文化产业振兴规划》，这标志着我国将文化产业提升到国家战略发展层面。2010 年 10 月，国务院又出台了《关于加快培育和发展战略性新兴产业的决定》，明确提出"大力发展数字虚拟等技术，促进文化创意产业发展"，2014 年 3 月又出台了《关于推进文化创意和设计服务与相关产业融合发展的若干意见》，标志着我国政府将文化创意产业等新兴产业提到了战略高度予以政策支持。在这样的前景下，我国文化创意产业迅速发展。一是文化创意产业的主要行业门类发展健康有序。如 2011 年我国电影产业市场规模位列全球第三，中国内地生产各类电影总产量达到 791 部，电影频道生产供电视播出的数字电影 102 部；内地电影总票房达到 131.15 亿元，比 2010 年增长 28.93%，票房总额仅次于美国、日本，成为全球第三大电影市场；国产电影片票房为 70.31 亿元，占全年票房总额的 53.61%。二是广播电视市场规模突破性增长，收入结构得到优化。2011 年上半年，全国广播电视实际创收 1019.68 亿元，比上年同期增加 184.95 亿元，增幅 22.15%。其中，广告收入 537.65 亿元，比上年同期增加 100.29 亿元，增幅 22.93%；网络收入 249.67 亿元，比上年同期增加34.25亿元，增幅15.89%；其他创收收入 233.34 亿元，比上年同期增加 50.39 亿元，比上年同期增加 10.47 亿元，增幅 27.96%；电视广告收入 464.27 亿元，比上年同期增加 83.36 亿元，增幅21.88%；其它广告收入 19.76 亿元，比上年同期增加 6.47 亿元，增幅 48.68%。其三，新闻出版行业实力得到增强，交易模式有所创新。2011 年，中国新闻出版行业总产出超过 1.5 万亿元。其四，艺术品市场交易产业热度空前。2011 年，中国艺术市场呈现出较强增长态势，市场规模突破 2000 亿元，年度成交总额从 2010 年的 596.53 亿元飙升至 968.46 亿元，同比增长了62.35%。[1] 与此同时，我国各大城市，如北京、上海、深圳、南京、杭州、重庆、长沙等大城市均依托各自人才、区位以及资源优势，将文化创意产业视为经济发展的新亮点和新举措，他们纷纷出台创意产业发展规划和优惠扶持政策，设立各种文化创意产业基地和园区，欲抢占文化创意产业发展战略高地。

作为全国政治经济文化的中心，北京市成立了文化创意

〔1〕 张京成.中国创意产业发展报告(2012).北京：中国经济出版社，2012：3—7.

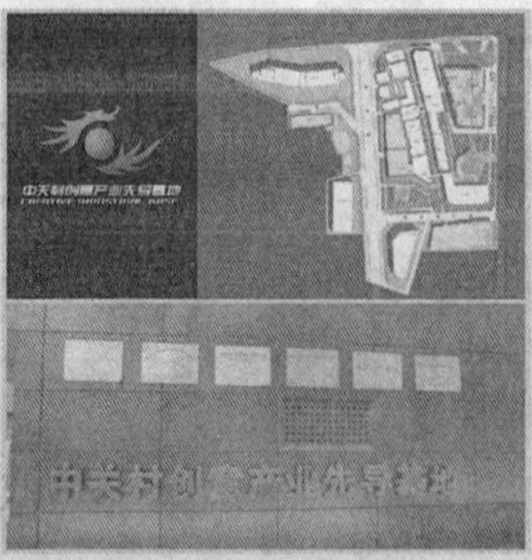

图 1-1-11 北京数字娱乐示范基地 北京数字娱乐产业示范基地位于国家服务业综合改革试点区、国家可持续发展实验区之一的北京市石景山区，是北京市首批认定的“北京文化创意产业集聚区”，是石景山区涉钢产业搬迁调整和产业转型升级的示范性窗口。

图 1-1-12 中关村创意产业先导基地 基地已经形成了互联网、软件、游戏、创意设计、动漫画、数字内容、出版传媒等产业集群，已有新浪、腾讯、第一视频、远景东方、华旗资讯、联众、光线传媒等近百家创意企业入驻。基地重点发展动漫游戏、创意设计、软件开发、数字媒体与出版、网络内容增值服务等产业，大力发展网络服务等现代信息服务业，依托海淀图书城特色商业街，促进图书出版、发行与经营等图书产业发展。

产业领导小组，出台了 36 条扶持政策，启动 10 亿元创意产业专项资金，用于发展六大重点创意产业（全国文艺演出中心、出版发行和版权贸易中心、影视节目制作和交易中心、动漫和网络游戏研发制作中心、文化会展中心、古玩艺术品交易中心），并形成了六大文化创意产业集聚区（北京数字娱乐示范基地（图 1-1-11）、中关村创意产业先导基地（图 1-1-12）、德胜园工业设计创意产业基地、朝阳大山子艺术中心、国家新媒体产业基地、东城区文化产业园）。2005 年北京文化创意产业产值已超过 960 亿元，占全市 GDP 的 19%以上。在 2006 年的北京市两会上，文化创意产业首次被确定为未来新的经济增长点，逐渐成为北京的主要经济支柱。2009 年文化创意产业增加值为 1497.7 亿元，2010 年产业实现增加值达 1692.2 亿元，到 2011 年产业增加值达 1938.6 亿元，占 GDP 比重达到 12.1%。目前，北京文化创意产业影响力在不断扩大，引领全国文化创意产业发展，科技创新促进了北京文化创意产业高端化进程，文化附加值获得极大提升；与此同时，北京日益强大的文化消费刺激着北京文化创意产业的繁荣发展。可见，科技创新与文化消费大大提速了北京文化创意产业发展。

作为“世博之城”和“设计之都”的上海，凭借产业基础、人才资金及地理优势，通过开办国际电影节、电视节、音乐节、艺术节以及各类设计展等形式，大力推动文化创意产业发展。2003 年 12 月，以数字内容为主题的大型综合性展会“D+(D－plus)上海国际数字内容展”在上海浦东举行。2005 年底

图 1-1-13 上海滨江创意产业园：由台湾设计师登琨艳选址，于 2004 年成立的。该产业园坐落于杨浦区的滨江地带，是通过对老厂房的保护性改造、开发而建成的创意产业园区，通过精心创意设计，原来斑驳沧桑的工业老厂房已被营造成了十分前卫的设计工作室、咖啡天地、露天聚会中庭、啤酒吧、创意书店等现代办公、休闲场所。园区内上海电站辅机厂曾是美国通用公司用于生产电风扇的老厂房，由此被授予联合国教科文组织 2004 年度文化遗产保护奖。

举办了国际创意产业活动周。上海创意产业已被列入上海市“十一五”规划，上海建立了一批具有很高知名度的创意产业园区，聚集了一批具有创造力的优秀创意人才，吸引 30 多个国家和地区 2000 多家创意类企业入驻，提供就业岗位 2 万多个。(图 1-1-13、图 1-1-14)2010 年，上海文化创意产业从业人员为 108.94 万人；实现总产出 5499.03 亿元，比上年增长 14.2%；实现增加值 1673.79 亿元，比上年增长 15.6%，高于全市 GDP 增幅 5.3 个百分点；占上海生产总值的比重为 9.75%，比上年提高 0.51 个百分点；对上海经济增长的贡献率达到 14%。[1]

（二）我国文化创意产业发展存在的问题及遭遇的瓶颈

中国发展创意经济的兴起，其实是建立在严峻的经济现实基础上：制造业处于产业链的低端，中国外贸 200 强中，企业出口值有 74%是通过加工贸易方式实现的；资源严重匮乏，开发与规划无序……因此，从中央政府至地方企业，都迫切希望走出一条创意转化为财富的新路子。中国创意产业虽然有一定的发展，但其所占比例还很低，在发展中面临一些亟待改进的问题。

其一，创意概念亟待界定。基于创意产业在全世界的迅猛发展态势，国内知识界与政府部门热炒创意产业的概念，但遗憾的是，由于对相关概念的特定内涵与背景不了解，造成了使用上一定程度的扭曲。首先便是对“文化创意产业”概念界定的问题。从英国的创意产业的概念发展来看，给人突出印象的是对于文化和创新精神全面发展的重视，然后进一步肯

〔1〕 上海文化创意产业 2010 年实现总产出 5499.03 亿元.解放日报，2011－9－23.

图 1-1-14 田子坊：由上海特有的石库门建筑群改建后形成的时尚地标性创意产业聚集区。

定其对于经济领域的意义，于是，把建设有利于社会整体福祉与创意人才培养的宜居城市与宜居社区作为发展创意经济的基础性条件来发展。而中国对于创意产业概念的大力提倡，主要是出于急欲发展经济的目的，从而忽视了创意产业发展的真正内涵与目标。实际上创意产业的真正内涵不是让人们通过将文化商品化直接去获取经济利益，而是因为该产业对于人类的过去、现在和未来都负有深刻的文化责任。其对于人类过去的意义在于保护和开发人类的文明成果和文化资源，使其成为人类继续发展的动力和重要资源；对于现在的意义在于丰富人类的生活，提高人们的生活质量，建构和谐繁荣的文化生态环境，促进经济的发展和结构的升级；对于未来的意义在于培养具有广泛人文关怀和良好精神风貌的新人，尽可能地减少对于自然资源的开采掠夺，依托日益丰富的文化资源和创意精神，建设人类可持续发展的和谐社会。

其二，创意人才极度匮乏。创意产业是典型的以人为本的现代经济发展模式，人才是创意产业的灵魂。中国创意产业发展的瓶颈是创意人才的极端匮乏。我国创意产业人才总量、结构、素质还远不能适应产业发展的需要，急需大力引进和培养。其中亟需两大类人才：既通晓创意产业内容又擅长经营管理的管理者；灵感迸发、创意迭现的创作者。统计资料显示，在纽约，文化创意产业人才占所有工作人口总数的12%，伦敦是14%，东京是15%。而目前上海创意产业从业人员占总就业人口的比例还不到1‰。[1] 仅动漫产业，我国至

〔1〕 转引自叶南客.南京市经济社会发展蓝皮书（2006—2007）.南京：南京出版社，2007：300.

图 1-1-15　798 艺术区是前民主德国援助建设的“北京华北无线电联合器材厂”，即 718 联合厂旧址改造而成的集画廊、艺术工作室、文化公司、时尚店铺，于一体的多元文化空间。

少需要 2.5 万专业人员，而目前只有 1 万名受过大学教育的动漫专业人员。

其三，创意产品缺乏文化深度。在经济全球化的今天，我国理论界和企业界面临着一个巨大的历史课题，那就是如何把华夏五千年灿烂的文明变成实实在在的生产力，从而在全球经济竞争中产生巨大的竞争力。优秀产品的意义可超越产品的本身，依托文化的渗透力使产品的辐射力得到空前增强，驱动经济的迅速发展。

其四，创意园区存在诸多问题。近年来，中国在发展文化创意园区的实践中，重复建设、同质化竞争、资源浪费等成了社会诘问最多的问题。京沪两地众多的创意产业园区，或由政府大力推动，或由企业摇身演变而来，园区规划多集中在硬件和形象建设上，对于软件方面，诸如商业模式、发展方向、园区定位等问题仍旧以粗线条勾勒，没有深入和细化。随着各大城市房地产业的高速发展，创业园区的租金日渐高企，如在北京，由于各艺术区的交通地理、人文环境、发展历史等因素，租金呈现出较大差异，租金相对较高的是“798 艺术区”，平均租金为 3.5 元/平方米/日，其次是“草场地艺术区，平均租金为 2.3 元/平方米/日。(图 1-1-15)上海卢湾区 8 号桥园区的日租金已达每平方米 6—7 元(图 1-1-16)；莫干山路 50 号 2000 年租金仅为约 0.3—0.4 元/平方米/天，现在租金翻了 10 倍，目前普遍在 4 元/平方米/天以上；静安创意空间日租金也达到 4 元/平方米/天，而五角场 800 号最高日租金达到

图 1-1-16　8 号桥时尚创意园区：在上海汽车制动器厂原址改建而成的上海 8 号桥创意产业聚集园区，位于卢湾区建国中路 8—10 号。在设计理念中，为了让不同企业、不同国家的创意人提供交流、碰撞的平台，8 号桥设立了很多开放的人际交流空间，如商务中心、员工餐厅、休闲后街、阳光屋顶、小花园等。8 号桥还成为继宝钢之后上海第二个全国工业旅游示范点，也成为全国工业旅游示范点中首个以创意产业为特色的示范点。

5 元/平方米/天。园区内许多知名企业纷纷外迁，制约了创意产业的发展。[1]

（三）迈向"中国创造"的应对措施

中国创意产业的发展拥有自身独特的资源优势及市场优势，具备一定的基础，有着良好的势头，应当把创意产业提升到国家战略产业的高度，制订有针对性的产业政策，制订促进文化创意产业发展的战略规划和行动计划，创造良好的内外环境，引导文化创意产业实现持续、快速、协调、健康发展。

其一，加强宏观指导，加大政策扶持。产业发展理论以及英、美等国的经济实践告诉我们，推进创意产业发展并能取得预期成效离不开各方面的配套措施，其中最需要的是政府的战略推动。英国政府成立的文化创意产业专门小组，负责跟踪国际文化创意产业发展的最新趋势，规划英国文化创意产业的发展方向。英国首相还制订了"创意英国"的全球推广计划，推进英国及伦敦的创意产业战略。党十六大报告明确提出了"完善文化产业政策，支持文化产业发展，增强我国文化产业整体实力和竞争力"的口号，但政府目前还缺乏一个全面、系统的政策支持体系来推动创意产业的发展。政府有责任营造一个适宜产业发展和企业公平竞争的外部环境。"政府应该着力理顺产业体制，积极打造适合创意产业发展的制度平台，从而形成成熟的创意产业链，培育出有国际影响力的品牌"。[2]"政府应该从国家经济长远发展的需要"，"整个产业布局的系统优化方面，制定跨地区、跨部门、跨学科的政策与

〔1〕 转引自张晓凌. 消费主义时代中国社会的文化寓言：中国当代艺术考察报告. 长春. 吉林美术出版社，2010：100.

〔2〕 吴绍中. 加快上海创意产业的发展. 湘潭大学学报（哲学社会科学版）. 2006(2)：45—47.

措施来促进创意产业的发展。”[1]政府还要在公共设施、基础设施等方面为创意经济的发展提供良好的环境，应在资金投入、人才培训、立项、用地、税收、价格、融资、生产、进出口以及社会保障等方面对创意经济予以政策性扶持。在实际发展中，政府既是文化创意产业最大的投资者和消费者，也是文化创意产品最大的需求者，政府应该不断扩大政府采购的份额，从市场上采购各种公共创意产品和服务。

其二，尊重创意人才，加大知识产权保护力度。创意人才是发展创意经济的核心竞争力。创意产业人才既包括处于产业链上游的创意设计人员，如设计师、工艺美术家、画家、作家、创意策划人等，也包括处于产业链中下游、擅长将作品产业化的经营管理人才。因此，培养一流的创意人才，将人力资源潜在优势转化为创意人才资本，是发展创意经济的关键。今后人才培养要面向创意经济主战场，调整优化人才结构，加强对创意人才特别是高端人才、复合型人才、营销人才的引进，不拘一格选用人才；设立针对性的教育培训机构，加快对创意产业专门人才的培养，培养出立足本土同时又有国际视野的创意产业人才；还要在基础教育中加强素质教育，提高全民族的创新意识和创新能力，并认真做好创意产业企业员工队伍的培训工作，大力提高员工的整体素质。与此同时，要完善人才评判标准及使用机制，形成激励人才发挥创意才智的氛围。

创意产业作为知识产权活动需要严格和完善的知识产权法律加以保护。创意产业本质上是基于人的创造力、技能和

[1] 李卓华，纪艳彬．中国创意经济发展的问题研究．集团经济研究》（下半月）．2006（7）：67－68．

图 1-1-17　中国电影集团公司发行电影海报卡 1999—002(美国迪斯尼公司出品动画片花木兰)。

天赋来获取发展动力,并通过知识产权的开发和运用,创造潜在财富和就业机会的产业,它必须依赖于知识产权的国家保护体系。霍金斯指出,发展创意经济的核心基础是要有完备的知识产权保护法与法律促进政策,没有这个核心,创意活动将无法真正形成创意产业与经济。因此,制订严格的知识产权保护法律法规是促进创意产业发展的基本保障。只有具备了法制保障,才能使从事创意产业人员获得丰厚的回报,才能激发创意人士的创业、创意的积极性,最终促进整个创意产业的发展。

其三,立足民族文化,努力挖掘传统文化。创意经济的核心是文化内涵,中国有五千年深厚的历史文化积淀,优美的传说、动人的神话以及令人回肠荡气的文学名著,极大地丰富了世界文化遗产宝库,这笔巨大的财富是发展创意产业取之不尽、用之不竭的源泉。所谓"越是民族的越是世界的",说明善于充分汲取民族文化的养分,对于打造创意精品十分重要。

中国几千年丰富的文化资源宝库,却因缺乏好的创意和包装,致使很多资源都处于闲置中,甚至为他人所利用。而美国迪斯尼公司根据中国民间传统故事改编出品了动画片《花木兰》(图 1-1-17),日本游戏公司大规模将中国古典名著申请注册为游戏产品商标,《西游记》《孙子兵法》《天仙配》等我们耳熟能详的故事在未来几年可能都将变成好莱坞大片。当然中国也有许多地区由于善于利用当地优秀文化而取得了较好的经济效益,如广西利用民歌策划的《印象·刘三姐》大型桂林山水实景演出节目,仅 2004 年就接待游客 30 多万人,票房

图 1-1-18 《印象·刘三姐》：在方圆两公里的阳朔风光美丽的漓江水域上以十二座山峰为背景，广袤无际的天穹，构成了迄今为止世界上最大的山水剧场。“山水实景演出”是人与自然的共同创作。山峰隐现，水镜倒影，烟雨点缀，竹林轻吟，月光披洒随时都会加入演出，成为最美妙的插曲。

收入 3600 多万元。（图 1-1-18）但从总体上看，我们对传统文化的挖掘、开发还远远不够，这也是我国的文化创意产品难以走向国际化的重要原因。[1]

其四，扩大投融资渠道，加大资金投入。创意产业要发展，资金投入是重点。我国目前创意产业投资主体仍相对单一，以政府投资为主。需要进一步拓宽投融资渠道，降低市场准入门槛，鼓励社会资本对创意产业进行投资经营，实现投资主体的多元化、社会化。可借鉴韩国、香港等国家和地区的做法，建立各种科技研发基金、文化创新基金、创业投资基金，搭建创意产业化平台，营造一个成本低、信息灵、效率高的投融资环境。我们应该按照创意产业市场规律来制定和健全相关法规和制度，进一步改善投融资环境，促进企业、民间、外商对我国创意产业投资的积极性，形成“谁投资，谁受益”的产业化运作机制，搭建创意产业化的平台，营造有利于创意产业发展的投资环境，从而积极推动创意产业的发展。

第二节 文化创意产业与高等艺术教育的互动关系

在这里，我们强调在文化—教育—人的关系中研究文化创意产业与艺术教育的互动关系，并不是否定要从政治、经济的角度来研究艺术教育以及它们之间的关系，而恰恰是理清文化创意产业与艺术教育在文化方面的联系，更好地认识与理解艺术教育是如何促进文化创意产业发展的，从而使艺术教育在为文化创意产业发展提供服务的同时，又能保持自身

〔1〕 王晓红.把握创意产业发展方向.企业管理.2007(2):18－21.

图 1-2-1　绿色创意设计之 infinite 桌面框架配件设计：由米兰设计师 luis arrivillaga 设计的“loop stand frame”是一种通用的桌子配件，让使用者可以自由改变桌面长度，灵活使用桌子。这个设计有多重颜色可供选择，选用粉末涂层刚制作而成。

的健康发展。2009 年 9 月，国家《文化产业振兴规划》正式发布，文化创意产业发展已经上升到了国家战略层面。在国家战略推动下，各地文化创意产业发展迅猛，一些省份的文化创意产业已经成为支柱产业。值得一提的是，2014 年 1 月国务院常务会议部署推进文化创意和设计服务与相关产业融合发展，并确定了推进文化创意和设计服务与相关产业融合发展的政策措施，具体包括以下五个方面：

一是加强创意、设计知识产权保护，健全激励机制，推进产学研用结合，活跃知识产权交易，为保护和鼓励创新、更好实现创意和设计成果价值营造良好环境。二是实施文化创意和设计服务人才扶持计划，支持学历教育与职业培训并举、创意设计与经营管理结合的人才培养新模式，让更多人才脱颖而出。三是以市场为主导，鼓励创意、设计类中小微企业成长，引导民间资本投资文化创意、设计服务领域，设立创意中心、设计中心，放开建筑设计领域外资准入限制。四是突出绿色和节能环保导向，通过完善标准、加大政府采购力度等方式加强引导，推动更多绿色、节能环保的创意设计转化为产品。(图 1-2-1、图 1-2-2、图 1-2-3)五是完善相关扶持政策和金融服务，用好文化产业发展专项资金，促进文化创意和设计服务蓬勃发展。然而，与文化创意产业蓬勃发展不相适宜的是，我国的文化创意产业人才培养较滞后，文化创意产业人才队伍尚不健全，人才奇缺已经成为制约我国文化创意产业发展的最大瓶颈。目前，文化创意产业人才的数量和质量远远不能满

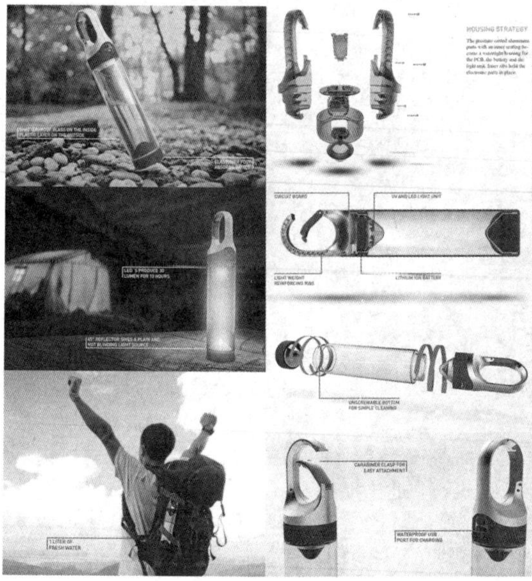

图 1-2-2 绿色创意设计之 Bottlelight 可照明水瓶设计：Bottlelight 是一款结合了水瓶和 LED 灯功能的产品，专门为旅行者设计的；它拥有很好的密封性，不用担心水会流进灯里，它拥有 USB 充电插口，一次充电可持续 10 小时的正常照明。独特的提手设计可以将它挂在背包的外面而不必放在包里，使外出旅行变得非常简便。

足文化创意产业快速发展的需求。有资料显示，1998 年我国文化产业从业人员只占就业人员的 0.4%。而在许多发达国家，文化产业已经成为经济增长和吸纳劳动力的支柱产业之一。文化产业的从业人员，澳大利亚高达 10%，加拿大为 6%，芬兰为 5%。[1] 知识经济的竞争在于人才，如何培养适应产业发展的文化创意产业人才，是当前探索文化产业发展的主要问题。为此，当务之急必须加快文化创意产业人才培养体系的建设与创新，加强对既懂经济又精通文化创意产业特点的复合型高素质经营管理人才的培养。

一、文化创意产业与艺术教育的内在关系

艺术教育是伴随现代科学的发展，与现代技术相融合衍生出来的新的艺术产业，文化创意产业就是其中最为重要的内容。文化创意产业以创意为核心，强调创新人才的培养，而创新人才的培养又是高等艺术教育的职责。经济水平发展到一定程度必将引发公众对文化消费需求的急剧扩大，艺术教育潜在的经济价值伴随文化消费力的持续攀升而愈发彰显出来。可见，文化创意产业与艺术教育在创新人才培养与提升文化消费等层面上有着相互依存的内在关联。

（一）创新人才成为文化创意产业及高等艺术教育培养的共同目标

艺术教育作为我国高等教育的重要组成部分，已日益受到人们的关注。在培养创新型人才方面，艺术教育具有不可替代的地位和作用。方信文先生认为："教育作为人类有意识

〔1〕 陈文玲.论文化产业的特殊性及市场定位//江蓝生，谢绳武.2001—2002 年：中国文化产业发展报告.北京：社会科学文献出版社，2002：97—98.

图 1-2-3 绿色创意设计之分类垃圾折叠袋设计："分类垃圾折叠袋"(the waste-folder)是一个可压缩的，手提式垃圾袋，它可以简单的展开，变成 6 格的垃圾回收袋。这件作品是由 akarchitectes 设计的，"分类垃圾折叠袋"适用于任何活动：野餐，露台烤肉或者即兴派对。这个设计本身可以折叠成扁平的包装袋，它由纸张和硬纸壳制作而成，使用完后同样可以回收再利用。

的文化活动，在人类的文化启蒙中起着至关重要的作用。它不仅'使生活提高到教育所瞄准的水平'，而且'使人天天改造，天天进步，天天往好的路上走'。它应当是一种解放活动，把受教育者从封闭、狭隘、私人化的传统日常生活世界中解放出来，扩展他们的世界，转换他们的视野，使他们进入开放的社会活动的自觉的精神活动领域，使个人领域和公共领域协调发展。"[1]这就是一般教育的启化功能。艺术教育更是如此，它把"艺术作为教育内容向对象传授艺术知识、艺术技能和艺术精神，是启迪对象人的艺术智慧和培养对象人的艺术技艺及不断挖掘人的艺术潜能与创意的教育"。[2]因此，艺术教育对于大学生的全面发展，尤其是对于促进创新人才培养方面有着重要意义。诺贝尔奖得主、物理学家李政道先生在北京的一次"科学与艺术"研讨会上说："科学和艺术是不可分割的，就像一个硬币的两面。它们共同的基础是人类的创造力，它们追求的目标都是真理的普遍性"。"它们的关系是智慧和情感的二元性密切关联的。伟大艺术的美学鉴赏和伟大科学观念的理解都需要智慧。但是，随后的感受升华和情感又是分不开的。没有情感的因素，我们的智慧能够开创新的道路吗？没有智慧，情感能够达到完美的成果吗？它们很可能是不可分的"。[3]科学与艺术在创造性上获得了共鸣，而创造性恰是艺术与科学发生联系的粘合剂，艺术思维不仅启迪新的科学灵感，而且有助于人们通过艺术审美加深对科学的理解。可见，艺术教育有助于培养和造就具有创造精神、创新

〔1〕 方信文.对日常生活世界的超越.成人高等教育，2009(2)：26—30.

〔2〕 张颖.对河南省高校艺术教育应对文化创意产业产业发展的研究.河南工业大学学报(社会科学版)，2010(2)，130—132.

〔3〕 李政道.科学和艺术——在炎黄艺术馆的讲话//李砚祖.艺术与科学(卷一)：北京：清华大学出版社，2005：1—4.

图 1-2-4 2014 中美青年创客大赛：以创新改变生活为主题，结合移动互联网、可穿戴计算、云计算以及其它软硬件结合的开源技术，进行产品与服务系统原型的开发。创客这个词源于英文单词 HackerMaker，指努力把各种创意转变为现实的人。创客的活动内容往往具备相当的技术挑战性以及密集的知识含量，被视为一种新的知识传递方式。创客的共同目的是激励学生主动参与实践性的学习互动，提升跨学科的技术与创意交流，建立新的知识生成和传播平台。创客的共同特质是创新，实践与分享。

思维、创新能力的创新型人才。与此同时，高等艺术教育为创意产业输送了大量各类专业文化创意人才。在全国科学技术大会上，曾提出“加强自主创新，建设创新型国家”的重大战略，而加强自主创新，关键是创新型人才。文化产业创意人才是创新型人才的重要组成部分，而发展文化创意产业是集聚创新型人才，建设创新型国家的必由之路。文化创意产业强调开发人的创造力和技能、潜能以及创造财富的能力。(图 1-2-4)

文化创意产业的发展与文化创新型人才的培养是相互依存，又是相互促进的。美国学者理查德·佛罗里达认为：“由于创意已经成为实现经济增长的最重要来源，保持经济繁荣的最佳方法是投资于各种类型的创意。这样，不单要增加研发投入或者改进教育体系(虽然两者都很重要)，还需要增强对多维的、多种类型的创意的投资，如艺术、音乐、文化、设计以及其他相关领域，因为所有这些领域都是相互关联的。此外还包括投资于相关的基础设施和社区，从而吸引来自世界各地的创意人士和广泛推动创意的发展。”[1] 可见，文化创意产业必须依靠大量的创意人才才能得以实现。不难发现，高等艺术教育与文化创意产业在人才培养及需求方面是相互依存的。

(二) 文化消费成为文化创意产业及高等艺术教育发展的共同导向

高等艺术教育不仅为文化创意产业的发展提供了各类文化创意人才，促进了文化创意产业结构优化及规模扩张，而且

[1] [美]理查德·佛罗里达.创意创层的崛起.司徒爱勤译.北京：中信出版社，2010：367.

图 1-2-5 文化消费之台湾故宫文创产品——翠玉白菜伞。
图 1-2-6 文化消费之台湾故宫文创产品——"富春山居图"餐垫。
图 1-2-7 文化消费之台湾故宫文创产品——怀素自叙帖丝巾。

在推动未来国家经济增长过程中将会发挥巨大潜能，有利于唤起整个社会更深层次地认识艺术教育的经济功能，从而促进文化消费向更深层次、更广领域发展。所谓文化消费，是指"个体在教育学习、享受艺术、休闲娱乐等活动中为获得知识、艺术熏陶、精神享受与满足而实施的消费行为，它直接关系到社会主体的生活质量"。[1]

可见，文化消费是能够在一定程度上满足人类的社会需求以及尊重与自我实现的需求，它不同于一般消费，它既可以作为一般商品消费满足人们的物质需求及审美需求，同时它也可以用来投资；它不同于一般消费还在于文化产品不同程度地具有意识形态属性，蕴含着一种文化价值观与审美取向。(图 1-2-5、图 1-2-6、图 1-2-7)当然这必然以艺术审美为前提，人们进行文化消费不仅需要金钱，同时还必须具有较高的文化品位及鉴赏力，这无疑属于较高层次的消费。正如凡勃伦认为的那样，人们在物资稀缺时期，为了在社会上获得地位与声望，可以进行"炫耀性消费"来体现自己的财富和社会地位；布迪厄则认为，在物资较丰富时期，消费是在一定的场域下进行的，是消费者调动资源以便将自己与其他消费者区隔开来的行为。[2] 这里所谓的"炫耀性消费"虽带有炫耀之意，但充分体现了文化消费的功能与价值。历史学家加里·克罗斯在对 20 世纪消费情况所作的全面研究中指出，新贵们的消费习惯都是围绕豪宅和不动产的，或者通过他们的妻子购买奢侈品进行"代表消费"，或者是参与类似高尔夫球这类"既消磨时间又附庸风雅的活动"。[3] 可见，

[1] 韩学周，马萱.论艺术教育与创意经济发展.文理导航·教育研究与实践，2010(11)：18—21.

[2] 刘飞.炫耀性消费——凡勃伦与布迪厄之比较消费经济.消费经济，2005(3)：52—53.

[3] Gary Cross. The All-Consuminh Centurt：Why Commercialism Won in Modern America. New York：Columbia University Press，2000.

在他们眼中，所炫耀的不仅是金钱，当然还有懒散。然而，兴起的大批创意阶层不是如此，他们"不像有闲阶级那样，他们更像一种'自主性阶层'。他们的消费不再是简单的炫耀财富式的消费，他们肯定也不参与任何消磨时间的活动，因为……他们没有时间可供浪费"。[1]他们开始追求一种体验式生活，让生活变得真实和鲜活，让生活充满激情的、高质量的和多维的体验。如在他们的日常生活中，他们可能跑步、攀岩或骑车兜风，而不是观看电视转播的体育赛事；可能亲身去那些感兴趣的地方旅行并乐在其中；也可能是购买那些独一无二的古董家具或古玩字画，而非买一些过于实用的东西。人们这种对体验的追求远远超出这种单纯的购买。随着创意经济结构和机构的扩展，一个有创意或体验性的生活方式就应运而生，这种文化消费的生活方式也会被越来越多的民众所接受。不难发现，这里体现了文化创意与文化消费体验之间的必然联系。

可见，文化消费"具有启蒙和教化功能、社交和繁荣创作的功能、享受和愉悦身心功能、益智和发展个性功能、促进社会和谐功能、扩展消费和启动市场功能。文化消费能够培养自己的消费群体，促进文化产品产业内部的良性循环。体验性和参与性是文化消费的消费形式"。[2]文化消费能力的提升又是拉动文化创意产业发展的根本动力。文化消费能力是受内外多种因素影响而形成的综合能力，主要取决于消费者的收入水平、文化素质、闲暇时间、文化价格和文化基础设施等。

〔1〕［美］理查德·佛罗里达.创意创层的崛起.司徒爱勤译.北京：中信出版社，2010：199.

〔2〕韩学周，马萱.论艺术教育与创意经济发展.文理导航·教育研究与实践，2010(11)：18—21.

图 1-2-8　文化消费：福州三坊七巷酷卖街创意市集，创意市集是创意设计人才将创意结晶转化为商业成果的场所。

文化消费能力不仅要求消费者具有一定的经济消费力，“同时由于消费者还必须有了解文化产品精神价值的能力和要求，并以自身的经验认识、文化水准、价值取向等个性化内容进行选择、利用和改造，衍生出新的意义和快乐，才构成一个完整的文化消费过程”。[1]可见，一个人的消费能力的高低不仅与消费者的经济消费实力相关，还与消费者的文化水平等有关。在不同的历史环境下，由于人们的文明程度不同，他们的文化消费能力不同，因而消费结果也不同，加强消费者文化消费能力的培养也显得尤为重要。艺术教育是将审美能力的提高和培养作为直接性目的，通过使受教育者在审美经验发展的基础上陶冶情操，提高个体在情感和理性方面的和谐程度，自觉地完成审美境界的塑造，提升自身的品格。为此，高等艺术教育可以提高消费者的文化水平，扩大知识面，培养对文化产品的理解力与鉴赏力，从而增强社会公众的文化消费能力，引领文化消费结构与消费方式。（图 1-2-8）

文化消费从一个侧面反映了社会主体的精神状况，同时作为经济方式也在影响着社会经济增长。文化创意产业本质上是一种精神生产，作为一种精神生产和再生产的现代形态，符合人们的精神需要，其最终目的是为了满足人们日益增长的精神文化生活的需要。从文化产业增加值来看，2004 年我国城乡居民教育文化娱乐消费支出总量为 7481 亿元。根据国家信息中心研究，现阶段我国城镇和农村居民家庭人均文化教育娱乐服务消费中，教育支出均占到 50%，2004 年我国

〔1〕 连连．大众文化消费与我国文化产业发展关系探讨．福建论坛（经济社会版），2000(6)：56—59.

城乡居民文化娱乐消费支出总量为3740.5亿元。数据表明，我国文化产业实现的增加值是居民文化消费的结果，居民文化消费是推动文化产业发展的动力。从文化产业布局看，2004年，全国文化产业增加值占全国GDP总量的2.15%，其中，东部10省市、东北3省和中部6省、西部12省区市文化产业增加值平均占本地区GDP的比重分别为2.78%、1.35%、1.41%。全国全年城镇居民人均可支配收入9422元，实际增长7.7%，教育文化娱乐服务类支出占人均消费性支出总额的14.38%，达到1032.77元；农村居民人均纯收入2936元，实际增长6.8%，教育文化娱乐服务支出占人均消费性支出总额的11.3%，达到247.63元。并且，当年东部平均人均可支配收入超过全国平均水平(809.63元)。这一系列数据说明文化产业的发展与地区经济发展水平、人们收入水平和文化水平成正比，也进一步说明随着收入和文化水平的提高，文化消费能力在不断提高，对文化产业发展的推动作用在增大。[1]可见，文化消费作为一种消费文化产品和服务的行为活动，是文化产品和服务价值实现的最终环节，因而受消费规模和消费结构等各种因素的影响，有着自身的变化规律。同时，文化消费作为一种较高的精神层面的需求，其消费规模必将随着可支配收入的增加而扩大。也就是说，在经济发展，人均收入增加的情况下，精神文化消费的消费规模及消费比重将随之上升，并且速度快于物质消费的增长速度，这成为促进文化创意产业发展的直接动力和源泉，并调节着文化创意产业资源配

〔1〕 邓安球.论文化消费与文化产业发展.消费经济，2007：16—19.

图 1-2-9　**文化消费：8 号桥创意嘉年华。**

置和供给，促进文化创意产业结构随着人们的需求层面高级化而高级化，从而最终实现以“需求的生产”而非“供给的生产”形塑出文化产业新的基本面貌，把“制造消费者”确立为整个文化创意产业的生产重心和核心功能。[1] 正如中国共产党十七届六中全会审议通过的《中共中央关于深化文化体制改革：推动社会主义文化大发展大繁荣若干重大问题的决定》（以下简称为《决定》）中指出的那样：“发展文化产业是社会主义市场经济条件下满足人民多样化精神文化需求的重要途径”。文化创意产业作为提高人民生活水平的重要途径，主要表现在可以扩大社会消费领域，增加高质量的闲暇文化消费，并“创造出丰富多彩和愉悦精神的体验产品，融娱乐文化、休闲文化、时尚文化为一体，通过互动体验和快乐消费，为消费者倡导一种‘生活艺术化、艺术生活化’的时尚潮流，引领新的生活方式”。[2] 可见，文化消费是文化创意产业发展的动力之一，文化创意产业只有通过引领人们的生活方式，改变传统的消费观念与消费方式，引导并扩大文化消费层次与领域，才能健康有序发展。（图 1-2-9）

可以看出，对文化消费大量需求的强劲动力推进了高等艺术教育的快速发展，反过来，高等艺术教育也推动着文化消费需求，可以带动文化创意产业的发展。

二、艺术教育对文化创意产业的作用

从中国制造到中国设计，从计划到策划，当今艺术教育发展始终与文化创意产业紧密相连。艺术教育以其独特性成为

〔1〕［法］贾克·阿达利（Jacques Attali）. 噪音：音乐的政治经济学. 宋素凤，翁桂堂译. 上海：上海人民出版社，2000：1410.

〔2〕厉无畏. 创意改变中国. 北京新华出版社，2009：314.

图 1-2-10　1918 年设立的国立北京美术学校之大礼堂。

文化创意产业的重要组成部分，它为文化创意产业提供了人力资源、学科理论研究支撑。另一方面，文化创意产业的进一步发展也深刻影响着艺术教育的改革。可见，艺术教育不仅为文化创意产业提供了大量各类所需人才，促进文化创意产业的规模扩张，拓展文化创意产业领域，提升文化创意产业层次，而且还在产品研发及相关配套服务的完善创新与传播应用方面发挥着巨大作用。与此同时，文化创意产业的繁荣发展又势必推动艺术教育的发展，带动艺术设计创新型人才的培养，增加服务就业岗位。艺术教育在文化创意产业发展中承担着不可或缺的责任，发挥着不可替代的作用。除了为文化创意产业培养和输送创意设计人才外，艺术教育还对文化创意产业起到引领、服务、创新等作用。

（一）文化创意产业对艺术教育发展提出了新要求

中国现代艺术教育肇始于晚清的新式学堂。19 世纪末，清政府被迫采取“废科举、兴学堂”的措施，这成为中国高等艺术教育的宏观背景。由于社会现代化对专门技术人才的需求，图画、手工等先是在洋务学堂中列为培养专业技术人才的工艺教学课程，此后又逐渐转变为面向普通国民的基础教育内容，这为现代艺术教育的孕育创造了基础性条件。但在 20 世纪上半叶，由于中国社会陷于战乱，中国现代艺术教育发展一直处于艰难跋涉之中。随后，以蔡元培、林凤眠、鲁迅、李叔同、欧阳予倩、吕凤子、刘海粟、周湘等一大批先贤仁人，为开创现代艺术教育做出了巨大贡献。其中，于 1918 年设立的国

图 1-2-11　1927 年在杭州设立的国立艺术院(1930 年蔡元培题“国立艺术院”)。
图 1-2-12　1927 年在上海设立国立音乐院。

立北京美术学校被视为中国现代专业艺术教育发轫的标志。(图 1-2-10)1927 年于杭州设立国立艺术院(图 1-2-11),1927 年于上海设立国立音乐院(图 1-2-12),中国现代专业艺术教育始具雏形。中华人民共和国成立后,国家对高等艺术教育的发展给予了高度重视。尤其是改革开放以来,我国高等艺术教育获得了前所未有的大发展。一方面,形成了以大学本科为基础,前伸至附中、中专、大专,后延至硕士、博士学历等,学科门类齐全,学科体系科学,具有相当规模的艺术教育体系;另一方面,在公共艺术教育方面成绩喜人,国家制订了《学校艺术教育工作规程》及《全国普通高等学校公共艺术教育课程指导方案》,对高等公共艺术教育的指导思想、要求以及课程性质、课程目标、课程设置与保障等作了明确规定。

然而,当下由于新的经济时代及经济全球化的到来,高等艺术教育面临着新的挑战。人类步入了知识经济的时代。知识就是创造,人的创造力在知识经济中得到了充分体现。知识经济为创意产业的发展提供了良好的社会背景。创意产业作为一种新兴产业,已经率先在欧美一些发达国家快速发展起来,并产生了巨大的经济效益。全世界创意经济每天创造 220 亿美元的产值,并以每年 5% 的速度递增。据统计,2005 年全球创意经济市场规模达 27060 亿美元,其中美国达 11570 亿美元,英国达 2150 亿美元。[1] 我国的创意产业起步相对较晚,但发展迅速。据统计,2008 年的全国创意产业总额达 104935.26 亿元,占 GDP 总量的 2.52%,远远超出了霍金斯

〔1〕［英］约翰·霍金斯.创意经济——如何点石成金.洪庆福,孙薇薇,刘茂玲译.上海:上海三联书店,2006:128.

图 1-2-13　约翰·霍金斯是国际创意产业界著名专家，英国经济学家，世界创意产业之父，版权，媒体及娱乐业研究方面的领军人物，知识产权宪章的负责人和提供创意及知识产权咨询的创意集团的主席及创始人之一。

在《创意经济》前言中预计的 2010 年达 8020 亿人民币[1]（图 1-2-13）。由此可见，文化创意产业正作为世界经济增长的新动力引领着全球未来经济的发展方向。正如英国国务大臣克里斯·史密斯撰文认为的那样："文化产业作为创意产业对知识经济和国民财富的重要性得到了广泛认同——创意产业已经从外围进入了中心。"[2]

首先，文化创意产业是基于人的创意为主要经济增长模式的产业，人才是关键。目前，人才的数量和质量远远不能满足文化创意产业快速发展的需求。中国传媒大学文化创意产业研究中心范周教授说："创意产业涉及十几个行业，人才构成不平衡的现象比较突出，比如传媒行业发展比较早，目前人才已经相对饱和。而新兴的如动漫和游戏行业，人才就比较缺乏。"金元浦教授表示，大多数发达国家，包括科技、艺术设计、文化娱乐等创意行业的劳动力比例已经从 1980 年的 12% 上升到现在的 30%。而我国目前创意产业发展的瓶颈是创意人才的极端匮乏，2010 年上海世博会需要数量巨大的创意人才，尤其是多媒体设计人才缺口达 8 万多。从质量上来看，正如时任中央美术学院设计学院副院长许平所指出的，目前，创意设计行业从业者全国约有 100 万人，但重技能轻思想、重表面轻原创、重单科水平轻综合能力的现象在从业者中屡见不鲜。北京大学文化产业研究所副所长陈少锋也表示，现在真正的创作人员很少，有不少设计从业者只能属于技工，他们忽视了创新能力的积累，并且过于依赖国外资料。[3] 美国在

[1] [英]约翰·霍金斯.创意经济——如何点石成金.洪庆福，孙薇薇，刘茂玲译.上海：上海三联书店，2006：128.

[2] [澳]斯图亚特·坎宁安.从文化产业到创意产业：理论、产业和政策的含义.宛洁译//林拓，薛晓源.世界文化产业发展前沿报告（2003—2004）.北京：社会科学文献出版社，2004：134—147.

[3] 陈文玲.论文化产业的特殊性及市场定位//江蓝生，谢绳武.2001—2002年：中国文化产业发展报告.北京：社会科学文献出版社，2002：93—98.

〔1〕 郑晓钰.创意人才急需有创意的培训.新京报,2008(3).

〔2〕 张林明.游戏帝国风云再起:中国手机游戏产业观察报告:中国游戏产业的下一座金矿.经营者杂志.2005(5):51—52.

1900年时全国创意阶层仅为300万人,20世纪初,其创意阶层成员仅占就业总人数的10%,这个比例一直维持到1950年;之后开始缓慢增长,到了七八十年代,这个比例一直稳定在20%左右;之后,创意阶层发展迅猛,总人数从不到2000万发展到现在的近4000万,1991年,创意阶层成员占就业人口总人数比例为25%,而到了1999年,这个比例攀升到30%。可见,美国的经济快速发展得益于创意阶层的崛起。我国创意产业较为发达的上海,其创意产业从业人员占总就业人口的比例还不到千分之一,更不及发达国家城市,纽约文化创意产业人才占劳动力人口总数的12%,伦敦是14%,东京是15%。〔1〕

目前,国内不仅缺乏高素质文化创意产业管理人员、新兴行业的专业人员,还缺乏大量的复合型人才、创意型人才。据北京市软件行业协会网络游戏分会的一家权威机构统计,目前国内网络游戏玩家有1000多万,但包括美编在内的专业网络游戏技术人员仅有3000人左右,这一数字与日韩等网络游戏发达国家比起来相差甚远。2004年4月,中国大陆地区共有77家网络游戏企业在运营,已经公开测试或者收费的网络游戏81款,内测中的网络游戏55款,总共的从业人员却只有6000人。〔2〕文化创意人才的匮乏,已严重制约我国文化创意产业的发展。2005年4月,时任文化部部长助理丁伟在国家文化产业人才培训示范基地揭幕仪式上大声疾呼:"文化产业人才的匮乏已经影响到文化产业的发展,必须加强文化产业人才的培养。”[1]其次，文化创意产业是知识密集型、高附加值、高整合性的产业，有着鲜明的“创新性”。根据西方权威研究部门的研究成果，把文化创意产业的“创新性”概括为以下几点：第一，文化产业是一种创意产业，产业的整合与发展必须拥有新思想、新观念、新方法；第二，文化产业的本质是文化的产业化，也就是说，文化产业必须实现业已拥有的新思想、新观念、新方法去创造财富；第三，文化产业必须时刻应对千变万化的市场。[2]这就对艺术教育人才培养方面的工作提出更高的要求。

当然，艺术教育必须为社会经济发展服务，为市场服务，这已成为一个不争的命题。但是，以何种方式、如何来为文化创意产业市场服务，服务于产业市场经济的哪些方面，人们往往是有争议的。这实质上涉及艺术教育与市场经济的“接口”问题。有一种观点主张两者应全面而直接地“对接”，这是“艺术教育市场化”主张。有一种观点主张只能部分地、间接地“对接”，有选择地适应文化创意产业经济的某些方面。我较为认同后一种观点，原因在于一方面艺术教育有着自身的规律，文化创意产业经济有自身的运行法则，两者不能等同；另一方面文化创意产业经济本身不是目的，艺术教育除了培养创意人才，促进文化创意产业发展外，还有它更为深远的意义，更多地体现社会责任。

文化创意产业发展在对艺术教育创意人才培养提高要求的同时，也大大促进了艺术教育教学理念的变革。

首先是教育观念的转变。1999年明确提出将“创造教育”

〔1〕 卢山林.文化产业本科教育的扩张冲动.中国文化报，2005(6).

〔2〕 薛晓源.全球化与文化战略研究//王治河.全球化与后现代性.桂林：广西师范大学出版社，2003：149—160.

作为教育的最高目标，认为“教育的任务是毫不例外地使所有人的创造才能和创造潜力都结出丰硕的果实”。创造教育于20世纪40年代发源于美国，其涵义随着时代的发展在不断充实。从培养人才角度来看，创造教育是培养创新型、开拓型人才的教育；从开发能力角度来讲，创造教育又是开发人的创造力的教育；从解决问题角度来说，创造教育又成为培养创造性地解决模糊领域问题的能人好手的教育；从普通教育的基础教育特点来看，创造教育是为创新人才从事发明创造打基础、做准备的教育。所谓创造教育，“就是依据创造学的理论和方法，并将其运用于教育实践，开发学生的创造性思维和创造能力，培养和造就大批创造型人才的新型教育”。“从广义来说，凡是有利于受教育者培养创造意识、树立创造志向、激发创造精神、锻炼创造性思维、增长创造才干、开展创造活动而进行的教育，都可称为创造教育”。[1]可见，创造教育是一种不同于传统教育的新型教育模式，它既不以知识积累的数量为目标，也不以知识继承的程度为目标。与传统教育相比，创造教育同样强调必要的知识积累，但更强调是否具有合理的知识结构以及获取知识的正确方式；同时创造教育不仅相信每个人都有创造能力，也相信创造教育是可以培养的。同样，文化创意产业作为“无边界”产业，这一概念的诞生，其意义不在于对其所涉及的产业内容进行分类，而在于强调在新的全球经济、技术与文化背景下，创意产业作为独立的产业概念，以对整个经济增长和产业结构演变产生的影响，带来了观念的革新，无疑将改

〔1〕 清华大学美术学院中国艺术教育发展策略研究课题组.中国艺术设计教育发展策略研究.北京：清华大学出版社，2010：71.

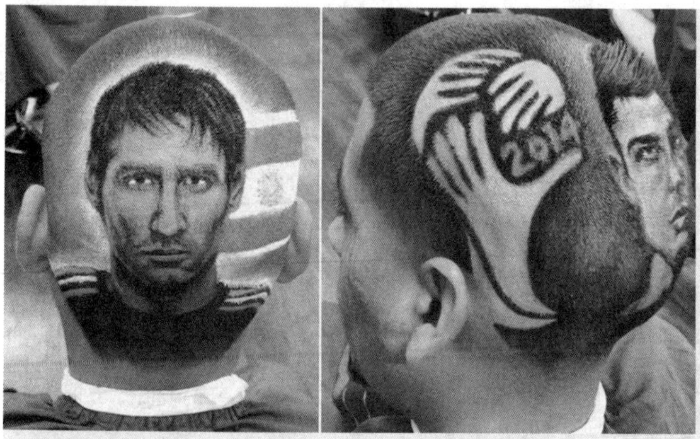

图 1-2-14　2014 世界杯创意发型设计：美国德州的专业理发师 Rob 为他的球迷顾客们带来了前所未有的惊喜——球星与国旗结合的多彩发型。Rob 先是与顾客确定一个主题，然后通过修剪、染发以及多彩笔强化细节，完成精致的球星发型。除世界杯球星发型之外，Rob 创意发型创意设计层出不穷，他还为顾客剪出了他们想要的任何色彩人物，如蜘蛛侠、剪刀手爱德华甚至梦露等。

变每个人的生活。文化创意产业因其产业特点强调开发人的创造力和技能、潜能以及创造财富的能力，即人的创造力是文化创意产业的核心资源和财富源泉。可见，随着文化创意产业的发展，创意创造了先机，提供了商机，创造了财富。从“制造”到“创造”，从计划到策划，智力创造财富，这是一个观念转变的过程。这无疑促进了文化创意产业发展背景下的传统艺术教育观的变革，使其从技能型教育向创新型教育转换。（图 1-2-14）

其次，重视创造思维能力的训练。传统艺术教育往往更多地注意技能技法的训练，忽视思维方式、方法及能力的训练。心理学认为，能力是指那些直接影响活动效率，使活动得以顺利完成的心理特征。所谓创造思维能力，简单地说，就是一个人能运用符号或信息有效地进行思维，并且进行独创性的解决问题、顺利完成思维任务的一种能力。因此，创造思维能力具有独创性、新颖性等特征。众所周知，艺术创造是人类所特有的一种社会实践活动，它是创造主体在社会实践的基础上，通过观察而发现新事物、新现象、新特性，或从经验观察（包括接受前人或别人的经验和自己的观察）上升到理论概括，从而取得创造性认识的过程。当然，作为艺术创造主体在进行创造活动时，要求具备一系列的条件：社会背景、生产需要、人文传统、环境氛围、仪器设备、科研组织、独特对象等。但就艺术创造活动本身而言，最重要的条件应该是艺术创造活动的主体——艺术家或设计家本人的素质与能力，包括他

图 1-2-15 日本建筑师隈研吾为英国苏格兰敦提市的新的“维多利亚和阿尔伯特博物馆”(Victoria and Albert Museum)设计效果图。

们的智力品质和非智力品质。而创造思维能力又是智力素质和非智力素质的核心。人的创造思维能力不是从天上掉下来的,也不是人生来就有的,而是在人的学习、生活与社会实践中培养造就出来的。在艺术创作活动中,大学生创造思维能力主要由观察能力、记忆能力、思维能力和想象能力等四种基本能力所组成,它们在创造思维能力中相互联系、相互制约,各起一定的作用。[1]文化创意产业的本质是以智力资源为依托的知识经济,是文化在精神产品与物质产品领域的创造力,它使人的积极性、主动性、创造性得到充分发挥,实现人的全面发展。为此,人的创造力培养最为关键。因此,艺术教育在重视学生技能训练的同时,应注重改革传统的教学方法与内容,在课程设置及教学手段上重点加强创造思维能力的培养,这是保证他们艺术创造活动完成的必要条件,也是文化创意产业发展的需要。(图 1-2-15)

(二)文化创意产业发展需要艺术创意人才的支撑

首先,创意人才是文化创意产业发展的重要保障。文化创意产业是建立在教育的高度发展的基础之上的,原因在于文化创意产业高度推崇个体的创造性。美国学者理查德·佛罗里达在《创意阶层的崛起》一书中提到,文化创意产业的高速发展依靠文化创意人才资本的大量投入和文化创意阶层的崛起。从其他国家文化创意产业发展的经验来看,创意产业无不得益于创意人才的教育与培养。创意产业为英国经济增长创造了可观的收入,而同时英国政府在发展艺术教育方面亦具有高瞻远瞩的

〔1〕 束霞平.创造性思维与艺术专业教育.山西大学学报(社会科学版),2009(2):84.

图 1-2-16 **韩国游戏《洛奇英雄传》获得 2010 总统奖：由韩国游戏产业协会、文化部和体育朝鲜电子新闻社共同主办的韩国年度游戏大赏，每年都会在年底时选出一款年度最佳游戏，许多近期玩家耳熟能详的作品如《A. V. A 战地之王》《AION 永恒之塔》《C9》《洛奇英雄传》就分别囊括了 2007 至 2010 年的最高荣誉—总统奖。**

战备眼光，为英国文化创意产业发展起到了积极推动作用。早在 1852 年，英国政府就设立了应用艺术部(后来改为科学艺术部)(Department of Practical Art)。之后，英国又成立了迄今为止世界上历史最为悠久、藏品最为丰富、种类最齐全的艺术设计博物馆——维多利亚和阿尔伯特艺术设计博物馆(The Victoria and Albert Art & Design Museum)。1913 年，英国教育部门开始颁发艺术设计专业本科毕业证书，成为世界上最早的向艺术设计本科毕业生颁发的证书。英国在艺术教育方面的改革直接促进了英国文化创意产业的发展。再以游戏产业为例，有资料显示，到 2003 年，美国设有游戏专业的大学(学院)有 540 所，日本有 200 所大学设有游戏(开发、设计、管理、运营)专业，韩国有 288 所大学或学院设有相关专业，其中政府指定赞助的大学及研究院游戏专业就有 106 个。韩国在 1999—2000 年遇到第二次经济危机时，正是文化创意产业的高度发展拯救了韩国经济，而其游戏业在短短几年中所以获得高速发展，与其丰富的人力资源作为强大支撑是分不开的。[1](图 1-2-16)

同时，文化创意产业又依托于国民素质的普遍提高和国民创造力的激励发扬，依托于人才的培养和合理使用，这又取决于创意本身的特质。每个人都具有某种程度的创意开发。孩童时都拥有直觉和开放式的创意，只不过等他们长大成人时可能已经不记得自己曾经的梦想了。科学家虽没有发现人的创意的基因排序，但临床心理学家的新近研究成果倾向于

〔1〕 金元浦.我国创意产业发展的困境与问题.中关村，2005(9)：119.

[1] [英]约翰·霍金斯.创意经济——如何点石成金.洪庆福,孙薇薇,刘茂玲译,上海:上海三联书店,2006:21—22.

证实这种创意的普遍性。任教于澳大利亚国立大学心理中心的心理学家艾伦·斯奈德(Allan Snyder)和约翰·米切尔(John Mitchell)通过对神童和具有特殊技能的心智不全者的研究,发现每个人都拥有先天性创意技巧,甚至包括“神童”和“天才”的技巧;不过,知道如何对它们加以开发利用的人却是凤毛麟角。他们的电子扫描实验揭示了在意识理解资料信息之前,大脑快速地感知它们。如当他们听到音乐后,大脑会立刻搜寻记忆,查找相似的音乐形式,以便进行分类和比较。在这种情况下,大脑的认知过程就淹没了直觉。神童和天才都会“愚弄”大脑,不去展开类似的搜寻。可见,天才之所以异常,不是因为他们拥有罕见的才能,而是因为他们没有常人具有的才赋:“阻断器”和“过滤器”。于是两位科学家得出结论:创意的构成在心理上具有共同性,罕见的是我们运用创意的能力和自然心理倾向。[1]我们可以看到,人的内在普遍性可用于创意上,但是不适用于文化创意产品的生产。任何人都可以异想天开,并拥有创意点子,但很少有人能够制造出创意产品,原因于创意产品的制造还得依赖于技术技能、物质资源,甚至还依赖于环境因素。因此,充分发展创意,需要一个长期的承诺、一种坚定不移的目标意识、一份强烈的进取之心、一种集中精力的为既定目标努力的实力和一个全面支持的家庭、社会环境。这就需要艺术教育这一手段来加强实现。因此,创意人才的培养及国民素质的提高是发展文化创意产业的关键。

图 1-2-17　伦敦艺术大学(UAL)启用新 Logo。

培养人才,是高等学校的主要职能。为国家培养大批创意艺术人才是高等艺术教育最重要也最直观的社会价值。文化创意产业发展取决于创意人才的培养。我国目前文化创意人才还相对缺乏,其总量、结构、素质还不能够适应产业快速发展的需求。从创意人才数量来看,与蓬勃兴起的创意产业发展不相适应的是,目前从事创意产业人员严重不足。创意产业的从业人员占总就业人数的比例极低,远低于欧美国家。不仅是在量上的不足,在人才结构上也不平衡。所谓真正意义上的文化创意人才是指以自主知识产权为核心的、以头脑服务为特征、以专业或特殊技能为手段、以原创为主的精英人才,他们对文化创意产业有深入的认识,能够结合实际进行原创。除了培养创意人才之外,高等艺术教育还承担着集聚人才的重要任务。要以大学科技园为载体,形成文化创意人才聚集地。作为创意产业发展最早的国家,英国的大学在与创意产业有关的大学艺术教育中有其独特的经验,值得借鉴。以伦敦艺术大学为例(图 1-2-17),该校由六所学院所组成,分别为坎伯韦尔艺术学院、中央圣马丁艺术与设计学院、切尔西艺术与设计学院、伦敦服装学院及伦敦传媒学院、温布尔顿艺术学院,基本涵盖了英国创意产业的各个领域,其中中央圣马丁艺术与设计学院和切尔西艺术与设计学院均设有艺术设计专业。为适应文化创意产业的发展,伦敦艺术大学专门设立了企业部,企业部致力于向英国和海外企业推广伦敦所有师生的创意活动。通过向与创意产业和相关产业提供知识、专

〔1〕 俞鹰.艺术设计教育在创意产业中的角色——以英国伦敦艺术大学为例.同济大学学报(社会科学版),2009(5):63—66.

〔2〕 项仲平等.文化创意产业与当代艺术教育创新研究.北京:中国广播电视出版社,2010:154.

业技术及人才,企业部在企业和师生间架起沟通的桥梁,以多种灵活方式使创意付诸实践,并为校内外、英国以及海外企业提供服务,还为他们提供重要的商业管理服务,从而使师生能够专注于高质量教学以及世界级研究、发明、创造和咨询工作。目前,企业部支持的项目包括知识成果转化合作伙伴(KTP)项目、全英创意产业技术创新网络(CITIN)项目、创意连接项目(Creative Connexions)等。〔1〕我国也在进行一定的探索,并取了得一定的成绩。2004 年 11 月,中国人民大学文化科技园正式挂牌运营,成立全国第一家以"文化"为主题的大学科技园。该文化科技园依托学校人文社会科学领域的学科优势和学术资源,拟建设成为"开放式的知识服务平台",成为"人文社会科学成果和文化产业的创新基地"、"文化企业的孵化基地"、"文化产业人才聚集和培养基地"和"文化产业辐射基地"。其入驻企业主要为国内外知名的图书出版、数字产业、媒介咨询、中介咨询、教育培训等具有文化产业属性的大型企业及其他经济实体。科技园的挂牌运营是一个高校利用智力资源聚集人才,形成产业高地,推动文化创意产业发展的成功案例。〔2〕杭州下沙大学科技园,聚集了周边高校的创意人才,凭借充足的人才储备,先后落户了新加坡杭州科技园、第五时尚设计产业中心及浙江传媒学院文化创意产业园、中国计量学院 ZILOG 应用设计中心等高校文化创意园和机构。下沙大学科技园总规划达 88 万平方米,联合了各高校,发展了十大特色创意产业园,包括工业设计、平面设计、软件设计、

图 1-2-18　下沙高教园区(新世纪大学城)。

影视制作、文艺创作、时尚设计、传媒文化、城市规划及旅游等创意产业(图 1-2-18)。西溪创意产业园将浙江大学紫金港校区、浙大科技园和西溪湿地周围高档商住街串珠成链,借助学校人才优势,打造以艺术创作室为主体,集技术创作、艺术交易、文化、休闲、度假为一体的艺术基地。2006 年,同济大学"杨浦环同济知识经济圈",以设计产业为主的知识型生产性现代服务业产值达 23 亿元,占同济周边服务业产值比重达 36.8%;企业 227 家,占同济周边企业总数的 39.5%;从业人数达 6135 人,占同济周边从业人员总数的 31.5%。经过两年初见成效的建设,"环同济知识经济圈"已经升级为国家火炬计划特色产业基地。[1] 2009 年 4 月 18 日,"环同济研发设计服务特色产业基地"在同济大学综合楼揭牌,它依托大学和科研机构的优势,形成了以创意设计产业为代表的特色园区。同年 9 月,同济大学与政府合作,在上海公交汽车一场的原址和旧厂房基础上建造成意大利创意设计城,设立了现代国际设计博物馆、设计图书馆,并在这里创办了同济大学设计与创意学院,以作为整个上海国际设计的人才培养的核心基地。该规划不仅安排了巨型的设计体验中心,还规划了大量的设计创意的孵化器,集聚了国内外尤其是欧洲各国驻上海的创意设计展示厅和服务设施。

以创意设计研究所或创意学院为阵地,开展基础理论研究。发展文化创意产业离不开人才的供给,也离不开文化创意产业理论的支持,这也是高校服务社会的重要责任,更是高

〔1〕 纪占彩.杨浦环同济知识经济圈:一个创新创业型产业集群悄然崛起.今日上海,2008(7):32—33.

等艺术教育的历史使命。高校在承担培养创意产业人才的同时，依托综合学科及人才资源优势，加强文化创意产业调研及相关理论研究，进一步加强文化创意产业学科建设，为文化创意产业发展提供理论支撑。2006年以来，中国各高校根据实际需要对“创意学”或“文化产业学”等学科建设加大力度，纷纷以不同形式成立了“创意设计学院”、“文化产业学院”等。上海戏剧学院在成立了创意学院的基础上，还构建了涵盖工程学、市场营销学、产业经济学、城市经济学、系统论以及艺术学的“创意学”学科体系。与此同时，各高校为社会与企业举办了各类文化创意产业人才培训班。坐落于上海张江的文化科技创意教育培训基地，聚集了一批专业院校，如中国美术学院上海设计艺术分院、上海电影艺术学院、上海戏剧学院创意学院等，提供创新创意专业教育与培训。可见，高等艺术教育的首要任务就是转变观念，及时调整人才培养模式，加强对文化创意产业特别是高端人才、复合型文化创意人才的培养。

第二章 文化创意产业与高等艺术教育发展理论

第一节 共生理论：高等艺术教育与文化创意产业均衡互惠的理论基础

高等艺术教育与文化创意产业的互动发展已经成为现代高等教育发展的新趋势。高等艺术教育与文化创意产业之间形成了一种互动共生关系，一方面高等艺术教育需要通过为文化创意产业提供人才和科研服务，拓展发展空间，发挥高等艺术教育的基本功能和社会价值；另一方面文化创意产业发展必须依靠高等艺术教育，并对高等艺术教育提出新要求。共生模式作为共生关系中的关键要素，对建立高等艺术教育与文化创意产业的互动发展起到重要作用。

一、共生理论的提出

“共生”(Symbiosis)一词源于希腊语，最早用于生物学，由德国真菌学家德贝里(Anton deBary)于1879年在其专著《共生现象》一书中提出，指由于生物生存的需要，它们之间必然按照一定的模式互相依存和相互作用，从而形成共同生存、协同进化的共生关系。[1]当然，据马萨诸塞州立大学植物学教授Lynn Margulis博士说，共生思想是由反达尔文派的苏联科学家Andrei Famintzin首先提出的。[2]20世纪50年代以后，共生理论研究方法被应用于社会科学研究，广泛运用于关于人类社会关系模式的分析与解释，经济学、社会学、管理学甚至政治学都开始进行关于该学科对象领域共生问题的深入研究，并取得了一定的成效。人类透过生物界的共生现象，进入

〔1〕 Aedoulas. Symbiotic Interaction. Oxford University Press，1994：10.

〔2〕 共生理论的提出与发展．刘贵勤译．世界科学，1991(3)：62—63.

图 2-1-1　**人兽·自然共生(美国摄影师莱内特·尼维尔(Lennette Newell)的摄影作品)。**

到人类社会,乃至整个宇宙,我们不难把握一般的共生的内涵,即共生是人类之间、自然之间、人类与自然之间形成的一种相互作用、相互依赖的关系。可见,共生可分为生物学的共生、人类社会的共生和人类与生物的共生等三种基本类型,前一种类型是指生物学类的不同种类之间的关系,中间是指人类社会中不同质的文化、社会、思想和身体的个体和团体之间的关系,后者则为人类与生物之间的和谐共生的关系。从人类自身发展来看,人类的生存表现为个体生存和有组织的生存形式,但人类最本质的和最主要的生存方式就是共生共存,因为任何个体或自我的终极存在只能是与其他的个体或群体的交往,只有这样才能确立其作为个体存在的意义。[1] 当今,人类进入了后现代社会,人与自然之间,人与人之间的共生显得越来越迫切,他们之间的关系也趋于更加密切,人类之间相互依存、共生共存的特征比以往任何时代都表现得尤为突出(图 2-1-1)。因此,共生理论被运用到人类社会科学研究领域无疑具有合理性,可能成为一种贯通和认识自然、人类社会甚至经济领域的新理念和新方法。共生理论研究方法的运用一方面使人们深刻地理解和认识自然与人类社会发展与演进的一般规律,另一方面通过对共生单元、共生模式、共生环境及共生界面的分析,旨在为人类建立一个平等、公正、和谐、稳定和健康的新秩序,寻求有利于人类生存的最佳的共生效率。因此,共生理论的提出有助于我们以积极的姿态寻找和开拓新的生活世界,具有一定的理论价值和现实意义。

〔1〕 吴飞驰.关于共生理念的思考.哲学动态,2000(6):21—24.

二、高等艺术教育的文化使命

人类在漫长的历史发展进程中，创造了伟大神奇的文化，构成了人类历史长河的记忆链条，留下了多彩的自然遗产，也孕育了人类文明，创造了内涵丰富的文化遗产，形成了丰富深厚的民族活态文化，造就了人类多姿多彩的生存方式和状态，构成了人类精神文明的完整性。在西方现代工业文明迅速扩张、全球化经济浪潮的冲击下，许多国家的民族与传统文化，包括物质消费方式、生存观念等，都面临强劲的挑战与深层的危机。各民族在历史长河中创造的非物质文化遗产正遭遇着日益严重的生存危机，不同民族、不同文化、不同宗教、不同习俗、不同生存价值的民族文化被忽视。在这样的大背景下，人们开始关注民族文化的本土化问题，关注生态文明建设问题。社会的发展离不开教育，在未来社会的发展中，对各类人才的需求和竞争是激烈的，这就给现代高等教育提出了新的课题。艺术教育作为高等教育的重要组成部分，它不仅对文化有着选择、批判、传承、传播功能，而且还能在传统文化的基础上创新文化。面对全球一体化下的多元文化境遇，我国高校艺术教育被赋予了历史使命，体现了时代价值。从目前现有的高等教育体制来看，存在两种类型的艺术教育。一种是以专门培养艺术专业人才为目标的艺术教育，如各种音乐学院、美术学院、戏剧学院、舞蹈学院、电影学院以及各个综合性大学里成立的艺术院系就是这类教育；一种是作为教育的辅助手段的艺术教育，作为大学生素质教育或通识教育的艺术教育。

〔1〕 曾繁仁.现代中西高校公共艺术教育比较研究.北京:经济科学出版社,2009:20.

〔2〕 刘建生.产学研合作模式再探讨——基于共生理论的视角.北京交通大学学报(社会科学版),2012(1):102—106.

尽管这两种类型艺术教育的目标不一致,实施教育手段的课程有着明显的区别,但其艺术教育的性质与功能是一致的,即"以艺术为媒介培养人的艺术能力与艺术境界的教育,其功能表现为对个体素质的陶冶和塑造,促使其健康发展;同时表现为对群体素质的陶冶与塑造,促使社会文明的和谐与提高"。[1]

三、高等艺术教育与文化创意产业的共生模式

按照共生理论体系,构建大学与文化创意产业共生系统,其中共生单元是主体。一般来说,共生由成对单元或是多个单元共生,相互发生资源交换的个体,被定义为"共生单元"。根据高等艺术教育与文化创意产业的特点,其共生系统由教师个人、学生个人、创新团队、科研团队、项目合作团队、学生组织、企业职工以及企业单位、研究所、实验室、学校企业、政府管理部门等共生单元组成。如何更好地使各方的共生单元发挥最佳效率,实现社会和个人价值,采取不同类型的共生模式就显得尤为重要。

(一)大学科研与文化创意产业"产学研"模式

近年来,我国产学研合作在促进科技与经济结合,推动企业技术进步等方面取得了良好成效,产学研合作模式已成为我国技术创新的基本组成形式。因此,产学研合作既是创新体系建设的热点问题,也是学术研究的前沿问题。"产学研"合作"是以企业、高等学校和研发机构为主体,以政府以及中介机构为辅助,以优势互补和利益共享为基本原则,按照一定的机制和规则进行合作,通过资源共享,实现人才培养、技术创新、推动经济发展等目标的系统性活动"。[2] 在产学研合作

图 2-1-2 产学研：天津北新文化创意基地与天津多所高校合作，进行创意产业实践。

模式中，共生单元主要是大学、产业界及政府部门等（图 2-1-2）。共生关系是以资源为纽带，资源在共生关系中具有核心地位，各个共生单元主要围绕资源而结成各种共生关系。资源包括物质的、精神的、体制的，或者人的知识与能力，社会的资本、科技与文化等内容。而文化创意产业资源具有自己的独特性：第一，创意资源是一种战略性资源，它不仅能够通过资本化、产业化改造并创造出巨大的经济效益，而且它是一个国家和民族形成、发展、成熟的记录，是一个民族共有的精神家园；第二，创意资源具有稀缺性，这是对其进行经济考虑和效益追求的前提，为其进行资本化转变和产业化经营奠定了基础；第三，创意资源产权界定复杂，如产权问题、消费的非排他性等特征。[1] 创意资源的这些特征在创意推动资源转化时发挥着重要作用，推动着文化创意产业自身的发展。而高等艺术教育与文化创意产业界的创意资源就是产学研合作共生关系的主要纽带。

当前，大学科研主要来自于国家、省部委下达的科研项目，如国家、省级、部委社会科学和自然科学基金、863 计划项目、重点实验室建设项目、工程中心建设计划等纵向科研项目。这也包括一些与地方政府、企业界合作的横向科研项目，主要是自然科学类，而与文化产业相关部门合作的横向科研往往被忽视，这影响了高等艺术教育与文化创意产业之间的科研创新的共生效率。如何改进产学研合作模式，这就需要文化创意产业界与大学之间加强交流与沟通，使大学科研与

〔1〕 厉无畏. 创意改变中国. 北京：新华出版社，2009：87.

图 2-1-3　一步一步首饰设计工作营：产学研合作之当代首饰设计师孙捷携手同济大学，在设计创意学院创意工场举行（2014 年 4 月 8 日—4 月 11 日）。

文化创意产业合作之间共生共享。首先，大学科研机构加强与地方科研院所及企业研究所合作，各方人员共同参与，承担创意企业的研发项目；其次，大学科研机构还可以与政府、公共机构、企业加强合作，将政府机构作为委托方，将科研项目委托大学科研机构进行研发，其科研成果以科研项目经费名义购买，然后转化到政府和创意企业；最后，大学可以在创意企业或政府中合作建立研发机构，大学直接或间接介入创意企业或政府研发活动，拓展与企业或政府的横向合作科研，这种共生模式能够使大学与创意企业或政府共享科研成果（图 2-1-3、图 2-1-4）。位于英国米德尔斯布勒市的迪塞尔大学利用自身在信息通讯和数字媒体方面的学科科研优势，积极参与市政府与创意企业科研活动，大力发展数字创意产业。2003 年，在米德尔斯布勒市委员会、区域发展署、政府办公室以及企业部门合作伙伴的支持下，迪塞德大学牵头成立了"数字城市"研发项目，该项目得到政府的政策及企业界的研发经费支持，项目宗旨是大力发展高水平的数字技术创意经济，培养大量的游戏技术、虚拟环境、数字媒体、设计与动漫制作等各领域文化创意专门人才。这为该地区创造了大量的就业岗位，提升了地区劳动力的技能和水平，同时也为迪塞尔大学创造了大量的实习就业岗位，促进了大学的学科建设发展与教学改革。在国内，许多大学也在积极探索科研与产业合作模式，取得了一定的成效。苏州工商局牵手苏州大学凤凰传媒学院相继成立了苏州市广告研究院、苏州大学研究生工作站、

图 2-1-4 之江文化创意园首期启动项目凤凰·国际创意园(之江文化创意园成功创建国家级科技企业孵化器,成为全国首个文化创意类国家级科技企业孵化器。园区建立了凤凰设计工坊、数字特效实训基地、动漫实训基地、室内设计等五个实训平台,是专业人才的培养基地,年实训 300 人次。另外,在孵化器中建立小孵化器,建设了 3500 平米的大学生科技创业中心,为入驻大学生提供免 2 年房租等四免服务,2011 年这个中心被认定为全国高校学生科技创业实习基地)。

苏州大学创业实习基地和苏州市广告业管理人才教育培训基地等。这一方面为解决苏州地方广告创意人才的匮乏,提供人才资源及人才培养,推动苏州地区的广告创意产业快速、科学发展方面做出了巨大贡献;另一方面这也成为学生实践教育和大学科研成果转化的平台。

(二)大学文化创意产业园模式

自 1999 年教育部和科技部联合开展大学科技园建设以来,依托国家重点大学背景,全国至今已建立了 50 多个国家大学科技园,分布在全国 23 个省(自治区、直辖市)的 28 个城市。大学文化创意产业园作为大学科技园的组成部分,各大学也正在积极努力探索将人文社会科学转化为社会生产力的有效途径。大学文化创意产业园,是指以综合型大学或大学群为依托,利用大学的智力、人文学科及文化氛围等综合资源优势,通过包括风险投资在内的多元化投资渠道,在政府的政策引导和支持下,在相关企业的积极参与下,在大学附近区域建立的从事文化创新和企业孵化活动的特定地区。大学文化创意产业园的建设是一项系统工程,在发展过程中,政府都以不同方式不同程度地参与其建设、运行和管理,彼此之间是一种互动共生的关系。政府在制订并落实大学文化创意产业园规划与政策、优化园区创业环境以及营造创新创业文化氛围等方面都发挥着重要作用。而大学文化创意产业园积极通过企业孵化和文化创新,加速科研成果的转化和产业化,加大文化创意资源的开发利用,提升产品的附加值,积极为地方经济

图 2-1-5　大学文化创意产业园模式:美国硅谷现象。

建设服务。同时,大学、地方政府、企业集团又构成大学文化创意产业园内的共生关系,其共生单元各有自身优势,大学拥有雄厚的知识、科技和人才等优势,地方政府具有管理、组织协调等资源优势,企业集团具有启动资金、经营人才及市场优势。如果这三个共生单元相互依存、优势互补,将会发挥大学文化创意产业园的创新创业的能力和潜力。这一模式最初发端于美国,斯坦福大学的毕业生在“硅谷”创办了大批 IT 公司,麻省理工学院的毕业生在全国创办的公司达 4000 多家,现在又以每年 150 家的速度创办高新技术企业,由此形成了“硅谷”和“128 公路”现象。[1](图 2-1-5)2001 年,澳大利亚昆士兰科技大学在凯文格罗夫校区建立了世界上第一个创意产业学院,把表演艺术、媒体、新闻以及基于 IT 技术包含时尚、游戏、媒体设计等综合在一起,后来逐渐发展成了今天的创意产业园区。该园区由大学、昆士兰州政府及相关企业共同投资建立起来,是澳大利亚第一个由政府与高校共同为发展文化创意产业而合作的建设项目,并成为国际文化创意产业园区的典范之一。该园区内集聚了视觉表演艺术、音乐创作和出版、印刷媒体、新媒体、广播电子媒体和电影、传统艺术活动等创意产业。我国也逐步建立了自己特色的大学文化创意园区,一批综合性重点大学包括专业院校发挥了积极作用。(图 2-1-6)中国人民大学文化科技园是我国第一家以发展文化创意产业为主的大学科技园,也是教育部、北京市和中国人民大学共建的重点项目之一,是中关村科技园的重要组成部

〔1〕[美]安纳利·萨克森宁.地区优势:硅谷和128号公路地区的文化与竞争.曹蓬等译.上海:上海远东出版社,1999:72.

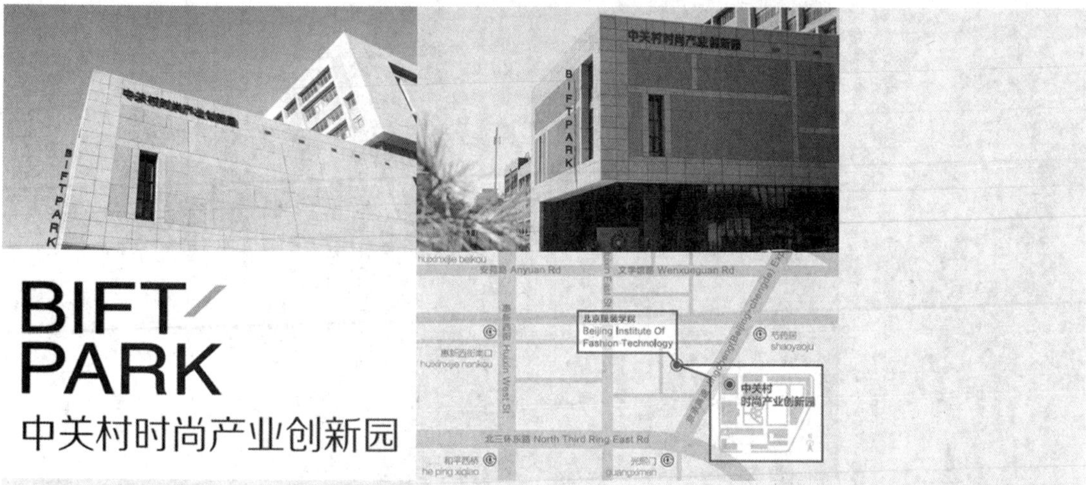

图 2-1-6　北京服装学院服饰时尚设计产业创新园（简称中关村时尚产业创新园）为 2012 年 3 月由北京市人民政府与北京服装学院共建的“中关村科学城第四批签约项目”。

分。该园区充分依托政府的政策支持和中关村地区的科技、信息、人才优势，依托中国人民大学人文学科、人才和国际交流资源优势，通过推动出版发行与版权贸易、创意设计、数码娱乐、新媒体及数字化内容等文化创意产业的发展，努力使园区成为人文社会科学成果的创新基地、创新型人才的聚集和培养基地以及产业的孵化基地。据不完全统计，截至 2010 年年底，中国人民大学文化科技园在建筑面积 6.7 万平方米的物理空间里，共集聚企业 170 余家，园区从业人员 4100 余人。园区企业年收入总额超过 200 亿元，实现地区增加值超过 30 亿元，单位面积地区增加值在所有大学科技园中位列第一。[1]精准的产业定位和科学的管理模式促进了园区的企业集聚规模，从而形成规模的中国人民大学文化科技园为提升地区经济与文化发展水平做出了突出贡献。与此同时，中国人民大学文化科技园还通过科研成果产业化的转化平台推进学科建设，以学科为依托建立“创意及创意技术转移中心”，并与相关院系建立了科研成果转化的共生互动机制。来自艺术学院的“新媒体互动广告”、新闻学院的“舆情监测系统”、环境学院的“人口地理空间信息平台”等学术成果正在园区以不同的形式进行转化。可见，中国人民大学文化科技园通过创业孵化形式的服务惠及园区企业，以产业规模集聚的方式助推地方经济发展，以成果转化平台促进大学学科建设，以学术研究来引领文化创意产业健康发展，最终达到了政府、大学及企业共赢的局面。（图 2-1-7）

大学文化创意产业园模式较之其他模式相比，从内涵上

〔1〕 中国人民大学科技园. 人大文化科技园：高校文化创意产业园区的开拓者. 中国高新技术企业，2011：82—85.

图 2-1-7　**中国人民大学文化科技园。**

体现了作为文化创意产业的重要组成部分，在空间上更为紧密地融入创意经济的产业体系，因而共生密度更大，其共生效率也更高。

（三）国内外合作办学模式

合作办学模式不是近年来才出现的，但在明确产权关系意义上由社会投资与大学合作办学则是近 10 多年来出现的新模式。其中独立学院就是一种新模式。它是新形势下我国高等教育办学机制与模式的一项探索与创新，是顺应市场经济的发展以及高等教育的发展需要而产生的新生事物，是普通高校的行政资源与非财政性社会资本相结合，并按新机制运作的一种新的办学模式。这种模式将地方政府、企业与大学以产权为纽带联结成为一体化共生，这种形式突破了由政府全部投资办学的体制，又使大学的办学体制趋于现代企业化，努力培养地方经济急需的人才。以企业冠名的形式走进大学院系也是一种新模式，企业向相关专业的大学院系提供资金赞助、实习就业基地、产学研合作机会等，大学院系为企业提供人才智力支持。这种模式与独立学院模式不同，独立学院实行所有权与经营权分离，而以企业冠名的办学模式仅限于资金赞助及人才支持，不涉及产权关系。不管如何，两种合作办学模式都形成了政府、企业与大学的共生关系，从而都能达到共赢的结果。

加强与国际合作办学，培养具有国际视野的文化创意人才。正如教育部原部长周济先生所言："鼓励中国高等教育机

图 2-1-8　国内外合作办学模式之中意学院——佩鲁贾人性化设计暑期学校 佩鲁贾 Pietro Vannucci 艺术学院(AccademiaBelle Arti Pietro Vannucci Perugia)于 2014 年 7 月举办“人文主义设计国际夏季培训班”。

构与外国知名的高等教育机构合作办学；鼓励中外合作办学机构引进国内急需、在国际上具有先进性的课程和教材，结合我国的实际，要特别注意借鉴和学习外国教育机构的办学特色和成功的管理经验，使我国教育机构真正具有比较明显的教育优势。”(图 2-1-8)国内最早的国际性专业设计学院，由实力雄厚的新加坡汉斯莱佛士国际集团与北京服装学院联合创办，且同时加盟国际设计教育领域享有盛名的加拿大蒙特利尔拉萨尔学院集团，旨在将国际最新设计教育体系引入北京服装学院，旨在造就中国特色，更兼国际一流设计水平的中国设计大师。学院的三方优势互补：新加坡汉斯莱佛士国际集团是一个资历深厚，擅长于国际服装及设计教育的机构；而北京服装学院则是中国以服装及艺术为主的综合性高等院校；加拿大蒙特利尔拉萨尔学院集团更是加拿大最大的采用英、法两种语言进行职业训练的大学，其丰富的设计教育经验为国际社会所普遍看重，集团所属的各所颇具规模的学院已遍及哥伦比亚、印度尼西亚、摩洛哥、新加坡、突尼斯、土耳其、越南和中国，其中新加坡、马来西亚、中国为新加坡汉斯莱佛士国际集团与加拿大蒙特利尔拉萨尔学院联合创办。学院的教学承袭加拿大拉萨尔学院国际标准水平的教学体系，由来自法国、加拿大等国的著名设计师及资深教授组成强大师资阵容，按照国际标准教学大纲进行教学，使学生不出国门就可尽得国际设计大师的精心指导，而灵活的学分制度、小组亲授的教学方式使学生有更多机会得到国际名师的悉心指导，且使

图 2-1-9　国内外合作办学：北京服装学院莱佛士国际学院。

学生有机会充分展现其创意才华；学院的主要教学设备均购于世界一流的日本兄弟工业株式会社、美国苹果电脑公司及德国红环公司。[1] 北京服装学院看准时机，通过国际合作办学模式，将国内大学与国际企业及大学组成共生关系，建立了产权一体关系，共育国际型设计创意人才。（图 2-1-9）

从以上不同的共生模式可以看出，高等艺术教育与文化创意产业发展的共生关系不言而喻，越来越紧密，并呈现出连续的、一体化共生的发展趋势。合理建立高等艺术教育与文化创意产业之间的共生关系，提升共生效率，高等艺术教育应紧紧围绕文化创意产业发展需求，发挥自身优势，找准自己的定位，把握好方向，在注重与政府、企业各方联合的基础上，选择适合自己发展的共生模式，从而使高等艺术教育与文化创意产业互动发展。

文化创意产业被誉为 21 世纪最具发展潜力的朝阳行业，各国都在不遗余力地竞相鼓励和扶持，以期在未来的竞争中立于不败之地，这对于由制造型向创造型发展的中国来说，意义重大。文化创意产业的勃兴为高等艺术教育的改革与发展提供了广阔的空间，也为高等艺术教育发展提出了新要求。目前，我国文化创意产业在结构及规模上还处于调整与发展变化中，但作为朝阳产业，这是一个充满希望与生机，又充满挑战的新兴领域，其发展前景令世人瞩目。高等艺术教育“不仅为文化创意产业的发展提供了各类文化创意人才，促进文化创意产业的规模扩张和文化创意产业结构的进一步优化，

〔1〕 君言．北服——莱佛士国际设计学院日前在京成立．中国服饰报，1998－01－02．

而且还在艺术产品及相关服务的创新、传播、[1]应用方面发挥着不可替代的作用”。文化创意产业为高等艺术教育的未来提供了更为广阔的空间,同时也为高等艺术教育发展指明了方向。为此,高等艺术教育应紧紧围绕文化创意产业及人才培养目标要求,创新艺术教育体系,注重学生创新意识、创新能力和人文素养的整体发展,加快高层次的文化创意产业人才培养步伐,以促进和满足文化创意产业的快速持续发展,从而有效地推进“中国制造”向“中国创造”的历史跨越。

〔1〕 项仲平,刘静晨.文化创意产业背景下高校艺术教育的发展路径探究.浙江传媒学院学报,2009(3):71—74.

〔2〕 程春云.艺术教育概论.昆明:云南大学出版社,2009:14.

第二节　文化自觉视野下高等艺术教育创新发展

在全球化发展趋势下,高等教育面临着不同文化冲突与融合所带来的挑战。高等艺术教育作为高等教育的一个重要组成部分,承担着文化的传承与创造职责。如何在多元文化的冲击下弘扬传统文化及民族精神,成为高等艺术教育发展的重大问题。文化自觉是文化建设的一种理性选择,已成为一种文化观、一种富于深刻意涵的文化理论。为此,文化自觉自然成为高等艺术教育的文化价值追求和发展理念。

一、文化自觉:高等艺术教育的文化价值追求

(一) 高等艺术教育的当代价值

所谓艺术教育是“教育的一个分支,是以艺术为媒介进行的教育活动,是研究有关艺术教育实践及其理论的科学,是通过艺术的内容、途径和方法提高他们艺术修养与审美文化水平,丰富情感、陶冶情操、提升品格、完善个性的教育”。[2]它不

同于艺术创作实践活动，强调落实艺术教育的实施，更体现了对人的全面发展价值理念。2001—2010年全国学校艺术教育发展规划对我国高等艺术教育主要任务做了明确规定，即通过艺术课程和开展丰富多彩的课外文化艺术活动，培养和提高学生的审美能力和文化素养。面对全球一体化下的多元文化境遇，我国高等艺术教育被赋予了历史使命，体现了时代价值。首先，加强高等艺术教育，是我国高等教育的一项重要任务。艺术教育作为高等教育的一个重要部分，是实施高校学生素质教育的主要内容和途径，也是文化传承与创造的主要载体。因此，加强高等艺术教育，不仅是培养综合素质人才的需要，也是整个社会文明与高校文化发展的必然要求。其次，加强高等艺术教育，有助于提高大学生的审美情趣、能力和文化素养。审美能力的发展离不开艺术教育，审美能力的提高和培养是艺术教育的直接性结果。同时，通过艺术教育可以使学生获得生活、社会等各方面的知识，从而提高文化水平。其三，加强高等艺术教育，也是人类文化传承与创造的需要。大学作为多元文化集汇地，不同文化在这里交流、碰撞、传播与创造，高等艺术教育又担负着各民族文化传承的重要任务。因此，处于多元文化的大学里大学生只有树立正确的审美观念，提高审美能力，才能有效传承与创造文化，从而提高自身的文化素养。当然，加强高等艺术教育的当代价值还体现在有助于大学生创造性思维的培养、大学生心理健康素质的增强等。高等艺术教育的当代价值随着社会的发展而日益重

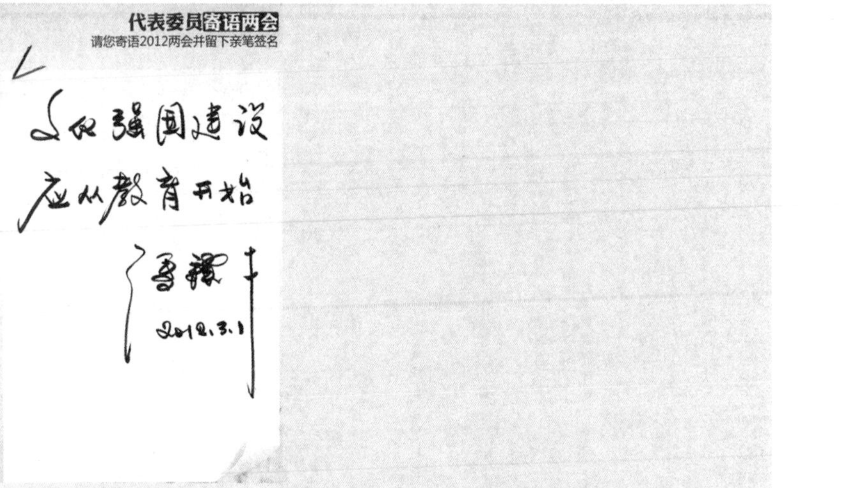

图 2-2-1　费孝通著，《费孝通论文化与文化自觉》，群言出版社，2007 年。
图 2-2-2　2012 年两会冯骥才寄语：冯骥才谈文化强国：提高文化自觉打造文化经典，传承文化情怀。

要，人们对高等艺术教育的认识也在发生着变化，由对艺术功能的显在性认识到对艺术价值的潜在性认识，逐步认识到艺术教育在大学生的身心健康、文化知识、个性品质以及文化传播与创造等方面发挥着不可替代作用。

（二）文化自觉成为高等艺术教育发展的新理念

随着全球化的发展，世界文化形成了多元一体化的发展格局。如何在多元文化的发展背景下，传承与发展我国传统文化，弘扬民族精神？高等艺术教育作为文化传播与创造的重要途径，如何担任起文化发展的大学功能？费孝通先生在 1997 年北京大学举办的第二次社会学人类学高级研讨班上提出了“文化自觉”（图 2-2-1）这一个文化发展理念：“文化自觉只是指生活在一定文化中的人对其文化有‘自知之明’，明白它的来历，形成过程，所具的特色和它发展的趋向，不带任何‘文化回归’，不是要‘复旧’，同时也不主张‘全盘西化’或‘全盘他化’。自知之明是为了加强对文化转型的自主能力，取得决定适应新环境、新时代文化选择的自主地位。”“文化自觉是一个艰巨的过程，首先要认识自己的文化，理解所接触到的多种文化，才有条件在这个已经在形成中的多元文化的世界里确立自己的位置，经过自主的适应，和其他文化一起，取长补短，共同建立一个有共同认可的基本秩序和一套各种文化能和平共处，各舒所长，联手发展的共处守则。”[1]这一理念的提出实际上是对当前经济、文化全球化向我们提出的挑战做出的一种积极回应，贯彻了“君子和而不同”古训理念，与亨廷顿

〔1〕 费孝通. 反思·对话·文化自觉. 北京大学学报(哲学社会科学版)，1997(3)：15—22.

的“文明冲突”论中提出的解决问题的方案完全不同，是对我国高等教育，尤其是艺术教育如何在全球化境遇下进行创造与建设所作的积极准备。（图 2-2-2）

文化自觉不仅仅是思想过程，而是有着具体的历史内容和时代价值指向，是一个批判的实践与创造的实践的过程，它强调的是对自己的文化要有“自知之明”，从本民族文化与他国文化关系中进行反思和探索，包含着对本民族文化的重新认识和对其他民族文化及他国文化的借鉴和批判。大学也是如此，这是由它本身文化特性所决定的，正如张楚廷先生在一文中写到：“大学里的文化是可以由一个‘学’字，一个大写的‘学’字来表征。大学里的精神，大学里的文化，都因为与一个‘学’字紧密相连而特别有生命力，它的文化因此而成为跳跃着的文化，飞翔着的文化，呼啸着的文化，继续生长着的文化，繁衍着的文化”。[1]大学不仅能传播文化，更是能产生文化，成为社会文化自觉的先驱。因此，高等艺术教育不仅要承担传播与创新本民族文化，吐纳与整合东西方文化，而且要自觉地引领大学文化、大学精神的发展，推动社会文明的进步，为社会先进文化的繁荣与发展做出应有的贡献。

二、高等艺术教育的文化境遇

（一）全球化语境下的文化冲突与高等艺术教育

进入 20 世纪以来，一个时髦而并非价值中立的词汇——全球化，正潜移默化地影响并改变着我们的生活方式及价值选择。全球化已经成为一个不争的事实，它虽发端于经济领

〔1〕 张楚廷.大学的文化自觉初论.现代大学教育，2010(3)：19—23.

图 2-2-3　**美国文化之“三片”：饮食文化之麦当劳“薯片”、电影文化之好莱坞“大片”阿凡达、美国硅谷“芯片”。**

域，但早已不局限于经济领域。“全球化的影响和播撒不只是停留在经济和国际交往上，文化的全球化日益在凸现出来。美国文化的‘全球化’被形象地概括为‘三片’，即代表美国饮食文化的麦当劳的‘薯片’、代表美国电影文化的好莱坞‘大片’、代表美国信息文明的硅谷‘芯片’。（图 2-2-3）西方主流国家的强势文化对世界影响力越来越大，英国学者汤林森认为这是一种新的文化殖民，是文化帝国主义在全球的扩张。虽然汤林森说的看起来有点偏激，但是文化全球化传播的力度和强度超过以往任何一个时代，其发展势头不容忽视。”〔1〕美国著名学者约瑟夫·奈认为相对于政治经济的“硬力量”，文化是一种“软力量”（图 2-2-4），但是它对经济社会的影响力和渗透力却是持续不断的。可见，作为一种全球性事实基础上的价值观与文化延伸，全球化作为一种大背景，承载并传递着不同价值观与多种文化，把世界原有的多样性和差异性更加彻底地呈现在认识主体的面前。“大学作为保存、传播和创新知识的机构，随着知识荷载的价值不断垒砌，首当其冲地成为了文明冲突的先锋领地。各种文明以知识为载体在这里聚集、交汇和对话。”〔2〕高等教育作为文化系统中的子系统，显然对文化的变迁与发展起着重要作用。面对汹涌澎湃的全球化浪潮，作为文化传承与创造的大学就应提出与研究在全球化的背景下文化的选择、批判、传承、传播、适应与创新发展的战略问题，这是高等教育的文化使命。

文化，尤其是艺术文化的发展和传播离不开艺术教育。

〔1〕 薛晓源.全球化与文化战略研究//王治河.全球化与后现代性.桂林：广西师范大学出版社，2003：149—160.

〔2〕 王卓君.文化自觉与高水平大学建设.中国高等教育，2010(1)：8—11.

图 2-2-4 最早提出“软实力”概念的美国哈佛大学教授约瑟夫·奈。

艺术教育不仅有助于发展人的全面思维，培养学生审美能力，提高学生的道德修养，也有助于推动世界各地区、各民族的艺术文化交流与传播。面对全球化语境下文化冲突大背景，高等艺术教育作为各民族文化传承的重要途径，应充分发挥艺术教育的文化传承价值的作用，加强各民族文化学习与交流，拓宽大学生的审美视野，进一步认识世界各民族艺术文化的丰富性和多样性，并在东西文化的对比研究和全球化语境中观照本民族传统的发展，从而提高高校大学生文化的认识水平，引领社会文化发展。这也是高等艺术教育的文化使命。

（二）大学文化导向的反思及文化自主意识的提升

在全球化的经济、文化交流日益发展的背景下，西方文化的价值观对传统文化教育产生了巨大冲击。虽然对文化帝国主义、文明冲突论、历史终结论、文化相对主义等观点的批判和驳斥屡见不鲜，但从文化资本到文化产品，从语言教育到宗教信仰，从影视传媒到纸质书本，这些都对高等教育产生了深刻影响。如何来认识文化的特征、传承与创造，以及如何对待西方文化与民族传统文化，这无疑给我国高等教育提出了新课题。这将深刻影响青年大学生健康成长成才。而目前我国仍处于一个社会转型期，旧的文化价值体系和文化价值观被动摇，而此时新的文化价值体系和文化价值观又没有确立或没有被认同，所以在新旧文化价值观的更替过程中，形成了一种文化价值真空或称之为文化价值失范。这必然会给社会（当然包括大学在内）带来一系列严重的现实问题。比如传统道德经不住市场经济大潮

图 2-2-5　艺考大军：为高考，超五成“半路出家”。

的冲击，政治文化被多元文化所稀释，传统民族文化受到西方文化的碰撞，大学文化发展遇到前所未有的挑战。

而今，面临“后现代、后工业化”知识经济大潮的高等学校，已不可避免受到了全球化的影响。一方面现实大学人文精神匮乏，另一方面当今的高等教育正在进行规模化发展，人文教育弱化，所有这些都正在改变着大学生的思维方式及价值观念，呈现出一系列大学生“人文危机”现象。一些大学生在多元共存的文化格局中表现出拒绝传统、技术至上、智慧欠缺等弊端。2004年《环球》上发表了一篇题为《中国大学生——危机四伏的一代》的文章，文章也提出当下大学生综合素质严重下滑，归纳了大学生的“地狱症状”：诚信危机、道德失范、心理失控、情感迷惘……[1]与此同时，部分高校大学生受到社会因素影响表现出个人主义、拜金主义、享受主义等急功近利的思想，使他们失去了大学生应有的纯朴、浪漫、激情与执著，过分看重并专注于专业技能的学习，忽视文化素养及艺术审美素养的培养。(图 2-2-5)据相关学者对部分高校非艺术类学生进行调查发现，会五线谱的占8.4%，会素描的占 12.8%，89%的学生认为自己的音乐水平在一般以下，64%的学生缺乏感受音乐的基本素养。[2]本人在对高校艺术类学生的文化素养调查时也发现，有 65%的同学希望更早地接受专业知识，特别是专业技能的学习，只有 19%的同学认为目前教学安排合理，其余 16%的学生对该问题没考虑过。对问卷中“你对绘画基础课、设计基础理论课课程量安排的看法”的提问，30%的同学回答“课时

〔1〕 王国平等.中国大学生——危机四伏的一代.环球，2004(18)：9—17.

〔2〕 刘建刚.对高校艺术教育的几点思考.高教论坛，2006(1)：66—84.

〔1〕 束霞平.当前高校艺术设计专业学生素质的调查与分析.淮南师范学院学报,2006(5):55—58.

量偏多”;当问及“你对专业课程量安排的看法”时,其中51%的同学认为课时量偏少。尽管有69%的学生认识到“在大学里开设更多的中国传统文化课”“很有必要,它能够提高设计修养”,然而我们在问卷中罗列了15本有代表性的中国传统文化书目,其中读过一半以上的仅占10%,所读书目大多数集中在中国四大古典小说,读过《科学发展纵横谈》《中国文化概论》《论语》等著作的学生数量很少。这一方面反映了大部分艺术类专业学生对于专业技能学习的迫切心情,但同时也反映出大部分学生对基础理论课、设计文化课、中国传统文化课等课程的忽视,有一种“急功近利”的不成熟心理。[1] 究其原因很多,但与全球化所带来的大学文化价值多元影响是分不开的。尽管我国高等学校在这一大背景下,也面临许多无奈,尤其是大学文化安全及大学文化自主意识缺失,但作为文化的传播、倡导与实践的主要场所,尤其在对大学生的精神家园的培育和呵护方面,大学责无旁贷。高等艺术教育作为大学教育的重要组成部分,是文化得以延续和更新的一个重要途径。因此,加强大学生的文化自主意识的培养已成为高等艺术教育的重要使命。

三、以文化自觉引领高等艺术教育发展

(一)充分认识艺术教育的文化育人功能,转变传统观念,实现高等艺术教育由“自知之明”到“文化自觉”的转变

我国现代艺术教育是在西方的影响下发展起来的,引进并借鉴了大量西方现代美育与艺术教育的理论与经验。多年来,我国高等艺术教育事业取得了飞速发展,积累了一定的经

图 2-2-6　2007 中国元素国际创意大赛银奖：顾群业的平面设计作品《叩》，通过对典型文化象征符号的提炼重组，表达了对全球化语境下多元文化间互动融合的思考，以体现和而不同与文化自信。

验，但在某些方面的不足也是显而易见的。长期以来，我国高等教育过分强调智育功能，在艺术教育方面没有予以应有的重视。（图 2-2-6）首先，高等艺术教育更多地强调艺术教育的“辅德、益智”功能，忽视艺术教育的文化育人功能，即提高学生的艺术审美素质及文化素养，培养学生的创造力，往往将艺术教育作为一种依附于思想政治教育和智育活动的加强德育与智育的手段，这使我国高等艺术教育逐渐失去了活力与吸引力，学生接受的更多的是技能训练及技能教育，艺术教育几乎等同于技艺教育。其次，高等艺术教育在高校发展中，其艺术学科发展与其他学科之间没有必然的联系，往往成为其他学科的学生的一种消遣方式，难以发挥艺术教育潜在的育人功能。其三，高等艺术教育在管理体制上没有统一规定，从艺术教育机构与体制来看，目前国内大致有三种形式：第一种是成立艺术教育系挂靠在艺术院系或人文学院，负责艺术专业学生的部分授课及全校非艺术专业学生的素质教育选修课教学；第二种是设立了独立部门的专门艺术教育中心机构，负责全校非艺术类专业的艺术素质教育；第三种是成立艺术教育中心挂靠团委内部，负责全校非艺术类专业的艺术素质教育及艺术团体指导。从师资队伍来看，主要是由来自于艺术院系、人文学院及其他学院少数有艺术专长的老师担任，并没有专职教师，缺乏对艺术教育规律深入专门的研究。究其原因很多，有历史传统的原因，有客观因素的制约，但更主要的仍是主观原因，缺乏对高等艺术教育的正确认识，没有认识到艺术教育在高

〔1〕 叶澜.世纪初中国教育理论发展的断想.华东师范大学学报(教育科学版),2001(1):1—6.

〔2〕 张应强.文化视野中的高等教育.南京:南京师范大学出版社,1999:35.

等教育中的地位与作用。文化自觉需要一个非常漫长和艰苦的过程,特别是对于教育研究而言更是如此。这是因为"20 世纪时代和教育实践的发展把教育理论抛到中国这块土地的人世间","引进"是"娘胎里的记号"。〔1〕如何加强高等艺术教育发展,这就要求对高等艺术教育重新认识,做到有"自知之明",要求教育工作者从提高民族素质的高度来认识艺术教育,将高等艺术教育纳入到高校整体工作中去,真正确立艺术教育在高等教育中的地位。要避免成为道德教化的手段,必须建立独立学科体系,凸现出自己的独立地位以及道德教育、情感教育所不能替代的独特性,又要从制度上将高等艺术教育纳入到"依法治教"的轨道。只有这样才能使高等艺术教育健康有序发展,做到真正的艺术教育的"文化自觉"。

(二) 充分认识艺术教育的文化传承与创造功能,铸造中国民族魂,培育大学生的民族认同及民族精神

在人类历史文化发展的长河中,文化的变迁与发展是多方面因素共同作用的结果,表现出自身的发展规律。高等教育不仅是一种教育现象,同时也是人类的一种文化现象,作为文化系统组成的一部分,对文化的变革、交融、整合与发展都起到了重要作用。就教育对文化的作用而言,张应强先生认为具体表现为选择文化与批判文化、传承文化与传播文化、适应文化与创新文化等三个方面。他也指出,高等教育对文化的这几种作用,并不是分开的而是密切地联系在一起的,离开了任何一种作用,其他作用便不可能存在,也就失去了意义。〔2〕

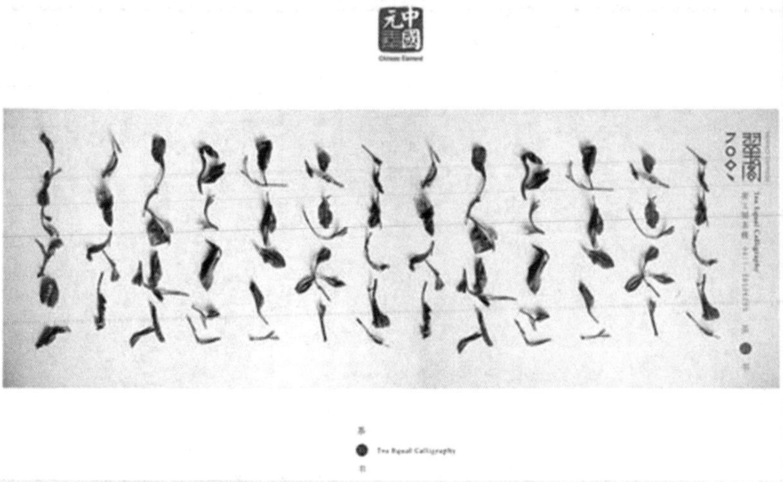

图 2-2-7　2009 中国元素国际创意大赛金奖(文字类)作品《茶前书 茶后书》 创作公司:正大中艺设计顾问机构。

高等教育对文化的发展首先表现在对文化的传承与创造上,包括对文化的选择与批判。在人类文化发展的进程中,既有与时代要求一致并能推动时代进步的文化成分,也有与时代要求不符的消极文化成分,这就决定了人类在传承文化时必须做出批判与选择。另外,高校还聚集了大批的有较强的文化选择与改造能力的人才。所有这些一方面对发挥高等艺术教育的文化传承与改造功能有着积极意义,另一方面也有助于帮助大学生更好地学习与掌握人类文化成果,从而使人类社会长期积累的文明成果得以传承。为此,必须研究挖掘民族传统文化,对其他民族文化加以批判汲取,努力培育大学生的民族认同及民族精神。[1]范可在《全球化语境下的文化认同与文化自觉》一文中也指出:“在各种不同文化或传统成分通过传媒和人口跨国流动进入不同国家已成为常态的全球化时代,如何考虑文化认同的价值,将直接涉及究竟能否有助于来自不同文化背景的人们彼此间相互理解的问题。”[2]因此,高等艺术教育应在加强传统文化教育的同时,发挥人文学科优势,深入挖掘民族文化传统,通过学习其他民族文化来反思自身的文化,使学生对本民族文化有“自知之明”,强化民族文化的认同,增强民族自豪感与自信心,在此基础上养成和锤炼真正的民族精神。(图 2-2-7)

(三)充分认识艺术教育的教学实践功能,树立人文教育与科学教育相融合的理论,切实提升大学生的人文素养

爱因斯坦在《论教育》一文中指出:“有时人们把学校看成仅仅是把尽可能的知识传递给成长中的一代的工具。但

〔1〕 邵龙宝.全球化与“文化自觉”及其教育.社会科学,2001(10):52—56.

〔2〕 范可.全球化语境下的文化认同与文化自觉.世界民族,2008(2):1—8.

这是不对的，知识是死的，而学校却是在为活人服务的。他应该在青年人身上培养那种有益于公共福利的品质与能力，但这并不意味着消灭个性，把个人仅仅作为如蜜蜂或蚂蚁那样的社会工具。因为由一个没有个人独创性和个人目标的标准化的个人所组成的社会，将是毫无发展可能的、可怜的社会。相反，学校的目标必须是培养能独立行动和思考的个人，而这些个人又把为社会服务视为最高的生活问题。”[1]这才是教育的真正本意，更是成功教育所要达到的目标，也是我国高等艺术教育所要达到的目的。具体地说，高等艺术教育应该是科学教育与人文教育的结合、科学精神与人文精神的结合。“艺术教育不只是静观，而且要参与艺术活动，它是观照和操作的统一。所谓观照是指对艺术教育媒介所表达的思想情感产生的共鸣，它包括了艺术的欣赏和评判。操作则属于实践性的方面，包括对艺术媒介的掌握与创造。观照与操作的结合，意味着教育接受者在观照中要积极参与艺术活动。”[2]因此，高等艺术教育的目标可以通过教学实践加以落实。在课程设置上，体现学科交叉，增设人文、艺术、工学、管理学等课程，开设选修课及限选课，提高学生的传统文化素养及综合知识素质。在实践教学上，增强实践环节，可以通过产学研合作教育方式、各类艺术团体、非物质文化遗产中心及各类校园文化活动等文化实践教育载体，努力创造学生参与社会、了解社会的机会，增强实践能力。这样可以使学生参与其中，不仅传承着文化，而且还创造着文化，不

〔1〕［美］阿尔伯特·爱因斯坦．爱因斯坦晚年文集．方在庆，韩文博，何维国译．海口：海南出版社，2000：33．

〔2〕程春云．艺术教育概论．昆明：云南大学出版社，2009：19．

图 2-2-8　由清华大学承办的清华大学学生艺术团交响乐队暨首都大学生交响乐团，于 1993 年正式组建，是首都大学生艺术团六个分团之一。
图 2-2-9　北京师范大学学生合唱团。
图 2-2-10　北京航空航天大学大学生歌蹈团。

断增强学生的文化艺术修养。作为艺术教育的第二课堂——艺术社团在高校发展迅速，各高校结合各自特点创办了各种形式、数量不等的艺术社团。北京地区建立了以清华大学为基地的大学生交响乐团（图 2-2-8），以北京大学为基地的大学生民族乐团（图 2-2-9），以北京师范大学为基地的大学生合唱团，以首都师范大学为基地的大学生军乐团，以北京工业大学为基地的大学生戏剧团，以北京航空航天大学为基地的大学生歌舞团等。（图 2-2-10）清华大学、浙江大学（图 2-2-11）、上海交通大学、南京大学（图 2-2-12）等高校长期保持了数百人的艺术团体，其中包括合唱队、舞蹈队、话剧队、戏剧表演队、摄影队等，苏州大学还有 100 多年历史的“东吴剧社”（图 2-2-13）。这些艺术团体的水平都相当高，有的艺术团体还参加了国外重要演出，获得好评。正如《学校艺术教育史》一书载道：“高等学校艺术教育的实践证明，艺术教育是实施美育的主要内容和途径，这些艺术活动对活跃大学生的精神生活，丰富他们的情感世界，陶冶大学生的高尚情操，提高他们的审美能力有着其他学科不可替代的作用。”[1]

高等艺术教育作为以艺术为媒介来培养大学生的艺术素养的教育，其功能一方面是对大学生的审美能力的培养，同时也表现为文化传承与创造。面对全球化语境下的文化冲突，高等艺术教育不仅要教育学生敢于面对挑战，关注本民族文化，还要教育学生关注其他民族文化，并在全球视野下观照和审视本民族文化，真正使学生实现从“自知之明”到“文化自觉”

〔1〕 杨力，宋尽贤．学校艺术教育史．海口：海南出版社，2002：207．

图 2-2-11　浙江大学黑白剧社，即浙江大学文琴艺术总团戏剧社，原是这所百年学府 1937 年抗战之前的学生文艺社团，当时称为黑白文艺社，是享誉全国的优秀学生自主组织。

图 2-2-12　南京大学交响乐团获全国第三届大学生艺术展演金奖。

图 2-2-13　苏州大学东吴剧社　成立于 1909 年，是中国最早成立的一批校园剧社之一。

图 2-3-1　文化创意与科技的融合：设计师 Elodie Delassus 针对非洲和一些贫穷地方等电力缺乏地区，设计的一款小型的人力驱动的洗衣机，小型的容量，便于人力来驱动。

的转变，使他们成为民族文化的受益者、传承者、创造者，最终促进社会文明的和谐与提高。

第三节　文化与科技融合视域下文化创意产业创新发展

文化与科技的融合并不是一个新话题，文化与科技的互动是近代社会文明演进的主旋律。随着世界新技术革命的迅速发展和市场竞争的日益加剧，文化与科技的融合成为趋势，文化与科技的创新在人类社会发展进程中扮演着越来越重要的角色，并发挥着积极作用。正如网络上流行的“三个苹果改变世界”的段子，虽带有玩笑意味，却形象地反映出“文化与科技的融合”给人类社会带来巨大的变化。中国共产党的十七届六中全会《决定》中指出：“科技创新是文化发展的重要引擎。要发挥文化和科技相互促进的作用，深入实施科技带动战略，增强自主创新能力。”可见，文化与科技的作用不仅是一致的，一方面科技作为生产力，它对文化创意产业发展有着巨大的推动作用，另一方面文化也可作为生产力能够推动文化创意产业发展；而且文化与科技发展是一种相互影响、相互促进的关系，如同创意的双翼，即文化是创意之魂，文化创意是软实力，引领文化创意产业发展，科技是创意之力，科技进步带来了文化生产方式深刻变革。可见，文化与科技的融合必将筑就文化创意产业发展之路。（图 2-3-1）

一、文化创意是文化创意产业发展的灵魂

作为推动文化创意产业的两大引擎，科技创新与文化创

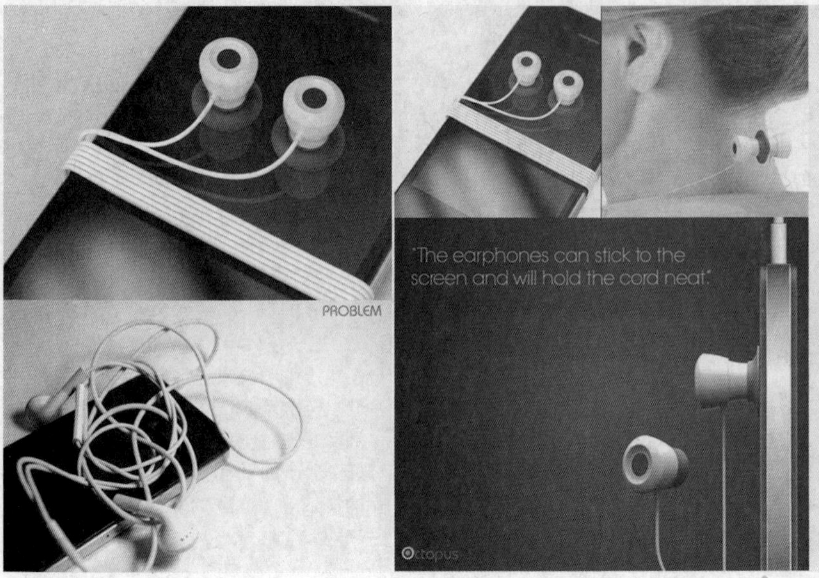

图 2-3-2　文化创意与科技的融合：吸在屏幕上的耳机。

意在功能上相互依存、相互促进。一般来讲，科技创新侧重于硬实力提升，文化创意倾向于软实力增强。在经济全球化、文化全球化的背景下，文化与经济的互动发展已成为一种趋势。文化作为软实力提升的核心内容，是创意之魂，也是推动文化创意产业发展的动力源泉。（图 2-3-2）

（一）文化创意是一种软实力

正如中国共产党第十七届六中全会《决定》中指出："当今世界正处在大发展大变革大调整时期，世界多极化、经济全球化深入发展，科学技术日新月异，各种思想文化交流交融交锋更加频繁，文化在综合国力竞争中的地位和作用更加凸显，维护国家文化安全任务更加艰巨，增强国家文化软实力、中华文化国际影响力要求更加紧迫。当代中国进入了全面建设小康社会的关键时期和深化改革开放、加快转变经济发展方式的攻坚时期，文化越来越成为民族凝聚力和创造力的重要源泉、越来越成为综合国力竞争的重要因素、越来越成为经济社会发展的重要支撑，丰富精神文化生活越来越成为我国人民的热切愿望。"可见，文化作为民族的血脉、人民的精神家园，在人类文明发展历程中为人类文明进步作出了不可磨灭的重大贡献。一般认为，文化只是一个接受的、传承下来的或是积累下来的艺术、美术形式、符号意义系统、实践和制度的总体。然而，就任何一种文化而言，最重要的问题不是仅仅理解为文化遗传，被看成是一成不变的、继承下来的东西，而是理解成是一个衡量贯穿于特定社会的思想在其生产过程中所呈现的

图 2-3-3　(美)亨廷顿，哈里森主编，程克雄译《文化的重要作用——价值观如何影响人类进步》，新华出版社，2002 年。

图 2-3-4　(美)约瑟夫·奈著，何小东、盖玉云等译《美国定能领导世界吗》，军事译文出版社，1992 年。

生命力、知识、能量和发展动力的标准。这就是文化在当今的发明和创造力。文化作为软实力，是经济社会发展的重要力量，也是一个国家或区域综合实力的重要组成部分。它不仅能够成为经济发展的助推剂，而且能够传播意识形态，影响人们的价值观念和行为方式。正如美国哈佛大学著名教授塞缪尔·亨廷顿在《文化的重要作用——价值观如何影响人类进步》(图 2-3-3)一书中写道，“关于文化在人世间的地位，最明智的说法或许就是丹尼尔·帕特里克·莫伊尼汉的两句话：‘保守地说，真理的中心在于，对一个社会的成功起决定作用的，是文化，而不是政治。开明地说，真理的中心在于，政治可以改变文化，使文化免于沉沦。’”[1] 可见，一个国家的综合国力不仅包括经济、军事、资源等“硬实力”，也包括文化、科技等“软实力”。

软实力也称为软权力、软力量、软国力等，这一概念诞生于国际关系领域，是由哈佛大学肯尼迪政府学院前院长约瑟夫·奈教授提出的，并在其《美国定能领导世界吗》(图 2-3-4)一书中指出：“软实力是通过吸引力而非高压统治在国际事务中达到所要结果的能力。他通过说服别人追随自己，或是别人同意自己的规范和制度，并以此方式来使别人产生自己所想要的行为。软实力存在于使别人被某种观念吸引或者能够决定别人喜好的能力”。[2] 同时他认为，相对于政治经济的“硬力量”，文化是一种“软力量”，它对经济社会的影响力和渗透力却是持续不断的。其实，从文化软实力的内涵及要素的角度来看，文化软实力往往由文化凝聚力、文化创造力及文化生

[1] [美]塞缪尔·亨廷顿，劳伦斯·哈里森主编. 文化的重要作用——价值观如何影响人类进步. 程克雄译. 北京：新华出版社，2002：3.

[2] Joseph S. Nye, The Paradox of American Power: Why the World's Only Superpower Can't Go It Alone? New York: Oxford University Press. 2002, pp. 1—40.

产力三个方面组成。[1]文化如何真正地使文化成为“软实力”，这就必须使“文化”本身具备核心价值体系的影响力、文化生产方式的创新能力以及文化资源的转化能力。那么，文化创意就成为实现“软实力”重要手段，也构成了文化软实力的一部分。

(二) 文化创意引领产业发展

文化创意源于文化并高于文化，其核心为“文化”。可见，文化是文化创意产业发展的灵魂。文化创意作为一种软实力，体现在对文化资源整合与开发利用，从而实现文化对社会经济发展渗透力、影响力的拓展和挖掘。所谓文化创意引领产业发展，实际上就是用文化创意为产品和服务注入新的文化要素，去打造自己的品牌，满足并创造新的市场需求，从而引领文化创意产业发展。对于文化创意产业来讲，市场需求已不仅仅停留在产品的功能需求上，而是更多地取决于消费者的个性需求和大众需求的期望，包括文化消费。而以文化为基础的人的创造力展现的文化创意则能在提升人们的品质生活、引领人们的生活方式、改变传统的消费观念与消费方式、引导并扩大文化消费层次与领域等方面发挥着积极作用，从而推动文化创意产业的发展。如诞生于20世纪50—60年代的美国迪士尼一直致力于打造一个“世界上最快乐的地方”，以一个个形象生活、内容丰富、充满活力的文化载体和娱乐平台，为人们提供了一种全新的文化娱乐体验，成为了现代美国文化的“形象大使”。其中，迪士尼运作模式成功的关键在于通过文化创意对文化资源的开发与利用，产生了一系列

[1] 尹宏著《现代城市创意经济发展研究》，中国经济出版社，2009年6月，第272—273页

图 2-3-5 **美国迪士尼打造的米老鼠、唐老鸭、睡美人的卡通形象。**

喜闻乐见的影视卡通形象，如“米老鼠”、“唐老鸭”、“睡美人”等，深受世界各国人士的喜爱，其产业发展迅速，也一直处于行业领先地位(图 2-3-5)。同时，文化创意也对传统产业将形成提升态势。文化创意产业与旅游、制造业等产业融合，增加相关产业的文化含量，提高产业附加值，是传统产业提升产品文化内涵和品牌价值的重要手段和必然趋势。

二、科技创新是文化创意产业发展的重要引擎

文化创意产业是“以文化创意为核心，以知识产权保护为通道，通过现代科技手段物化文化创意，形成高文化附加值和高技术含量的产品和服务，在提升国民经济竞争力的同时提高国民生活的幸福指数。”[1]可见，作为文化发展的重要引擎的科技创新不仅成为我国社会主义文化建设不可或缺的重要方面，而且也是推动文化创意产业发展的重要力量。

(一) 科技创新使文化生产方式发生变革

众所周知，文化的发展离不开科技的支撑。长期以来，科技进步给社会生产方式、全球竞争格局带了重大变革，不断改变着人们对生活与工作的方式和态度，并从文化的内容、形态、传播方式等方面，不断推动着文化的发展。迄今为止，人类历史上三次科技创新进步，给文化生产方式带来了革命性变化。第一次为活字印刷技术的发明，带来了图书生产方式的革命，图书生产成为了产业，这对人类文明进程产生了深刻的影响；第二次为 19 世纪电子技术的发明，视听产品生产成为一个巨大的产业，从文化产生角度看，此次革命较第一次革

〔1〕 张京成主编《中国创意产业发展报告》(2012)，中国经济出版社，2012 年 3 月，第 9 页

图 2-3-6 虚拟技术诠释佛教之美:3D 莫高窟亮相香港第 24 届书展(特别于"文艺廊"设"人间净土——走进敦煌莫高窟"展览,展示数码化的立体敦煌壁画、220 号石窟立体模型、多幅敦煌石窟外观及壁画照片。该项展览由香港城市大学互动视觉及体现应用研究室(ALiVE)、敦煌研究院及香港敦煌之友联合制作、新鸿基地产全力支持。复原后的壁画加上立体动画和数码音效,令石窟仿如重生,充分凸显香港科技与文化艺术结合的魅力,同时亦让人思考以先进数码科技保存珍贵文物的可能性。)

命对公众产生的影响更为广泛、更为深刻;第三次为 20 世纪 80 年代兴起的网络技术、通信技术、数字技术,对文化生产方式带来了革命性影响,互联网、移动媒体等新媒体成为新兴的文化创意产业。[1] 如今的数字化技术正在迅速地席卷人类社会的各个领域,包括文化领域,它不仅改变着人们获取信息的方式,也改变着人们传统阅读内容的方式;它不仅为传统文化保护提供了技术支撑,也为传统文化发展拓展了生存空间;它不仅支撑着政府、企业的管理与经营,也影响着人们的生产方式、学习方式、生活方式,甚至也影响着人们的思维方式(图 2-3-6)。正如国家科学技术部副部长王志刚先生一文中写道:"人类文明的进步、社会的发展是伴随着科技的进步而不断演进发展的。从狩猎文明、农耕文明到工业文明,再到今天以工业化、信息化高度发展为特点的后工业文明,技术的每一次革命性突破,都推动着社会及其文化形态产生一次深刻的变革。"[2] 如现今数字化新兴媒体大大冲击了报刊,对传统出版产业形成了巨大的挑战。到了 2008 年,我国数字出版产业的整体规模已达 530 亿元,增长速度之快,出版发行规模逼近传统出版。这足以说明电子屏幕并不阻碍广泛的人们阅读障碍,已被众多的人们所接受,正逐渐影响着人们的生活方式与思维方式。

(二) 科技创新促进文化创意产业高端化发展

如今,现代高新科技的发展和广泛应用,已造就了一大批的文化创意产业新形态,也不时地塑造和影响人类文化的内容与形态,为传统文化产业开拓了发展空间,推动着人类文明

[1] 祁述裕,刘琳撰.文化与科技融合引领文化产业发展.国家行政学院学报,2011(6):64-67.

[2] 王志刚.推进文化科技创新,加强文化与科技整合.求是.2012(2):54-56.

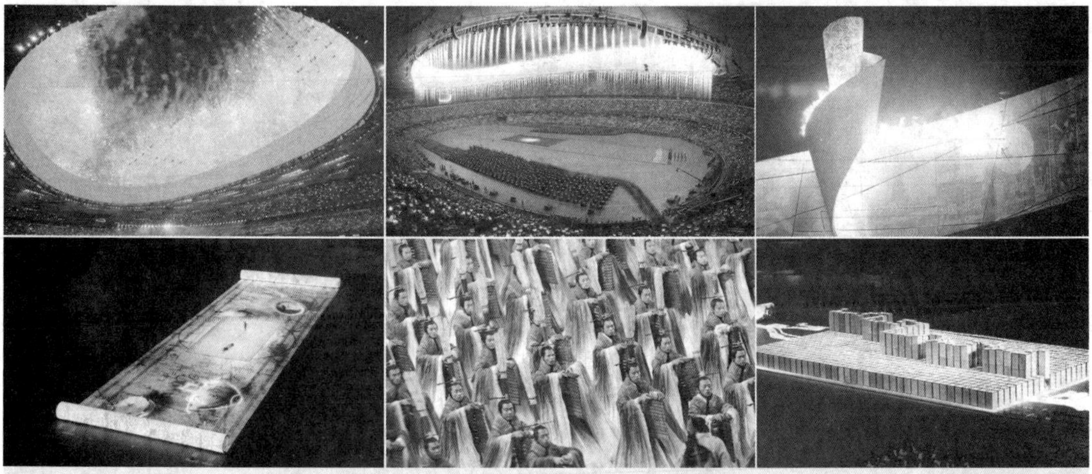

图 2-3-7　视觉盛宴:2008 年北京奥运会开幕式。

进步。首先,科技创新使文化表现形式更为丰富。数字化技术、网络技术、新型显示技术等高科技拓展了各类文化艺术的表现形式,改变着文化创意产业的生产和传播方式。如 2008 年北京奥运会开幕式的文艺演出,其灯光、地面升降舞台、多媒体、地面 LEG 系统、指挥系统、通信系统等都采用了高新技术,使整个开幕式带给世人一场精彩的盛宴。(图 2-3-7)

其次,科技创新改变传统文化产业的体验方式,拓展了市场新渠道。科技创新不仅拓展新产业业态,改变着文化创意产业的生产与传播方式,而且提升了文化产业的附加值。高科技为影视制作、传统戏剧、设计服务等产业注入了新的元素,使得文化创意产业能够满足现代人们日益增长的文化需求成为可能。如 3D、4D、电脑特技术等数字技术在电影制作的应用,改变了人们对传统影视产品的体验方式,使影视产品的观赏性得到增强,带给人们的是一种愉悦的享受。(图 2-3-8)北京的梅兰芳大剧院其舞台上配备了六块升降台、三台活动升降车、五十余道电动吊杆和具有国际水准的美国温格尔反声罩系统,使演出时创造出炫目的舞台视觉、听觉享受,从而提高了传统戏剧的观赏性。迪士尼公司梦想工程研究开发的首席科学家本·施韦格勒施博士在谈到迪士尼动画片《幻想曲 2000》之所以能够给观众以完美的视觉、听觉享受时,其成功背后有技术支持:"有光影和音响方面的技术支持。我们还致力于诸如能源效率方面的一些可持续技术,除此之外,实际上,在我们称为建成环境的各个方面都有科技支持。"[1](图 2-3-9)同

[1] 转引于秋阳,徐亚征撰.论迪士尼科技与文化融合发展及其启示.经济问题探索.2012(6):40—46.

图 2-3-8　绘动敦煌：大展 3D 敦煌壁画：这次展览结合美国、大陆的跨国制作团队，运用好莱坞 MOCAP 动作捕捉技术、浮空投影制作技术、全像术制作技术、红外线互动感应技术等，将实际动态影像与特效结合。

图 2-3-9　美国迪士尼动画片《幻想曲 2000》。

图 2-3-10　**雅昌艺术网。**

时，科技创新也为产业发展拓宽了广阔市场。如深圳雅昌集团凭借多年艺术印刷经验以及丰富的中国艺术品图文数据，通过互联网技术平台，建立了雅昌艺术网，为客户提供增值服务，开创了“服务印刷＋现代 IT 技术＋文化艺术”这一崭新的运行模式，实现了从制造、研发到销售三者之间的一个互动虚拟平台，并基于网络平台进行多种相关业务拓展，如数字资产管理、高端艺术品复制等，大大丰富了单一商业模式的局限。（图 2-3-10）

三、文化与科技的融合引领文化创意产业大发展

（一）充分认识到文化与科技的相互促进作用，促进文化与科技文化融合，塑造文化品牌建设

当前，科技与文化的联系日益密切，科技创新给社会生产方式带来了巨大变革，深刻影响着人们的思维方式和生活方式，并从文化的内容、形态、传播与影响等各个方面，不断影响着文化的发展。以信息技术为主的高新技术已成为促进文化创意产业发展的新动力。2012 年 1 月 10 日《中国新闻网》载赵玉梅《高新技术已成为促进文化发展的新引擎》一文中指出：“以数字技术、网络技术等信息技术为主要支撑，以动漫、网络游戏、手机游戏、多媒体产品为代表的新兴文化业态，已逐渐成为继 IT 产业后崛起的最具潜力的产业之一。”在文化创意产业中，软件产业、信息服务、数字娱乐、移动网络服务、通信服务等“高技术服务业”是随着科技创新水平不断提高及高新技术制造业的快速发展而细分出来的新型服务业态；电

图 2-3-11　深圳华强文化科技集团开发的文化科技主题公园。
图 2-3-12　北京奥运会颁奖礼服:青花瓷系列。

子银行、电子商务、现代物流以及网络化远程服务等“网基传统服务业”是依靠网络和信息技术的发展,使传统服务业的质量提升而形成的相对独立的服务业态;研发、设计、咨询、技术转移与技术交易等“创新型生产服务业”是由于制造业专业化分工而分化出来的新型生产性服务业态。深圳华强文化科技集团于 2006 年运用高科技,依托主题公园这一文化新业态,逐步成功推出“方特欢乐世界”和“方特梦幻王国”两个拥有完全知识产权的文化科技主题公园品牌。目前,该集团不仅在芜湖、泰安、青岛等地建设了 6 个大型主题公园,还在乌克兰等国完成了主题公园的创意设计。(图 2-3-11)这是该集团坚持自主研发,强调科技创新,运用高科技培育新兴文化业态的成功典范。杭州万事利集团从品牌出发,以文化落脚,以科技支撑,用文化创意和高科技为传统丝绸注入活力,力推转型升级,实现华丽转身,为中国传统文化产业的转型提供了借鉴。其中,清华大学百年校庆的“清华彩”、浙江的“浙报彩”、洛阳的“牡丹彩”、南昌的“城运彩”、北京奥运会上的“青花瓷颁奖礼服”并代表奥运精神的“奥运彩”等品牌无不体现了万事利集团始终坚持将文化与科技相融合发展的理念。(图 2-3-12)苏州香山工坊建设投资发展有限公司创办了中国古建园林文化创意产业集聚基地——“香山工坊”,它将文化遗产保护与发展、文化资源与开发利用、中国古建筑设计与营造、传统建筑材料研发与制作、古建筑园林作品展示与销售、香山帮建筑技艺推介与文化游览相结合,在建筑材料、木结构技术、产品

图 2-3-13　香山工坊承香堂：一座采用古代施工方法纯手工建造的实体建筑“承香堂”在苏州市吴中区胥口镇“苏州香山工坊古建文化产业基地”内建成。作为香山帮技艺的活标本，“承香堂”在设计施工过程中融合了苏州香山帮的各大技艺工种，包括大木、小木、水作、假山、油漆、砖细、石雕、铺地等工艺，旨在传承香山帮传统营造技艺。工程施工及建筑设计创意，目前在全国工程建筑中罕见。

定制、模式输出等方面大胆创新，注重文化与科技的融合，顺应了产业转型升级的时代要求，成为中国古代建筑延续古风、展现新貌的建设栋梁，在国内建造大庆市的庆谐园和龙凤公园，齐齐哈尔的万寿寺和龙沙公园澄江阁，南京的夫子庙等，在国外也建造诸如加拿大温哥华的逸园、美国大都会艺术博物馆的中国庭园等无数令人叹为观止的杰出作品。“香山工坊”在保护、传承、高品质打造古建工程的同时，也催生出软装配饰新业态，打造文化品牌。（图 2-3-13）正如 2012 年 5 月 17 日《经济日报》刊登《第八届文博会见证文化产业的发展》一文中指出：“文化精品力作的涌现，大批高新技术产品与服务的产生，使集文化、技术与商业模式创新为一体的、具有文化与科技结合特点的创新活动，正在成为信息技术产品与服务发展的重要趋势。”

（二）以示范基地为依托，以文化科技项目为载体，打造文化与科技融合发展服务平台

依托国家级文化和科技融合示范基地，将重大文化科技项目纳入国家相关科技发展规划和计划，搭建文化与科技融合发展的平台，促进文化与科技创新资源与要素协同创新。2012 年 5 月，北京中关村国家级文化和科技融合示范基地获批，成为首批国家级示范基地。该基地以高新技术园区建设、创新企业、科研机构为主要抓手，以信息技术与数字内容等新兴产业发展为重点，以文化科技扶持政策为依托，以知识产权保护为保障，以融合品牌、中介服务、公共服务平台为支撑，走

图 2-3-14　百集大型纪录片《故宫》：2005 年恰逢故宫博物院建院 80 周年，故宫博物院和中央电视台联合推出大型电视纪录片《故宫》。该片从建筑艺术、功能使用、馆藏文物和从皇宫到博物院的历史转变等四个方面全面展示故宫的建筑、文物和历史。

图 2-3-15　动态版《清明上河图》是主创团队水晶石公司耗费两周的时间进行严密的布展工作，利用计算机科技与尖端投影设备，使宽 24.8 厘米、长 528.7 厘米的原作，在 6 米高、110 米长的巨大屏幕上"动"了起来。整个画面以四分钟为周期，日、夜景交替，将九百年前北宋首都汴京的繁华风貌，栩栩如生地呈现在现代人眼前。

出了一条文化与科技融合发展成功之路。如水晶石数字科技有限公司是中关村示范基地发展典型企业之一，它依托示范基地的有利条件，加强文化与科技的融合，大大拓展了水晶石的发展空间。如央视推出的大型纪录片《故宫》(图 2-3-14)和《新丝绸之路》、美国探索频道的《中国建筑奇观》以及动态数字版《清明上河图》(图 2-3-15)等均由水晶石提供三维动漫及特效制作。

通过创新平台搭建，重在可持续地为企业服务，推动科技与文化融合发展。如天津滨海高新区国家级文化科技融合示范基地拥有国家综合性高新技术产业基地信息服务业核心区、中国服务外包基地城市示范园区、国家影视网络动漫实验区、国家影视网络动漫研究院、国家级滨海广告产业园等多个国家级文化技术创新平台，带动了区域文化科技产业快速发展。(图 2-3-16)为了使文化创意产业在园区拥有良好的发展的环境，示范基地努力搭建文化科技金融服务平台、文化科技产业拓展平台、文化科技创业孵化平台、文化科技服务平台、文化科技交流互通平台等六大平台，形成了多元化、多层次的服务保障新格局。如北京渲染平台是首都科技条件平台的重要组成部分，是支撑北京文化创意产业发展的公共技术服务平台。它以核心平台和节点平台协同工作的方式覆盖北京的主要文化创意产业区，具有覆盖面宽、资源共享性好、辐射范围动态分布扩充性好三大优势。该平台于 2008 年投入运营，到 2011 年底服务客户达 350 余家，涉及影视、动画、建筑漫

图 2-3-16 天津滨海科技园综合服务中心和 BPO 软件与服务外包产业基地。

图 2-3-17 六集电视政论片《复兴之路》。

图 2-3-18 常州创意产业基地与中科院自动化所就"3D 数字技术公共服务平台"签约,并落户常州创意园。

游、会展设计、游戏和工业设计等文化创意设计产业领域,也包含中央电视台、水晶石数字科技、万方兴星、清华美院、电影学院等龙头企业和重点院校。它依托强大的计算能力能够提供高清的渲染服务,先后为北京奥运会、国庆六十周年庆典《复兴之路》(图 2-3-17)等提供技术支持,也完成了张艺谋导演力作《图兰朵》视频和传统文化巨制电视剧《三国》等经典文化创意产品的渲染服务。再如张江国家级文化和科技融合示范基地上海动漫公共技术服务平台,自 2009 年以来,累计为企业提供内容生产服务 20000 小时;为 15 部已上院线公映的国产动画电影提供制作服务,其中国内得奖 6 部,国际 A 级电影提名 2 部;与社会资源合作形成科技成果 3 类 14 项,为社会单位的技术研发提供专业服务形成科研成果 16 项,沉淀动漫影视类可工程化科技成果 21 项;在平台的技术引领和服务推动下,以炫动传播等为代表的张江动漫企业占上海动漫产业的市场规模已达 70%。[1]

以文化科技项目为依托,加强文化与科技的融合。如 2010 年获得江苏省科技厅资金扶持的中国科学院常州科学与艺术融合技术研究中心开始启动,这是江苏首个 3D 数字技术公共服务平台(图 2-3-18)。该中心以中科院自动化研究所为核心科研团队,通过常州市政府与中科院实现"院地战略合作",重点搭建 3D 数字技术公共服务平台,包括研发中心、3D 新技术实验室、3D 公共计算中心、影像材料实验室和特种影像实验室等。通过文化科技项目实施及平台技术支撑,提升创意企业核心竞争能力,孵化一批具有常州特色、在国内外有

〔1〕 刘玉珠等.五举措力推文化与科技融合.时事报告.2012(7):28—37.

图 2-3-19　中新天津生态城国家动漫园：动漫产业园不仅自主研发了 3D 实时动画渲染预监系统，而且动漫园的动作捕捉室还配备了 Motion Analysis Raptor 4400 万象素数字动作捕捉系统，这是世界上唯一一款可以实现室外日光直射条件下使用的动作捕捉系统。

影响力的文化创意品牌。天津国家超算中心是国家科技部 2009 年 5 月批准，由国家科技部、天津市和国防科学技术大学三方共同建设，以国家高科技研究发展计划（“863”计划）信息技术领域“高效能计算机及网格服务环境”重大项目“千万亿次高效能计算机系统”研制为基础的超级计算中心。该中心采用了由国家科技大学承担的国家“863 计划”重大攻关项目“天河一号”作为业务主计算机。从 2012 开始，“天河一号”依托强大的计算功能为文化创意产业提供强大助力。同年 1 月，中新天津生态城国家动漫园与国家超级计算天津中心合作，将“天河一号”运用到动漫影视渲染制作领域，大大提高了动漫影视作品的制作效率，努力打造世界一流的动漫影视超级渲染中心。（图 2-3-19）

（三）以协同创新为理念，以产学研合作为载体，注重培育复合型文化科技人才

创意人才是发展文化创意产业的关键，高水平的文化创意产业从业人员可以提高文化创意产业发展的水准，提升文化创意产品的附加值，是最为重要的人力资源之一。具有物理专业知识背景的卡梅隆执导了《泰坦尼克号》《阿凡达》（图 2-3-20）等融艺术与技术为一体的大片，为我们树立了一个文化与科技复合型领军人才的标杆。因此，从事文化与科技融合的文化创意产业，不仅需要掌握现代科技、能够引领文化科技创新，也要凝聚一批具有较高文化和科技素养，懂经营善管理的人才和团队。目前，我国文化创意人才的培养面临着尴尬局面，一方面是文化创意企业找不到高端创意人才，一方面

图 2-3-20　卡梅隆和其执导的《泰坦尼克号》《阿凡达》。

图 2-3-21　中韩游戏人才培训基地之游戏美术班培训：中韩游戏人才培训基地是中国文化部及韩国文化体育观光部指定，2009 年由常州市政府和韩国文化产业振兴院在常州创意产业基地正式成立的全国唯一“中韩游戏人才培训基地”，旨在为中韩游戏产业交流和游戏人才培养搭建一个平台。

图 2-3-22　2009 年中国科学院一天津市科技合作项目签约仪式，并在滨海高新区建设中科院(天津)电子信息产业园。

却是大量低端人才找不到就业机会。为此，我们可以通过国际合作联盟的方式培养专门人才。如中韩游戏人才培训基地是中韩两国文化部在 2008 年底签署合作备忘录之后明确创建的两国游戏人才合作培训基地。同年，经韩国文化产业振兴院与常州市人民政府协商并达成共识，在常州创意产业基地设立。韩国文化产业振兴院为培训基地提供师资、教材及远程网络教育资源，并提供教务管理；常州创意产业基地管委会建设培训基地、教学场地和教学设施(图 2-3-21)。基地的设立不仅引进了韩国高端游戏人才，也为国内企业培训了大量的游戏专门人才。[1] 其次，大力推动产学研合作，培育复合型文化科技人才，充分发挥团队的协同创新作用。如天津地方政府与中科院共建“中科天津电子信息产业园”，建设国家知识产权示范区和国家 863 科技成果转化基地，加强与天津大学、南开大学及天津市属高校的合作与对接，充分依靠掌握有不同学科领域知识和技能的各类专业人才组成的团队，通过政府、企业、高校之间的协同创新，拓宽科研成果产业化渠道，创新产业化的实施运行机制。(图 2-3-22)

加强科技与文化融合，既是文化繁荣发展必由之路，也是推动科技创新的重要途径。文化与科技的融合已成为各国抢占文化先机的重要举措，推进文化与科技融合，把运用高新技术作为发展文化产业、推动文化建设、提高文化软实力的引擎与动力，是当前新形势下发展之趋势，也是实现文化创意产业又好又快发展的重要举措和关键环节。只有进一步融合文化与科技，才能更快、更好地发展文化创意产业。

〔1〕 张京成主编《中国创意产业发展报告》(2013)，中国经济出版社，2013 年 3 月，第 192 页

第三章　动漫产业与高等动漫艺术教育

第一节　动漫产业与高校动漫教育发展现状

随着国家对创意文化产业在政策、资金上的支持和鼓励，近年来中国动漫产业得到迅速发展。动漫人才的奇缺促使了动漫人才的培养在全国普遍展开。根据国家扶持动漫产业发展部际联席会议专家委员会的最新调查，2005 年到 2007 年，全国开设动画专业的艺术院校由 237 所增加到 447 所，在校的动漫专业大学生已超过 50 万人，人数远远超过美国、日本等动漫发达国家。尽管从事动漫教育的队伍十分壮观，但中国动漫教育仍处于初级阶段，真正有能力培养创意人才、动漫人才的学校屈指可数。虽然国家正在大力扶持动漫游戏产业，把动漫产业定为中国极具发展潜力的新兴产业之一，但同时也面临着一些亟待解决的问题：动漫人才本应是供不应求的，但动漫教育模式单一，同质化现象严重，使培养出来的学生适应不了动漫产业各种层次的人才需求；从质量上来看，当前的动漫人才培养和动漫产业发展与实际需要还有差距，这也是业界近年来一直关注的突出问题。

一、动漫产业在中国的持续发展及其对人才的需求

（一）中国动漫产业发展现状

动漫产业被称为 21 世纪知识经济的核心产业之一，是继 IT 业后又一重要经济增长点，涵盖了漫画、动画、游戏、制造业、版权业等诸多行业。动漫产业是指“以‘创意’为核心，以动画、漫画为表现形式，包含动漫图书、报刊、电影、电视、音像

图 3-1-1　**中国动画电影《魁拔》。**

制品、舞台剧和基于现代信息传播技术手段的动漫新品种等动漫直接产品的开发、生产、出版、播出、演出和销售以及与动漫形象有关的服装、玩具、电子游戏等衍生产品的生产和经营的产业。它是资金密集型、科技密集型、知识密集型和劳动密集型的产业集群，具有消费群体广、市场需求大、产品生命周期长、高投入、高回报率、高国际化程度等特点”〔1〕。动漫产业基本上包含漫画、动画、舞台剧和网络动漫等四个部分，漫画创作是产业的基础，影视动漫是产业的主体，动漫舞台剧是产业的拓展，网络动漫是产业的先锋阵地，具有拉动和整合作用(图 3-1-1)。动漫与动画作为新兴的艺术娱乐形式，正凭借数字化技术得到产业提升，并且日益成为文化繁荣的新动力。国内动漫产业虽然处于起步阶段，自主研发和原创能力相对较低，以引进、加工、代理运营为主，但其产生的价值及影响力已引起了政府的高度重视。为了推动民族动漫产业发展，2006 年 4 月 25 日，国务院办公厅转发了财政部等十部委《关于推动我国动漫产业发展的若干意见》，北京、上海、广州、杭州等地也相继制定出台了一系列扶持地方动漫产业振兴发展的政策措施。2009 年颁布的《文化产业振兴规划》是中国继纺织、轻工等规划之后的第十一大产业振兴规划，其中国家将重点推进的文化产业就包括了“数字内容和动漫”。〔2〕2011 年，经文化部会签，财政部、海关总署、国家税务总局下发了《关于印发〈动漫企业进口动漫开发生产用品免征进口税收的暂行规定〉的通知》以及《关于进一步做好国家动漫企业认定工作

〔1〕 国务院办公厅.关于推动我国动漫产业发展的若干意见.2006—04—25:1.

〔2〕 转引自中央政府门户网站.文化产业振兴规划,2009—9.

图 3-1-2　美国迪士尼公司经典动画电影《狮子王》(The Lion King)。

图 3-1-3　美国迪士尼公司经典动画电影《人猿泰山》(Tarzan)。

有关事项的通知》等，创意产业领域首次获得减免进口税收的优惠政策。2012 年 7 月，文化部与国家扶持动漫产业发展部际联席会各成员单位共同发布了《十二五时期国家动漫产业发展规划》，提出“十二五”期间将重点建设 3～5 家具有示范引领作用的国家级动漫产业示范基地园区。所有这些政策对推动全国动漫产业发展起到了积极作用。

首先，通过政策推动动漫产业成为支柱产业。深圳是我国最早的动画制作基地之一。从 20 世纪 80 年代起，深圳以其优越的地理位置及发展环境吸引了大批香港特区、欧美动画公司入驻，不仅生产出许多著名的动画片如《狮子王》《人猿泰山》(图 3-1-2、图 3-1-3)等，也为当地培育了大量的动画技术人才与管理人才。2005 年，深圳市出台了《深圳市文化发展规划纲要(2005—2010)》，提出重点发展传媒、动漫、创意设计等八大优势产业，力争到 2010 年全市文化产业增加值占 GDP 比重达 10%以上。苏州市制定了动漫产业发展规划和扶持政策，积极支持国家动画产业基地的规划建设，从搭建公共技术平台、人才培养输出平台、海内外合作平台等方面着手，努力推动苏州动漫产业发展；先后颁布了《关于扶持动漫产业发展的政策意见》《苏州工业园区关于推进原创动漫、游戏产业发展的意见》等一系列扶持政策，以文件的形式明确了对动漫产业发展的各项扶持政策，包括资金引导、人才引进等政策措施(图 3-1-4)。广州市政府通过政策推动大力发展动漫产业，于 2006 年在《广州市现代服务业发展“十一五”规划》中提出了

图 3-1-4 《龙战》(Throne of Fire)2013 上市，由苏州蜗牛数字科技股份有限公司耗时多年着力打造的一款大型横版魔幻移动 RPG 网游。

图 3-1-5 杭州高新区国家动画产业基地。

图 3-1-6 杭州数字娱乐产业园。

“要实现全市网游动漫产业年均 45%左右的增长，2010 年产值达到约 70 亿元，培养约 10 家年销售收入超亿元的网游动漫骨干企业”[1]工作目标。为此，市政府出台了《关于加快软件与动漫产业发展的意见》和《广州进一步扶持软件和动漫产业发展的若干规定》，明确了资金投入及奖励政策。与此同时，广州市新闻出版和广播电视局、市科技局等有关部门也相应出台了鼓励发展动漫产业的文件。作为“天堂硅谷”的杭州，为打造“动漫之都”战略也相继出台了许多政策与举措，助推动漫产业的发展，尤其在“十一五”动漫游戏产业发展规划中提出了明确目标：到 2010 年，动画作品制作时间达 3 万分钟；动漫游戏产业产值年均增长率前 3 年达到 60%，后两年达到 50%；到 2010 年，实现动漫游戏产业产值 18 亿元，带动相关产业收入 180 亿元。[2]杭州市政府还明确规定，在杭州市的动漫企业生产的动画片若被中央电视台收购播出的，奖励2000 元/分钟，在省级电视台播出的奖励 1000 元/分钟。(图 3-1-5、图 3-1-6)可见，各级政府的支持和政策的优惠推动了我国动漫产业的发展。

其次，通过动漫产业基地形成产业集聚。以产业园为基地，集聚动漫创意人员、动画制作机构、动漫创意产业园区及其他动漫产业参与者，通过资源共享、优势互补，形成产业集聚。北京石景山区的中国动漫游戏城，是由国家文化部和北京市共同实施的国家级重点文化创意产业项目，是集动漫创作、生产、交易于一体的产业园区。上海作为中国动漫游戏产业中心之一，有张江和华东师大的 2 个国家级动漫游戏产业

[1] 张京成.中国创意产业发展报告(2007).北京：中国经济出版社，2007:279.

[2] 张京成.中国创意产业发展报告(2007).北京：中国经济出版社，2007:283.

图 3-1-7 上海动画和漫画博物馆。
图 3-1-8 张江动漫谷。
图 3-1-9 广州动漫星城。

基地、4 个市级动漫游戏创意产业园区，外加上 2 个动漫电视视频，形成了较为完整的动漫产业集聚。（图 3-1-7、图 3-1-8）广州越秀区诞生了国内首个动漫体验基地——动漫星城，成为了全国最大的动漫网游体验基地，该基地一家动漫企业原创的动画片《水果部落》入选美国迪斯尼频道。（图 3-1-9、图 3-1-10）苏州建立了国家动画产业基地和昆山国家影视网络动漫实验园 2 个国家级基地，搭建了动漫游戏公共技术平台、先锋教育——动漫人才培训平台、动漫创意、推广服务平台等公共技术服务平台。尤其是昆山软件园动漫数字产业基地，充分发挥基地人才、资金等优势，积极搭建平台，为中小企业服务，取得了喜人的成绩，其中园区内江苏猫兄弟动画有限公司制作的《山猫和吉咪》在法国戛纳秋季电视节上获得了 1000 多万美元的意向购买合同。（图 3-1-11）长沙市于 2006 年在《2006—2010 年湖南长沙动画产业基地及数字产业基地建设发展规划纲要》中明确提出建设动画产业园，将包括六区（孵化区、生产制作区、原创工作室及加工制作区、综合商务区、配套生活区、公共服务区）、三中心（公共技术支持中心、“动漫游”产品交易中心、科普展览中心）、二院（动漫游戏艺术创作设计研究院、动画职业学院）、一街（动漫游戏从业一条街）和一个主题公园。[1] 2006 年 12 月，“国家动漫游戏产业振兴基地”在长沙高新区麓谷园区落成，成为继上海、成都、大连之后第四个国家重点基地。2008 年，南京软件园、江苏文化产业园、南京数码动漫创业园等 3 个南京市的骨干动漫产业园

〔1〕 张京成. 中国创意产业发展报告(2007). 北京：中国经济出版社，2007：284—285.

图 3-1-10　广州动漫基地之盛美数字图像制作有限公司原创的动画片《水果部落》。
图 3-1-11　昆山软件园动漫数字产业基地以及园区内江苏猫兄弟动画有限公司制作的《山猫和吉咪》。

区入驻动漫企业 53 家，员工 3500 多人，2008 年全市完成具有自主知识产权的原创动画片生产 14 部、6297 分钟，对外加工生产动画片 22 部、2016 分钟，出口动画片 6 部（116 集）、1514 分钟，销售收入1596.96万元[1]，同年，南京高新区还与央视新影制作中心合作，共同成立了新科技动漫产业联盟，形成了生产、发布、展览、展示等一体的动漫产业链。

1926 年，中国就有了动画电影，新中国成立后我国的动漫产业曾一度发展迅速，在 20 世纪 60 年代达到了一定的高度。但是，在“文革”期间和之后的一段时间里，动漫产业一直没有得到重视。直到 2004 年 2 月中共中央国务院出台了《中共中央国务院关于进一步加强和改进未成年人思想道德建设的若干意见》的指导性文件，人们才重新关注动漫产业的发展。2006 年，国务院办公厅“关于推动我国动漫产业发展的若干意见的通知”出台后进一步推动了动漫产业的发展。而后政府对动漫产业实施了“幼稚产业保护”，要求每个播出动画片的频道国产动画片和引进动画片每季度播出比例不低于 6∶4。据《广电总局关于进一步规范电视动画片播出管理的通知》，自 2006 年 9 月 1 日起，全国各级电视台所有频道每天 17 时至 20 时，均不得播出境外动画片和介绍境外动画片的资讯节目或展示境外动画片的栏目，合拍动画片在这一时段播出，须报广电总局批准，从体制、政策、市场管理上保护和促进了我国动漫产业的发展。近年来，中国动漫产业无论是产量还是质量都有了很大的提升。以 2011 年为例，从产能上看，中国影

[1] 张京成. 中国创意产业发展报告(2009). 北京：中国经济出版社，2009：146.

图 3-1-12　漫画杂志《知音漫客》239 期封面。

图 3-1-13　《喜羊羊与灰太狼之虎虎生威》获得 2010“白玉兰奖”最佳国产动画片提名。

图 3-1-14　日本“漫画大赏 2014”第一名：森薫《少女新娘物语》。

图 3-1-15　《四驱兄弟》是日本漫画家越田哲弘在日本著名杂志《快乐龙》上连载的经典漫画，并以此为架构制作而成的超人气动画，是以玩具（迷你四驱车）、动画、电影、游戏、CD、收集卡、贴纸等各种媒介热销的动漫作品。整套动画共由三部分（《爆走兄弟 Let's&Go!!》（第一部）、《爆走兄弟 Let's&Go!! WGP》（第二部）、《爆走兄弟レッツ&ゴー!! MAX》（第三部））构成，并在电视上连续播放了三年，每年各讲述一个“四驱”故事，曾几度引发收视狂潮。

视动画产量达 22 万分钟，比 2005 年的 4.2 万分钟增长了 4 倍以上，又上了一个新台阶，扭转了进口片占主导的局面。全国制作完成的国产电视动画片共 385 部，比 2009 年增长 28%。国产动画电影备案的有 46 部，公映 16 部。发行量最大的漫画杂志《知音漫客》（图 3-1-12），月发行量超过 280 万册，年产值 3.6 亿元。国产动漫产品出口迅速增长，2010 年已经突破 4 亿元。7 家动漫企业荣获第四批国家文化产业示范基地称号，占第四批总量的 10%。全国共有 23 个国家动画产业基地，2010 年自主制作完成国产动画片 269 部，约占全国总产量的78.3%。在产品方面，动画片《喜羊羊与灰太狼之虎虎生威》（图 3-1-13）以 1.24 亿元的票房成绩，击败了《玩具总动员 3》《驯龙高手》《怪物史莱克 4》等美国动画大片。[1] 与此同时，随着经济持续稳步发展，居民收入和消费水平不断提高，社会需求结构和消费结构逐步升级，居民对文教娱乐的消费需求大大提高。尽管国内文化消费需求总量逐年大幅增加，但每年的人均文化消费支出仅为 300 元左右，与美国、英国等发达国家相比还有很大的差距，甚至与世界平均水平相比还有明显的差距，国内文化消费市场未来增长空间巨大。同时 2008 年，全球数字动漫产业产值达到 3000 亿美元，与动漫游戏产业相关的周边衍生产品产值则在 6000 亿美元以上，现在国内动漫产业总产值突破 400 亿元人民币，而日本一部《皮卡丘》的总产值就达到了 260 亿美元。[2]（图 3-1-14）从消费者年龄来看，动漫产品需求可以来自儿童市场、青少年市场、成人市

〔1〕 张京成．中国创意产业发展报告（2011）（上册）．北京：中国经济出版社，2011：15—16．

〔2〕 转引自卢斌等．动漫蓝皮书中国动漫产业发展报告（2012 版）．北京：社会科学文献出版社，2012：1—10．

图 3-1-16 《四驱兄弟》衍生产品——玩具迷你四驱汽车 2010 东京玩具展展出的田宫迷你四驱新品。
图 3-1-17 《四驱兄弟》衍生产品——DVD。
图 3-1-18 《四驱兄弟》衍生产品——游戏：2010 年 3 月正式运营的日本 Cave 公司和 Tamiya 公司共同开发的《迷你四驱世界》。

场。根据市场调查显示，我国动漫产业的消费群体以儿童为主，青少年动漫的比重不高，而成人动漫领域几乎是空白。根据国外的动漫产业发展经验，青少年和成年市场将是未来中国动漫产业重要的组成部分。中国有 14 亿人口，未来中国动漫市场的直接消费者至少在 5 亿人以上，中国未来将成为世界上最大的动漫消费市场。“目前国内有 2000 家省市电视台，其中动画专业频道有 4 个、少儿频道有 25 个、少儿栏目有 289 个、动画栏目有 200 个，对动漫影片的年需求达到 26 万分钟以上。而在 2006 年国产动漫影片的产量仅为 8 万分钟左右，供给与需求之间存在巨大的缺口。”[1] 如此广阔的市场前景，发展动漫产业势必成为我国新兴产业增长一大重点。动画影片有巨大的市场空间，而动漫图书音像市场和动漫衍生品市场的发展空间更大。（图 3-1-15、图 3-1-16、图 3-1-17、图 3-1-18）目前，中国儿童图书音像市场空间达 100 亿元/年；而动漫衍生品种，仅儿童类商品的市场规模就在 2000 亿元以上。假设国内儿童类商品中有一半与动漫品牌及形象有关，则动漫衍生品有 1000 亿元的市场空间，而动漫形象衍生产品的受众远远超过了儿童界限，这意味着中国动漫衍生品的市场规模更为庞大。

（二）我国动漫产业发展面临着人才瓶颈

市场的需求、政府的扶持、人才的培养等，无论从哪方面来看，21 世纪的动漫产业都是一个朝阳产业。然而在中国，动漫产业仍然处于发展初期阶段。产业链不完整，没有经典、记

〔1〕 转引自卢斌等．动漫蓝皮书中国动漫产业发展报告（2012 版）．北京：社会科学文献出版社，2012：15—20.

图 3-1-19　1937 年诞生的动画电影《白雪公主》，2014 年暑期 3D 版上映本。
图 3-1-20　央视二套《对话》专题节目“动漫总动员”。

忆深刻的动漫作品，许多动漫作品在昙花一现之后便逐渐淡出人们的视野。事实上，回顾中国的动画发展历程，中国动画片有着一个非常辉煌的起步：世界上第一部动画电影长片《白雪公主》(图 3-1-19)诞生于 1937 年，而在 1941 年，我国便推出亚洲第一部动画长片《铁扇公主》。到 20 世纪五六十年代，《大闹天宫》《九色鹿》《哪吒闹海》等在国际电影节上大放异彩，尤其是诞生于 1959 年的中国水墨动画片，更是受到了全世界人民的赞叹，被誉为国宝。日本动漫鼻祖手冢治虫也说是受到中国动画大片《大闹天宫》的影响才走入漫画行业的。但是到了 20 世纪 80 年代，在美、日、韩相继而来的动漫大潮冲击下，中国的动漫产业便一蹶不振，把大部分的市场拱手让人。根据中国动漫协会统计，2005 年我国动漫产业总产值为 180 亿元，但其中相当一部分是外商支付的加工费。[1] 如何继承并发展老一辈的优良动画事业？今天的中国动漫产业让我们看到了市场潜力，但是也让我们看到了中国动漫产业发展的困境。

由于动漫产业的快速发展和广阔的市场前景，动漫产业对人才的需求越来越大。2009 年中国第五届国际动漫节在杭州举行，中央电视台二套《对话》栏目专门制作了题为“动漫总动员”的节目(图 3-1-20)。在节目中，许多动漫界人士认为，动漫产业最缺的是人才，尤其是高端人才。正如《动漫产业转型期的高端人才培养》一文中指出：“动漫产业人才结构呈金字塔格局。居于塔底的基础性人才是指从事背景绘制、投射、

〔1〕 转引自潘瑞芳等.动漫产业模式研究与实践.北京：中国广播电视出版社，2010：229.

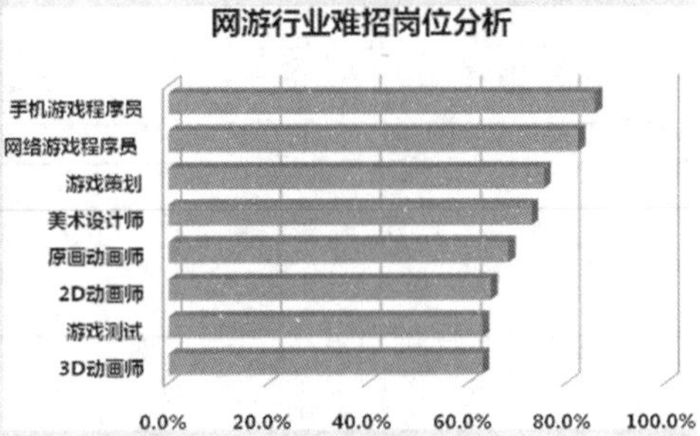

图 3-1-21　第二届国产动画电影高峰论坛。
图 3-1-22　北京众达朴信管理咨询有限公司发布的《2012 年网络游戏行业薪酬福利调研报告》：技术人才缺口严重，人才竞争激烈。

描线等基础工种的制作人员以及运营、支持的服务人员；居于塔身的是指从事服装设计、场景设计、道具设计等设计型人才；居于塔尖的是指编剧、导演、原画、分镜头设计以及创意总监、项目经理人等创意、策划、管理、营销型人才。这三类人才在产业中的分布数量依次呈递减关系。"[1]具体而言，动漫产业目前最缺的就是高端人才，包括三种类型人才。（图 3-1-21）

其一，缺乏有悟性的尖端人才。动漫是个创意的产业。事实上，中国的文化给我们提供了丰富的动漫素材，但为什么美国人能利用中国的文化素材拍出《花木兰》和《功夫熊猫》，从而占领全球的市场，而我们中国的动漫却还不能走向世界市场呢？如今全球动漫的发展，已经不是懂点电脑知识，就可以做成动画产业的。做技术或者 CG 的人，需要一种专业感悟去体会导演描述的景象，这是特效行业的重中之重。它要求动漫人才不仅会操作软件，还要会讲故事，有创造力，有团队协作和沟通能力。我们的动漫产品缺乏引人入胜的故事叙述方式。正如《功夫熊猫》导演马克奥斯本说的那样，拍好动画片的关键是故事、讲故事、讲好故事。（图 3-1-22）

其二，缺乏动漫产业的运作人才。以动画片制作为例，就是缺动画制片人和动画导演。我国有一大批拍电影的著名导演，但动画界目前还没有像张艺谋、陈凯歌、冯小刚这样的导演，更没有运作能力很强的制片人。

其三，缺乏市场的开发和营销人才。动漫作品是艺术的创作，但它必须走向市场。只有得到市场的认可才有商业价值。

〔1〕高新，屠志芬，赵庆华.动漫产业转型期的高端人才培养.中国高等教育，2011(23)：24—26.

〔1〕 孙立军.于第二届国产动画电影高峰论坛演讲.2012－07－10.

决定投入一部动画片的创作之初就必须明确它的赢利方式。动画片与通常的电影和电视剧在赢利方式上有较大的区别。除了少数动画电影外,动画片利润的70%来自于衍生产品。在动画片没有出来前就需进行营销和衍生产品的开发。动漫产品生产出来以后也必须要有恰当的营销策略和手段。否则,没有市场,动漫产品就不能产生效益,动漫产业也就不能发展。

此外,北京电影学院动画学院院长孙立军教授曾说过,动画学院毕业的高材生很多都没有进入动漫行业,因为这个行业很辛苦报酬又低。这样就加剧了动漫产业人才的匮乏。动漫企业的浮躁和急功近利阻碍了人才的成长,"年轻的动漫人才走出校门就要为了生存而去打工,因为缺少平台去扶持、激励他们,他们就像是缺少哺育的树苗,他们长不高,就会影响整个中国动画的人才层次。希望动漫产业能够给这些年轻人机会,让他们有机会表达自己的创意,讲一个好的故事,通过绘画、通过三维、通过衍生产品走向市场,这样才能真正带动这个产业"〔1〕。毋庸置疑,动漫产业需要大量的高素质人才。

二、高校动漫艺术教育改革是动漫产业发展的需要

教育部阳光高考网站曾经公布2010年中国大学"红黄绿牌"专业名单,被亮"红牌"的专业中,动画美术专业首当其冲。在这份名单的说明中,"红牌专业"是指"失业量较大,就业率持续走低,且薪资较低的专业"。由此,打算报考和正在动漫专业学习的学生不禁陷入两难:在理想和就业面前,何去何从?中央美术学院城市设计学院动画系主任晓欧称,"作为政府大力扶持

的动漫产业预备军，却在就业时被亮红灯，实在是尴尬之极”。

近年来的动漫热和网络媒体热，使大批年轻人希望能够从事影视制作、广告动画、动漫出版、多媒体设计、网络游戏等方面的工作，因此，动漫类专业的报考人数逐年递增。我国设置动漫专业的学校主要分布在北京、上海、浙江、广东等地。中央美院、中国美院等“八大美院”，均依托自身多年积淀的学科建设成果，开设了相关专业。除这些美术类院校外，设立动漫专业的还有综合性大学、影视传媒类院校和高职类院校。此外，各地还有各种规模较大、针对性较强的短期动漫培训班，这些培训班大多由高校、专业公司及动漫基地等机构开设。庞大的动漫学生群和培训体系，显示出中国动漫发展中高涨的热情，却也显示出缺乏理性的一面。国内许多院校在设置专业时片面追求“广”，而不求“精”与“专”，大学培养出来的动漫人才往往是什么都知道一点的“通才”，却不是动漫行业所需要的艺术与技术双修的复合型人才。也就是说，我国分工过细、限制过严的高等教育，使学生很难在大学阶段兼修其他科目，造成了艺术修养和文化知识的缺乏。与此同时，多数动漫企业反映，目前动漫专业毕业的学生普遍不能胜任企业的岗位要求，主要表现为实际操作能力差。究其原因，一方面是因为一些院校虽然开设了动画专业，但能代表本校水平的优秀作品和动画理论研究成果却很少；另一方面，由于教师素质与教学水平参差不齐，学校缺乏合格的专业教材及软硬件设备。目前中国动漫教育跟市场实际的需要近乎严重脱节，中国动漫教育正在遭遇瓶颈：一面是庞大的动漫教育规模，一面是严重不足的动漫人才现状，这种尴尬局面凸显出当前高等院校动漫艺术教育存在的问题。

其一，培养目标模糊，市场需求不清。近年来，全国各地兴起“动漫办学热”。许多院校响应国家的政策号召纷纷开设动漫专业，一些院校甚至进行扩招并将其定位为重点发展专业。随之而来的竞争不可避免，尤其是每年毕业生之间的竞争非常激烈：开办院校多、毕业生人数多、企业需求人数多、符合企业需求人数少、毕业生失业率高等一系列恶性循环由此展开。为什么会出现这样的状况？吕江提出如下看法：“数量上的扩大和多元化的面貌使兄弟院校之间免不了存在层次差距、水平高低和偏重不同，竞争在所难免。在这样的背景下，针对各自的现状，发展各自的优势，保持各自的特色教学方针，是动画专业教学旺盛生命力的保障。”[1] 专业定位不够清楚，不了解自身办学的构成情况是目前许多动漫教育存在的主要问题。

动画人才的培养与市场需求有关，为什么在这么多的人才需求的同时却有这么多的毕业生找不到工作？多数院校甚至都没有弄清楚当前我国动漫产业最缺的是哪方面的人才，一味地盲目跟从，增设相同的专业方向，很多情况下院校并没有根据市场需求和行业岗位找准动漫人才的定位和培养目标。人才定位与培养目标的正确与否，关系到学生所学知识能否学以致用，所掌握的技能能否满足就业的需要。有调查指出：近几年，动漫专业的毕业生不能令企业满意。毕业生的不足主要表现在：专业知识、

〔1〕 吕江.寻找适合现阶段动画教学的途径——南艺设计学院动画专业的发展及现状.南京艺术学院学报(美术与设计版)，2002(3)：107—108.

图 3-1-23　20 世纪 80 年代中国动画史上两位巨匠钱家骏(右)和万籁鸣。

专业技能、综合素质、实战能力与企业的期望值有相当的差距。在工作能力上，普遍存在基础不够扎实、技术不过硬、知识博而不专，实战经验和创新能力不足。北京电影学院动画学院孙立军教授曾经指出:“现在很多院校的动漫专业就是改头换面的网页设计专业”。一些动漫专业学生反映，在校期间学习了漫画、动画、三维软件、合成软件、网页设计、广告策划、平面设计等，看起来内容很丰富，其实根本没有系统性。学生没有学到本专业的核心技术就被推向社会，当然是很难胜任企业的工作的。

其二，专业教师不足，教学资源匮乏。动画作为专业教育在短短几年内迅速膨胀，师资力量的不足是显而易见的。(图 3-1-23)有数据表明，2001 年全国只有 30 多所院校开办动画专业，到 2002 年已经发展到 71 所，到 2006 年发展到 447 所。与此同时，2000 年之前，北京电影学院是国内仅有的培养本科层次动画人才的教育机构。据估算，2004 年以前，我国具有动画专业硕士以上学位的人才还不到两位数。那么，全国众多院校动画专业的教师从何而来呢？据了解，各院校一般采取两种方法来解决师资匮乏问题：第一，送本校教师去外面短期培训(专业院校或者培训机构)；第二，以外聘的形式直接聘用公司人员担任专职或者兼职教学工作。这两种方法固然解决了一些学校的应时之需，但是对于教育本身来说，这两种方式均存在着明显的弊端。本校教师虽然具有较高的学历、扎实的理论或者绘画功底，但是缺少动画行业的实践经验和市场的磨练，容易导致教育与市场脱节；公司人员虽然有丰富的实践经验，却又缺乏教学经验，一味地强调技术，忽视了

图 3-1-24　钱家骏的作品《骄傲的将军》原画设计(1956)。

内在的文化素养及学科之间的融会贯通。早期中国动画行业内部的人才培养一直是以言传身教为主,教育体系和知识结构都不够完整,整体学历偏低,使得许多高技术人员因达不到高校教师的学历要求而被拒之门外。许多年轻的原画师、导演则不愿意在创作的黄金阶段放弃高额薪水去教书育人,而中国动画的老一辈艺术家又屈指可数,无法满足众多院校的师资需求。另外,即使是动漫专业毕业的研究生,往往也很难胜任实际教学工作,因为研究生教育的宗旨在于培养理论研究型人才,而实践运用却不是强项。这样就形成了一个高校动漫教育的奇怪现象:真实可用的人才进不来,进来的人不好用甚至不能用。(图 3-1-24)

同时,资源不足、教学手法和风格单一也是当前动漫教育中普遍存在的现象。调查显示,多数动漫专业建立于 2000 年以后,缺乏专业的教学设备和资料,认为动漫专业有几台电脑就足够了,在专业设施的投入上力度不够,甚至不愿投入。动漫专业是一个艺术与技术相结合的专业,并且存在二维动画、三维动画等不同的应用方向,正是由于动漫教育具有跨艺术与技术的学科特点,很多公司的前沿技术都建立在硬件设施的基础之上,而对学生来讲,这些硬件设施远远不是用一台电脑学会几种软件操作就可以的,如动画学习中的动作捕捉仪器,动画原理学习中的定格拍摄实验室、手绘实验室等都是学习中必备的能够加深对知识理解的硬件设施。教学资源的匮乏,往往使得部分院校在实践教学环节"缺斤少两",学生所学的知识往往也跟社会脱节。

其三,盲目设置专业,不考虑自身优势及区域特色。动漫

图 3-1-25 《黑猫警长》之父、动画导演戴铁郎。

教育在政府的支持和市场的推动下发展迅猛，一时间几乎所有的院校都开设了动漫相关专业，这其中不可避免地带有很多水分。一些院校看重的的是动漫专业报考人数多，学费较高，有利可图；一些院校顾虑专业门类设置不全，忙着“跟风”、“赶潮”，牵强附会披挂上阵；还有一些院校确实想为地方经济发展培养人才，但是机械地参照如北京电影学院的动漫专业设置，没有考虑自身的区域特点、自身的优势及主要特征，也没有对区域的动漫产业进行需求分析，这种拷贝版的专业设置很容易造成学生什么都学，什么都不精通，毕业后不能适应岗位需求，造成新的人员浪费。中国地域跨度大，民族多，每个地域每个民族都有自己的特色，考虑到区域特色的专业设置才会培养出综合素质高的动漫人才。

其四，动漫教育不能够支撑动漫产业发展。中国的动漫产业尚处于起步阶段，具有广阔的发展前景和巨大的潜在市场，挑战与机遇共存。动漫产业发展离不开教育的发展，动漫教育的发展要建立在专业人才培养之上，从而形成科学的教育体系。但由于日、韩、美动漫主导着我国的动漫市场，中国目前的动漫产业仍处于模仿阶段，其特征表现为重物轻人、重硬轻软、重器物轻精神、重科技轻人文。

我们的动漫教育到底缺的是什么？一以言之，中国动漫产业要想获得长远发展，需要加强人文修养的塑造。著名动画导演、“黑猫警长”之父戴铁郎（图 3-1-25）就提出：“中国动漫界缺少的不是技术人员，而是有创意的编剧。中国很多可

〔1〕 转引自葛宗男.对中国动画教育“大跃进”的冷思考(上).吉林艺术学院学报.2008(1):51—55.

称之为大片的动画作品只是机械地完成了国外的创意,缺少自己的东西,只是一个执行者。”中国传媒大学动画学院副院长石民勇教授也强调:“动画产业是文化产业,迫切需要创造性人才,这是高校培养人才的最重要任务。”[1]然而,这一任务对高校来讲并不轻松。美国达特茅斯大学教授大卫·埃里克斯曾在上海一所重点中学教学,他讲起对中国学生的印象时说:“中国的学生缺乏艺术想象能力。孩子们的绘画技巧都很高,描摹都和真的一样,而且十分优雅,但是当我要求利用想象力来画时,他们却不知所措,许久没有人动笔”。“我们学校招生要通过严格的专业考试,学生基础特别好,但在大二以后,学生们的想象力就已经衰竭了。动画要靠想象力的,不能只一味灌输技术,那样的学生做不出好作品,很快就会被市场淘汰。”北京电影学院动画学院院长孙立军教授也发表了相似的观点。

动漫是一条河,人文与技术是这条河的两道护堤。人们要在人文关怀中关注技术的发展,在技术发展中深化人文关怀。动漫产品是基于技术文明的产物,现代科技催生了3D电影等现代文化产品,而这种新兴的技术文化仍然要承载人文关怀。从表面看,动漫产品只是一个文化的产业空间,但是,现代的人性在这里得到孕育,并悄然成形。一件动漫产品,不同于一般的产品,它一定是多多少少影响着人们的精神世界、主观世界,甚至能够满足终极关怀的需要。对于一个艺术家来说,只有两件事是最重要的:“一是要有真实、丰富、深刻的灵魂生活，即文化产品的内容故事；二是为这灵魂生活寻找恰当的表达形式，即文化产品的载体与各种技术。前者所达到的高度决定了他的作品的精神价值，后者所达到的高度决定了他的作品的艺术价值。如果说前者是艺术中的真（内容故事），那么后者就是艺术中的美（载体技术）。”[1]

可见，创新型高端人才是生产具有国际影响力的国产动漫精品的必要条件。动漫首先是文化艺术，其次才是产业技术，动漫人才不仅要有扎实的表现技能，还必须具有深厚的文化根基。为此，呼唤国产动动漫大片，首先要呼唤国产动漫大师。

第二节　高校动漫创意人才培养的基本思路与对策

一、文化创意是创新型动漫人才培养的核心

（一）文化创意是动漫产业的思想源泉和发展动力

文化创意是动漫产业的思想源泉。2008 年 4 月 20 日，联合国发布了《2008 创意经济报告》，动漫产业以其新视觉、新媒体特性被列入创意产业的核心范围。文化创意产业强调以创意为核心，强调文化创意人才的培养，这就要求文化创意人才除了掌握必备的专业基础知识和专业技能以外，还应具备创新意识以及较好的文化艺术素养。这个概念包含了以下几个层面：“其一，创意产业的本质就是将原创性的文化创意规模化、产业化，从而使之产生经济效益。创意产业具有原创性，具备明显知识经济特征和高度文化含量；其二，虽然创意是创意产业产生和发展的原动力，但仅仅有优秀的创意并不能成

[1] 郑详治.动漫产业的人文软肋.科学网，2012－04.

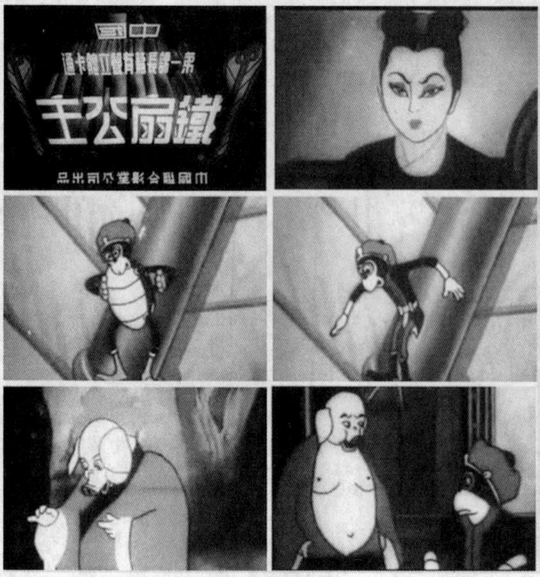

图 3-2-1 《铁扇公主》是中国第一部大型动画片，上海新华影业公司 1941 年摄制，中国联合影业公司出品。它将中国山水画搬上银幕，第一次让静止的山水动起来，从而使这部动画片增加了更为浓郁的民族特色。

为一个产业，更不能对其他产业产生巨大的带动作用。因此，创意必须依托文化和科技形成一种产业化的生产方式。”[1] 同时，这里的文化又有两层涵义，一是指具体的文化资源，如故事情节、人物、语言、服饰、建筑符号等，二是指民族精神和价值观。一方面，动漫创作必须依赖一定的故事情节，而故事情节的来源就是文化，这种文化既可以是历史文化，也可以是现代文化，既可以是本民族文化，也可以是其他民族文化。另一方面，动漫的创作主体是人，而人成长于一定的社会中，有其特定的民族归属和文化价值观，受其影响，动漫作品也必然是特定的民族精神和价值观的反映。(图 3-2-1)文化元素决定了动漫产业的国别归属，不同国家的动漫反映各国的文化特质，代表了各国的文化形象。例如，日本动漫经典的作品都具有极强的日本特色和民族个性，《千与千寻》(图 3-2-2)《再见萤火虫》《龙猫》等均在其音乐、服饰、生活习惯等方面表现出了浓浓的民族风情，并寓团结、不屈、勤奋、努力的民族精神于其中。美国动漫产品的民族文化特色也十分显著，无论是取材于欧美文化，还是取材于中国文化(如《花木兰》)、伊斯兰文化(如《阿拉丁》)(图 3-2-3)等，其中都饱含着幽默乐观的精神，洋溢着个人英雄主义情绪，打着明显的美国文化印记。

动漫产业需要融入有创意的民族文化元素才能长远发展，并不断拓展国际发展空间。“一方面，动漫产业的核心竞争力来自于对民族文化的深层挖掘和凝炼，只有具备了充分的民族文化特征，动漫产业才能获得文化上的助力而日渐壮

〔1〕 陈小萍.数字动画艺术专业本科教育教学特色研究.硕士论文.2009:39—40.

图 3-2-2 宫崎骏的代表作《千与千寻》作品反映的是一个毫不起眼的典型十岁日本女孩千寻在面对困难时，如何逐渐释放自己的潜能，克服困境，其目的就在于要让每个十岁女孩都从千寻身上看到自己。

图 3-2-3 具有伊斯兰文化《阿拉丁》于 1992 年推出，是迪士尼第三十一部经典动画，也是后来第一部推出续集录影带首映的经典动画；1993 年获奥斯卡最佳音乐奖。

大，成为国家支柱产业之一。另一方面，民族的就是世界的，人们在对异域文化感到隔膜，甚至有所抵触的同时，又不免生出更多好奇，充满更多期待。文化的边境比地理的边境更容易跨越。”[1]凭借着这种文化上的吸引力，动漫产品能开拓出更广阔的国际市场空间，不断扩大产业规模，提升产业实力。

中华文化有悠久的历史，几千年的中华文明源远流长，为中国动漫强国崛起提供了深厚的文化土壤。中国的神话传说、历史故事、民间故事、寓言故事、小说、传奇等传统故事应有尽有，为动漫提供了广阔的取材空间。在中国动漫产业走向世界的过程中，这些历史文化遗产将成为最为宝贵的财富，是动漫创意的不竭动力和源泉。此外，中华民族特有的思维方式、价值观念、时代精神、时代情结则为动漫产业提供了文化归宿，是动漫产业的精神家园。我们有理由相信，在丰富文化的支持下，在优秀民族精神的激励下，中国动漫产业才能迎来辉煌时代。

（二）以文化创意产业推动我国高等动漫艺术教育改革

美国学者佛罗里达曾用 3T 指标评价区域文化创意产业竞争力，其中人才指标是生产要素的首要条件。如何使动漫产业成为经济文化实力增值的原动力，这对我们的高等动漫艺术教育提出了新的挑战。在中国，文化创意产业正以前所未有的速度迅速崛起：上海、北京、深圳、江苏等积极推动文化创意产业的发展，也同时在建立一批具有开创意义的创意产业基地。但是，文化创意产业仍存在着许多的困难与问题：高端创意人才奇缺，创意团队供应严重不足。“在纽约，文化创

〔1〕 郑祥治.文化是动漫产业的思想源泉.人民日报，2011－11－17.

图 3-2-4 《潜艇总动员》是环球数码专为儿童打造的系列电影，并荣获第十五届华表奖优秀动画片奖，2014 年 5 月 30 日上映的 3D 动画电影《潜艇总动员 4——章鱼奇遇记》与前几部“潜艇总动员”系列动画片相比，《章鱼奇遇记》在故事情节设计上更加精彩，在画面处理方面更加细腻，特别是在 3D 动画特效进行加码升级，以更为逼真的效果展现绚烂的海底世界，前期还专门针对儿童观影焦距进行拍摄，让儿童观看该片时没有锐力和晕眩感。

意人才占所有工作人员总数的 12%；伦敦是 14%；而上海比例还不到千分之一。当上海几十个各具特色的创意产业园陆续落成时，已面临着没有充足人才进驻的尴尬。可见，后备力量严重不足已成为制约产业深入发展的瓶颈。”[1] 从近 10 年的经验来看，各国创意产业的发展无不得益于各国创意人才的教育与培养。成熟的文化创意产业是建立在教育高度发展基础之上的，创新型人才的培养，关键在于高等教育本身的改革和创新。如何借鉴国内外先进的经验，推动我国高校动漫艺术教育内涵和功能的完善与提高，如何运用创新型设计教育理念来培养具有高素质的创意产业人才，这是高等动漫艺术教育目前应该着重研究的问题。

动漫产业在中国还是处于起步阶段，许多从业人员的专业并不是动漫而是计算机。也就是说，目前国内对动漫人才的培养侧重于技术上的培养，在文化上的培养少之又少。动漫产业要有相应的技术支撑，现有的 3D、电脑绘画技术已经为动漫拓展了无限的想象空间，但只有技术的动漫还只是一个空壳，必须用丰富的人文内涵充实。（图 3-2-4）动漫产业的发展，不仅关乎技术，更关乎人文，尤其是对于我们的文化创意产业而言，创造性的构思比技能更为重要，而这也正是我们动漫教育目前所欠缺的。虽然目前国内动漫专业学生的基础功底及软件制作能力都不弱，但创造能力弱，模仿及抄袭的风气比较普遍。针对这些现状高等动漫艺术教育应该有侧重点地去进行教育改革，有目的地引导学生从宏观、整体和系统的角度

〔1〕 张建春.以创意产业为背景的当代高校艺术设计教育模式探讨.新美术，2010(3)：98—99.

去认识和进行创造，逐渐从模仿性设计向创造性设计转变。

二、高校动漫创意人才培养的基本思路与对策

在文化创意产业崛起的今天，创意产业为高等动漫艺术教育的未来提供了广阔的空间，也为高等动漫艺术教育指明了改革和发展的方向。为了能够适应文化创意产业对动漫产业的要求，我们必须进一步改革动漫艺术教育。我们在培养学生专业基础知识和专业技能的同时应该注重学生的创新意识、创新能力和人文素养的整体和谐发展，使高等动漫艺术教育为文化创意产业的兴起培养出真正具有高文化素质的创新型人才。

（一）文化创意产业背景下民族文化的融入

动漫文化的发展是伴随着动漫技术的发展而发展的，特别是现代技术的介入，动漫生产由早期的手工绘制、胶片拍摄为主逐渐转向数字制作为主，从早期的纸上绘画到无纸动画、手绘形式的二维动画到数字制作的三维动画的出现都可以发现技术在动漫文化中发展的痕迹。现代动漫文化无疑是要借助现代技术来实现的，所以目前对技术的推崇成为了国内动漫艺术教育的一个普遍现象之一：把软件教学等同于动漫教学，不讲创意，不讲文化，只谈技术。但作为精神世界的视觉表达形式之一，动漫文化是远远超越技术的。无论是最初的剧本创作、中期的动漫角色造型、场景设计、音效，还是后期的特效合成、动漫周边产品的开发，动漫产业的发展一直没有脱离"文化性"。只有技术的动漫只是一个空壳，必须用丰富的人文内涵去充实。"在动漫世界里，技术是骨，人文是肉，动漫

图 3-2-5　中国第一部水墨动画片《小蝌蚪找妈妈》。
图 3-2-6　日本漫画鼻祖手冢治虫。

产业的发展，不仅关乎技术，更关乎人文。而在这其中，我们的动漫教育更是承载着巨大的压力和责任。”[1]

我们应该反思，我们的动漫到底缺什么？我们的动漫教育应该怎么做？我们不缺内容故事。回头看看美国大片《花木兰》《功夫熊猫》，都是成功地采用了中国的故事。很多人认为，中国动画产业产能低下的主要原因是缺乏原创力，动漫教育应该着重于培养有创意的人才，但半个世纪前，中国动画却处于繁荣期。《大闹天宫》《小蝌蚪找妈妈》(图 3-2-5)等一批经典动画都是原创，为何原创在今天却滑坡了？原创是必要的，但原创不一定有核心价值，国产动漫产业的核心价值必须是“中华文化内涵”，这是央视动画有限公司总经理王英在接受记者采访时所说。

日本动画大师手冢治虫，被称为“阿童木之父”(图 3-2-6)。16 岁时，他受到我们的动画电影《铁扇公主》影响，从此走上动画创作之路。可以说，中国早年的动画作品具备相当的水准和实力。在作品中成功融入水墨画、皮影、剪纸、木偶、民间年画等中国传统艺术元素，以创新的艺术表现和典型的东方气韵，在国际上被尊称为“中国动画学派”，占有一定国际地位。相比今天，许多动漫创作者对中华文化研究与传承并不扎实，甚至认为中华文化不适合动画，于是盲目追捧、照搬美日韩模式，导致动画作品丧失文化内核，成了外国人看不懂、国内观众不认同的东西。

美国大片《功夫熊猫》融合了中国多种元素并将它发挥得

[1] 封颖. 动漫产业的人文软肋. 中国科学报，2012－01－09.

图 3-2-7 《功夫熊猫》(Jack Black-Kung Fu Panda)动画电影海报。

图 3-2-8 被誉为“中国创意产业之父”的厉无畏先生。

淋漓尽致，让中国人看了都新鲜和惊奇。(图 3-2-7)花木兰的故事在中国家喻户晓千年有余，却被美国的迪斯尼拿去拍成动画片，赚了足足 6 亿美金。中国人自己拍的动画片宝莲灯，仅收回成本而已。为什么中国人的东西，被外国人重新包装就赚个钵满盆满，中国人却只能望洋兴叹？全国政协副主席、被誉为“中国创意产业之父”的厉无畏(图 3-2-8)在第二届中国国际动漫创意产业交易会高峰论坛上尖锐指出，中国动漫产业缺少中国文化的“根”。[1] 功夫、熊猫、龙、孔子……这些名词会让世界不同国家的人们迅速联想起一个共通的特点，那就是：中国元素。中国元素的原创风开始盛行，表明国产动漫行业开始由“眼光向外”转为“眼光向内”，开始重视在中国传统文化中“寻宝”。可见，我们的民族文化才是我们应该去继承并发扬光大的。(图 3-2-9)

面对如此的尴尬境况，越来越多的从业者开始思索国产动漫的发展之道。其实国产动漫与“洋动漫”的差距，并不像很多人想象中那么悬殊，但有三大软肋必须改善：资金匮乏，人才资源短缺，忽视产业链。这其中人才问题可以说是所有问题的根本。尽管目前各大高校都纷纷开设了动漫专业，但是真正高层次专业的动漫人才却是凤毛麟角。国内很多院校往往在对动漫艺术人才的培养上有一个误区：以为只要学好相应的技术就可以做动漫了。当然，这也会被误认为是一种速成的表现，然而这个观点在本质上是错误的。从掌握技术和积累文化两者的实践来看，动漫中文化的教育不像技术那

〔1〕 厉无畏.第二届中国国际动漫创意产业交易会高峰论坛演讲.2009—09.

图 3-2-9　2009 年三维动画制作的 300 集《武林外传》动画片已被日本 ADK 公司引入，这是中国原创动漫首次进入亚洲的主流发行渠道，并通过其主流电视台打入动漫大国——日本。

图 3-2-10　中国原创动漫《雏蜂》。

样短期就能精通，对它的学习需要积累和长时间的锻炼，这往往是商业利益驱使下现代动漫人才培养所忽视的一个方面，造成的结果是毕业的学生能使用技术，但产生不了好的创意。

正如厉无畏所言，中国动漫产业缺少文化的“根”。那么如何将其转化为动漫教育的推动力呢？这种教育应该是潜移默化的：我们的动漫教育过于重视技术层面的学习，而在文化修养上明显不足。在国内动漫作品的风格创造上，多年来一提到民族化，很多人总认为是落后的、陈旧的，不符合时代发展需求的。这种对民族文化的认识观带有明显的局限性。我们注重对本土文化及民族特色的继承，其目的是为了更好地发展现代动漫产业。（图 3-2-10）我们在课程设置中更应该有目的地开设动漫本土文化类相关课程或者将这类课程融入到我们的基础课程中去，如中国设计文化史、中国文化基础、礼仪文化专题等可以融合到我们的剧本写作课程中去讲解；积极引导学生探索自己的民族文化、历史和特色，注重本土文化的挖掘，培养学生独特的动漫文化观念，并强调创作性和艺术性；强调在文化上要有独特的视角，技术只是表达想法的一个辅助工具而已，让学生知道怎么讲属于自己的故事，最终提升学生在动漫创作中的原创精神，而不是培养学生怎样用技术手段来按别人的要求照葫芦画瓢。因为不具有原创精神和创新精神的内容，即使拥有再先进的技术，制作出来的动漫作品也一定是仓库里的滞销货，而这也恰恰是中国动漫与强国动漫之间最根本的差距。我国丰富的文化资源、文化记忆对动

图 3-2-11 《宝莲灯》上海美术电影制片厂于 1999 年摄制并公映的一部改编自中国神话《宝莲灯》的长篇动画电影。

图 3-2-12 2014 中国数字媒体及动漫游戏艺术教育高端论坛。

漫创作有比较直接的借鉴作用。从中国动漫制作界青睐的《大闹天宫》到《宝莲灯》(图 3-2-11),从《西游记》到《隋唐英雄传》,再到连迪士尼都来中国抢的《花木兰》……文化记忆成了动漫产业界的一块大蛋糕,甚至是唯一可能得到西方文化认同的动漫主题。这让我们相信只有民族的,才是世界的。(图 3-2-12)

(二)因材施教,培养不同层次的动漫人才

一个数据显示,2011 年动画片年产量突破 26 万分钟,远远超过日本和美国,而与这个傲人数字相悖的是,算上 2012 年,中国的动漫专业已经连续三年因高失业风险而被亮红灯。在国家大力扶持本土产业发展的几个年头里,国内每年报考动漫专业的学生数量惊人,但最近几年因为专业人才的就业率并不是十分喜人,不同地区的动漫专业报考学生的人数有不同程度的减少。但是生源数量的萎缩并不代表市场对于这类人才的需求有所减少,而是大部分走出校门的动漫专业毕业生在思维意识上和专业技能上还没有达到行业要求的标准。面对这种人才的高需求量和低就业率的鲜明对比,作为动漫从业者和教育者,我们不禁要进行反思,中国的人才输出究竟出了哪些问题?影响动漫人才素质培养和就业的不利因素究竟有哪些呢?中国动漫产业新闻网将其进行了统计和分析。

首先是学生进行专业报考的概念模糊和盲从性,这是第一个影响人才素质培养的不利因素。学生在报考动漫专业之前,对于专业的特性以及就业方向没有足够清晰的认识。有很多高中生报考动漫专业的原动力是被市面上流行的日本和美国的经典作品所折服，出于对这些动漫成品的喜爱而选择报考专业，对于动漫专业的创作流程以及必备的综合素质概念模糊，尤其不了解目前国内产业市场的现状，对于日后的就业方向就几乎没有认识，模糊的专业认知导致了目前动漫专业的学生良莠不齐。现在在校的专业学生，根据他们的自身素质情况和心态大致能分成以下几类：第一类喜爱观看动画、漫画，但在绘画技能上基础很薄弱，也没有表现欲望的学生；第二类想报考传统绘画专业，有很好的绘画基础但因为分数（大部分是因为文化课）不够而没有考上自己向往的专业，而选择动漫专业的学生；第三类既喜欢观看作品，同时还喜欢从事动漫创作，有一定绘画基础的学生；第四类对动漫毫不关注，只为了大学文凭从事动漫专业的学生。

在这几种类型里，我们不难看出其实真正能够在毕业后从事动漫行业的学生实际上远没有报考的人数那么多，只有少数既有热情同时又有能力付诸实践的学生才能在动漫专业学习上有所成就，而动漫行业严格来说本来就是高淘汰率的职业，考虑到这个客观因素，能够符合行业标准的动漫人才数量就会更少。

那么是不是所有的影响动漫专业学生就业的不利因素都归咎于学生的选拔呢？当然不是。这就要谈到第二个不利因素，那就是目前的动漫教育存在着很多弊病。每年全国各地新创办的高校或新设立动漫专业方向的学校都有不少，但真正符合教育办学标准的院校却不多，有的院校教学的重点仅仅是传授作为动画制作工具的电脑软件知识；有的院校仅仅重视动漫教育方面理论的传授而忽视实际的创作与社会实践；有的院校甚至没有配置专业教师却在从事动漫教育。这几种类型的高校，综合其办学实力来看，根本无法向社会输出大量合格的动漫应用型人才。社会上目前对于动画制作人才的需求量极大。随着各个动漫类院校对动画制作人才的重视与大力培养，这方面的缺口在将来肯定能被填补上，但是行业的人才需求是呈金字塔形分布的，人数众多的制作人员只是“金字塔”的基座，而顶尖的高级创作人才却需要更多的时间来培养。培养一个动漫制作人员可能只需要在培训班花费几个月的时间就能掌握基本的制作技能，但是要培养一个高级的创作人员非十几年的时间不可。由于动漫产业利润丰厚和国家扶持的优惠政策，许多动画公司出于“捞桶金”的心态，以接国外的动画后期制作订单为主，只求引进能马上上手的制作人员。部分在校的动漫专业学生也仅将动漫制作作为谋生的一种技能，不想再进一步发展。而大部分院校为了满足就业率也乐意迎合动漫公司的心态，着重培养时间短、见效快的中低端制作人才，那些需要花费大量时间、精力培养的创作人员就得不到生长的土壤。长此以往，国内将很难出现大师级的高精尖动画创作人才。为此，高等院校要培养出金字塔顶尖的人才，还需要清晰地培养学生这样的觉悟，让他们在日后走向社会的同时仍然用这样的高标准要求自己。有些学生学习动漫制作只是为了得到一种技能，使自己将来可以在市场

图 3-2-13 中国美术片设计、导演，吉林动画学院常务副院长、动漫分院院长常光希。

上找到一份工作。如果每位学生都只停留在这样的层面上，那国内是很难发展出一批优秀的原创人员的。要发展出优秀的原创人员，高等院校承担着主要职责。高校不只教给学生技巧性的知识，还会教给学生学习的理念。多开设一些开发学生“创造力”的课程，力求打开学生的思路，让学生养成独立思考问题的习惯，对于日后在实践中继续深造有着极其深远的意义。

当然，动漫产业和其它文化产业一样，也要保持合理的人才结构，既需要擅长艺术创造的精英，又需要数量庞大的、具有高技能的熟练制作人才。所以高等动漫艺术教育也需要针对各自的现状和优势进行不同层次的办学定位，制定不同层次的人才培养目标。“中国动漫最缺高端创意人才”似乎已成业界共识。原上海美术电影制片厂厂长、吉林动画学院副院长常光希(图 3-2-13)目睹了“动漫教育与动漫产业错位，动漫专业学生毕业就失业”的现状。他认为，“国家正在大力扶持动漫游戏产业，动漫人才本应是供不应求的。但动漫教育模式单一、同质化现象严重，使培养出来的学生适应不了产业各种层次的人才需求”。他指出，“我们常说中国的动漫游戏缺少创意人才、高端人才，其实真正合格的中低端人才也十分紧缺。”[1] 所以，教育结构和培养格局的多元化发展才是当前中国动漫教育的方向。动漫教育不同结构、不同层次的配置，将形成中国动漫的教育链。常光希解释说，这样非但没有把动漫教育的规格降低，反而提高了动漫人才培养的实效。“必须

〔1〕 常光希.第二届国产动画电影高峰论坛演讲.2012－07.

进行多层次、多方位教育，才能对号入座地与产业对接。如动漫高等教育以创意型和复合型人才培养为主导，动漫中等教育和职业教育则以实用型和应用型人才培养为主导，各尽其职、各安其心、各尽所能”。〔1〕在他的设想中，本科艺术院校可设立附中或中专，利用资源优势充分发展动漫中等职业教育。从中专到本科，从本科再到研究生阶段，分年龄、分层次“因材施教”，才能形成完整的动漫教育链。

针对我国动漫教学单位的隶属机构，可以归纳出五类办学情况：“第一类是影视类院校；第二类是美术类院校；第三类是综合类大学；第四类是高职高专院校；第五类是社会培训机构。也可从学历层次角度归纳为研究生教育、本科生教育、专科生教育及证书培训”。〔2〕分类的意义在于了解办学单位的构成情况，确定自己的专业建设方向。张立曾经提出“师资、技术、条件、办学经验和层次较高的院校可以培养复合型人才和经营性人才为重点；大多数院校应当是培养专门性人才为重点；高职高专学校以培养一般性应用人才为基础”的构想。〔3〕王玉敏也提出：“影视院校的动漫专业应重视对动画导演人才的培养，美术院校可以重视对动漫造型与美术设计、原画及动画师的培养，而综合类院校可以重视对动画技术和动画理论人才的培养”。〔4〕为此，我们应该通过有办学实力的重点院校培养金字塔顶尖的高层次人才，包括一系列高端动漫创作人才、产业管理人才等。只有根据动漫产业的结构方式和发展趋势进行动漫教育机构的重组和人才结构的合理化布局，采

〔1〕 常光希.第二届国产动画电影高峰论坛演讲.2012—07.

〔2〕 赵明荣.我国近年动画教育研究综述.美苑，2008(3)：75—79.

〔3〕 张立.对中国动画教育发展的思考.理论月刊，2006(2)：101—104.

〔4〕 王玉敏.对中国动画人才培养现状的思考.艺术探索，2006(2)：103.

图 3-2-14　2012 年在杭州举办的中英动漫产学研论坛。

取高等教育、中等教育和社会教育相结合的方式，对动漫人才进行多层次、多方位的培养，我们整个动漫人才金字塔结构才能得以稳定及良性发展。（图 3-2-14）

（三）产学研一体的动漫人才培养模式

动漫产业的发展推动了动漫教育的发展，而动漫教育的发展方向必须是为了更好地促进动漫产业的发展。我国的动漫产业在国家的大力扶持下已经得到了快速发展，但是，一个完全依靠“扶持”而存活的产业，是“危险”的。繁荣动漫产业，提高动漫产品质量，归根到底还是要大批人才的快速成长。据数据显示，动漫专业每年的毕业生已经高达 70 万人。70 万动漫人同时走出校门，其实并不会造成彼此的“踩踏”，因为中国的动漫市场近几年来快速发展。从 2004 年到 2011 年，中国国产动画时长从 2.2 万分钟飙升到了 26 万分钟。2011 年动漫产业产值已达 600 亿元，四年间创造了 58.25％的平均增速。按照这样的推算，中国影视动画、游戏动画人才需求量大约 30 万人，加上广告设计、超多媒体设计、网页设计、建筑等行业需要，动漫人才缺口可以达到百万以上。但是，数据是完美的，现实是残酷的。《2012 年中国大学生就业报告》中，失业量较大，就业率较低，月收入较低且就业满意度较低的专业，动画居首，是红灯高挂的高失业风险型专业。（图 3-2-15）

那么应该如何在动漫产业和动漫教育之间搭建一个具有良性发展的桥梁呢？动漫专业是典型的横跨艺术与技术领域的应用型专业，其中涉及多个学科领域的知识。这就要求学

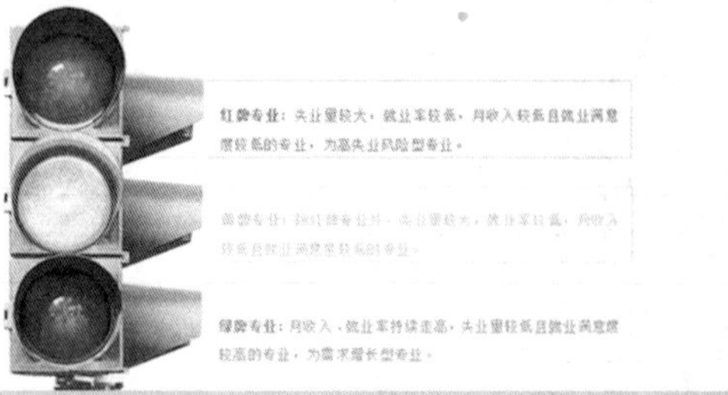

2012年中国大学毕业生"红黄绿牌"本科专业

红牌专业	黄牌专业	绿牌专业
动画	计算机科学与技术	地质工程
法学	艺术设计	港口航道与海岸工程
生物技术	美术学	船舶与海洋工程
生物科学与工程	电子信息科学与技术	石油工程
数学与应用数学	公共事业管理	采矿工程
体育教育	信息管理与信息系统	油气储运工程
生物工程	工商管理	矿物加工工程
英语	汉语言文学	过程装备与控制工程
国际经济与贸易		水文与水资源工程
		审计学

图 3-2-15 《2012 年中国大学生就业报告》中·红黄绿牌·本科专业。

生在学习阶段就要理论联系实践。在西方,很多国家都会采取不同的形式让学生有机会参与实践学习,譬如德国推行的双元制,强调学习与生产要紧密结合,学生需要花费大量的时间在企业接受实践操作技能培训,培训中使用操作的都是当前最新的设备和技术,提高学习的针对性,这样学生在完成学业后随即便顺利投入工作。由于学生在特定的工作环境学习,也增加了学生和企业的交流机会,降低了失业风险。西方的这种双元制教育体制为我们的动漫艺术教育人才培养提供了重要的启示。随着动漫教学的深入,很多院校也借鉴这一体制结合我国自身的教育资源,通过多种途径,建立了"产学研一体"的动漫教育人才培养模式。

1. 工作室教学模式的引入

工作室教学模式最早源于 20 世纪初德国的包豪斯设计学院。其在艺术教育思想中第一次将美术教育与工艺技术教育有机结合,将工艺手段提升到较高的层面,认为以工艺实践活动为基础的美术教育所培养的应是一种具有较高艺术理论修养,同时掌握工艺技能的复合型人才。而工作室教学的模式较之其他类别的教育模式显得更为合适,从而形成了最早的工作室教学形式。我国的动漫专业教育自 20 世纪 90 年代开始发展,十多年来全国已经有上百所高校成立了动漫专业,可以说已经形成了一定的知识体系:大多院校采用分班授课、分段授课的传统模式。这种教学模式虽然体系比较全面,但动漫专业的跨专业性及制作流程的连贯性决定了这样的教学

图 3-2-16 吉林动画学院游戏、动画后期、卡通漫画工作室。

模式是存在弊端的:各门课程各自为政,教学单元连接不够紧密,缺乏应有的沟通和融合,学生的设计思维不连贯,很难达到教学的科学性和条理性。所以工作室教学模式就成了现在很多开设动漫专业院校的首选。对于动漫这一应用型较强的专业,工作室这一教学模式的优势十分显著。(图 3-2-16)

工作室教学模式可以按照专业方向的不同进行划分,也可以根据当前实践项目进行划分。作为一种自由开放的教学模式,工作室只是教学过程的载体,通过这一载体,教学内容、教室以及实习实践最后合而为一,这样突破了传统教学封闭的压抑的模式。这种模式以完成技术项目为目标,在专业老师的指导下,向学生传授专业基础知识,指导学生提高专业技术水平,同时融入生产环节,完成教学实践任务,培养学生所需要的专业知识技能,使教学与实践达到完美的结合。工作室既有独立的研究方向又可以注重学科之间的相互渗透,学生和老师之间可以依托工作室随时进行交流,学生可以充分发挥自己的创造力。各学科学生之间也可以随时进行创意、技术的合作。这种具有融合性、开放性、互动性、可选择性的特征可以发挥学生的主观能动作用,有利于教师及时引入行业中的先进技术,有利于学生养成良好的团队工作精神。工作室模式的优势特征归纳如下:

第一,自由开放。不仅没有教室的压抑,使学生能与市场需要充分结合起来,而且这也突破了传统教室封闭的这一弊端,把课堂的概念进行延伸。业内人士经常说中国动漫缺少原创，借助这样一个平台，学生可以自由想象，自由自在，自我教育，从而把教学内容与实践进行自由地探索，总结适合自身特点的内容。

第二，项目制。动漫教学与其他专业的最大区别就是不再以概念为主要教学内容，而是以知识的实用性、连贯性、针对性为主。教师也不再是教学的主导，仅仅发挥指导性的作用，更多注重学生个性能力的发挥。工作室制的教学过程是一种探讨、交流与对话的过程，教师变成了以学生为主的、合作的、探索性的帮助者的角色。这一模式将能够更好地为动漫教育与动漫产业搭建一座桥梁。

第三，综合跨专业合作式的教学。淡化“专业”的概念，随着设计产业化生产的日益发展，尤其在动漫设计领域，个人设计师的作用将被逐渐弱化，取而代之的是综合实践能力和团队合作能力较强的团队。它的形成要受到多方面条件和因素的制约，设计师要学会如何协调各部分的合作，学会组织项目进展中不同阶段的管理设计，不断创造出新的作品形式。

第四，教师与学生充分互动，促进教学相长。为了加强教学，与工作室模式相配套，学校还可成立各类导师工作室，导师组成学术骨干，把理论与实践相结合，同时把导师的社会资源引入工作室，解决一些教学经费支出。这样，学生与导师共为一体，达到教学相长。

第五，加快学生就业适应能力。以工作室为平台，学生可以直接参与社会企业的生产，实现在校融入社会，在毕业后，

〔1〕 吴冠英.2010北京动画艺术教育国际会议演讲.2010－10.

就可以达到无缝隙衔接。

有数据表明，动漫专业学生未来走向社会最需要的能力是：自学研究、良好表达、管理组织、创新等能力。能适应学校的工作室模式的教学，学生就可以在上述能力上得到充分培养与实践，这些都得益于工作室模式的自由、开放，从而使学生在自主、自立、自我的教育过程中升华能力。

2. 校企合作，联合培养

多数动漫企业反映，目前动漫专业毕业的学生普遍不能胜任企业的岗位要求，其主要表现为实际操作能力差。究其原因，一方面是因为一些院校虽然开设了动漫专业，但能代表本校水平的优秀作品和动画理论研究成果却很少；另一方面是由于教师素质与教学水平参差不齐，学校缺乏合格的专业教材。对此，深圳怡景国家动漫基地服务中心主任蔡大明深有体会："我们基地有66家公司，没有一个大学生进基地公司就能直接工作的，企业没法用那些缺乏实践经验的应届毕业生。"他强调，学校里的动漫专业学生，一定要争取到动漫企业进行实训。在担任教学工作的同时，清华大学美术学院信息艺术设计系教授吴冠英也参与过动画公司的创作工作，比较了解企业用人方面存在的难题。他说："企业招人有时候真是困难。比如有个企业要招一个一级原画师，收到一堆简历，却找不到一个合适的。现在的动漫教育跟市场实际的需要差距太大了。而在日本和美国，动画教育的目标性就很清晰。"〔1〕

鉴于此，建立一种校企合作的联合培养机制就显得尤为

图 3-2-17　石家庄职业技术学院动画学院与北京其欣然合作制作的三维动画电影《神秘世界历险记》、《钢仔特攻队》分别于 2012 年、2011 年上映和播出。

重要。实际上，校企合作长期以来就被认为是提高在校大学生动手能力和实践能力最有效的方法之一，被大量地运用到院校专业人才培养模式当中。（图 3-2-17）对于动漫专业而言，动漫教育可以在企业和学校之间找到平衡点，本着互惠互利的原则，资源共享，各取所需。学校与企业签订合作意向合同，合作的内容根据各院校的特点侧重点可以有所不同。企业为学校提供实习的平台，学校则可以为企业解决技术和创意的支持及人才的输送等。除了在多层次上的合作之外，校企之间要形成一种互动关系，这也正是由动漫产业的特性所决定的：技术更新快、人才流动大。学校在这种合作背景下，作为人才输送的机构必须时时关注市场的走向和企业发展的动态，以便修订自己的培养计划和课程设置，这样学生才能更好地将所学知识与市场的需求结合在一起，输送的人才在就业时的针对性和适应能力才会更强。企业也可以避免花大量的时间和精力去专门培养人才，更会因为新生力量的不断加入而提高质量和效率，从而做到动漫教育和动漫产业之间的良性循环。

3. 依托动漫产业基地，发挥其能动作用

我国已经明确提出要推动文化创意产业成为我国国民经济支柱性产业，而动漫产业作为文化产业重要组成部分，对于满足人民群众精神文化需求、传播先进文化、丰富群众生活、促进青少年健康成长、进一步优化产业结构、扩大消费和就业、培育新的经济增长点都具有重要意义，发展前景十分广

图 3-2-18　辽宁沈阳国家动漫产业基地。
图 3-2-19　山东济南国家动漫游戏产业基地。

阔。为了扶植动漫产业的发展，动漫产业目前已经成为各级政府优先选择和优先发展的产业。2009 年 6 月，中央办公厅和国务院下发文件，提出实施“原创动漫游戏振兴工程”，扶持动漫产业发展部际联席会议专家委员会也在北京宣告成立。截至 2010 年，广电总局批准成立的动画产业基地已有 17 个，动画教学研究基地 6 个。北京也先后成立了“新媒体动漫原创基地”、“数字娱乐产业基地”等。[1]“十二五”期间，国家立足动漫产业发展实际，结合市场需求，专门发布了“十二五时期国家动漫产业发展规划”，足见国家大力发展动漫产业的决心和信心。与此同时，我们的动漫教育应当抓住这一机遇，紧密结合国家动漫产业基地的功能，结合区域优势，扩展自身产学研平台的建设，形成以动漫产业为主导，产业与教育联动发展的格局。（图 3-2-18、图 3-2-19）

首先，动漫产业基地有国家和政府的扶持，其在软硬件资源方面很有优势，如大规模集群渲染凭条、动作捕捉设备、专业动画创作软件等，价格都十分昂贵，往往是高校动漫专业所不具备的，产业基地可以与高校进行合作，以租借或进行项目合作、科研开发的方式向高校开放这些平台。

其次，高等院校可以以师资培养、为学生提供实习就业岗位等方式参与到动漫产业基地的运作中去，为文化创意产业的发展提供智力支持和人力资源保障。

最后，动漫产业基地可以以企业为平台，高校资源为依托，扶持动漫原创，促进动漫产业的特色化、民族化发展，使动

〔1〕 转引自卢斌等.编动漫蓝皮书中国动漫产业发展报告(2012 版).北京:社会科学文献出版社,2012:25—30.

漫产业从“增长”转到动漫产业“发展”上来，从“数量、速度”式增长转向“质量、效益、内涵”式发展，以此来实现动漫产业的可持续发展。

总之，通过产学研一体的教育培养模式，既可以促进高校学生创造性思维和实际操作能力的培养和引导，又可以为动漫产业的发展提供强有力的智力和人才保障，形成动漫教育与动漫产业之间的良性互动，从而促进我国动漫人才的长远、健康发展。

第四章　广告产业与高等广告艺术教育

第一节　广告产业与高校广告教育发展现状

从世界范围来看，广告产业在推动社会经济发展的同时，也使自己成为文化创意产业的一个重要组成部分。广告与创意之间往往是密切相联的。奥美广告公司（Ogilvy & Mather）的创办人大卫·奥格尔维（David Ogilvy）的《一个广告人的自白》（图4-1-1）中写道："我告诉公司的新员工，决不允许他们用'创意'一词来描述自己在公司里的工作"。他更喜欢用"非比寻常"一词。多年后，广告公司 Tbwa Chiat/Day 主席李乔（Lee Chow）却提出相反的、同时也更现代的观点。他在说："我是一名碰巧投身广告业的艺术家"。[1]正如陈刚先生讲道："要想在这样纷繁的信息中吸引住消费者的眼球，产生传播的效果，就必须依靠创意。如果没有创意，企业的信息就会消融在大量内容的海洋中。好的创意，形成话题，产生多个层面的广泛传播，才能够使得企业实现营销的目的……创意真正成为了中国广告的核心价值。创意的时代已经到来……主宰未来广告业的也将除了创意还是创意！！"[2]广告产业作为一个依附性的创意产业，为此，在经济快速发展的今天，广告业必将成为一种新兴产业和新经济增长点。

一、中国广告产业发展现状

（一）我国现代广告产业发展概况

广告是人类信息交换的必然产物，发展历史悠久。早在商朝时期就开始萌芽，至东周已出现文字广告。隋唐时期出

〔1〕［英］约翰·霍金斯．创意经济——如何点石成金．洪庆福，孙薇薇，刘茂玲译．上海：三联书店，2006：97.

〔2〕陈刚．创意时代的到来、成功营销．2008(Z1)：8.

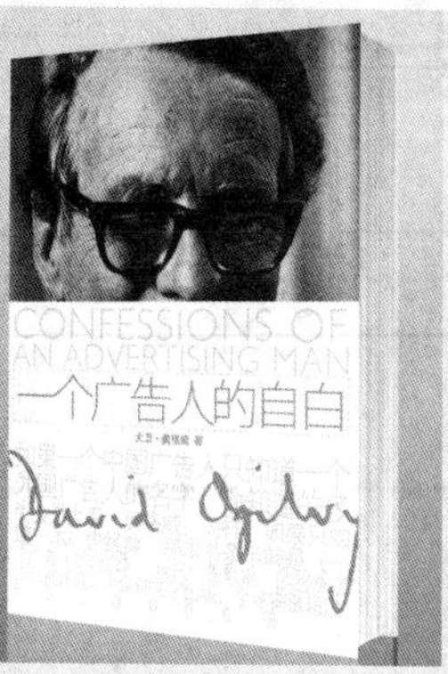

图 4-1-1　现代广告业的大师级传奇人物大卫·奥格威的著名的广告著作《一个广告人的自白》。
图 4-1-2　1979 年 1 月 4 日《天津日报》发布的“蓝天牙膏”广告。

现了文字广告商标宣传品，这可算是世界历史上最早的国际广告交流。19 世纪石版印刷和照相制版技术传入中国，特别是 20 世纪的彩色印刷技术的传入，使得中国广告业获得了更大的发展。新中国成立，标志着我国的广告业进入了一个崭新的阶段，之后 50 多年来，中国广告业经历了一个收缩、恢复、停办、发展的曲折历程。值得一提的是，中国共产党十一届三中全会的召开为中国现代广告业揭开了新时代的发展序幕。现代中国广告的恢复开始于工业城市天津。1979 年 1 月 4 日，《天津日报》恢复了广告业务，率先在第三版刊登出了一则 10 平方厘米的“天津牙膏主要产品的介绍”的广告(图 4-1-2)，拉开了报纸广告业的序幕，这则广告是有据可查的中国改革开放之后的第一条消费品报纸广告；随后中国当代真正意义上的广告全面恢复，应该是从上海开始的。同年 1 月 28 日，上海电视台播放了广告恢复后中国内地的第一条“参桂补酒”内容的电视商业广告(图 4-1-3)。同年 2 月 13 日，上海广告公司在《文汇报》上刊登了承办进出口业务的广告。同年 3 月 15 日，中央电视台首次播出外商“西铁城——星启表，誉满全城”的广告。同年 3 月 18 日，上海电视台播出了外商广告——时间长达 1 分钟的“瑞士雷达表”广告。同年，4 月 15 日，广东电视台在春季广交会开幕当晚播出第一条收费商业广告。同年 11 月，中共中央宣传部下发文件《关于报刊、广播、电视刊登和播放外国商品广告的通知》，提出要调动各方向的积极因素，更好地开展外商广告业务。(图 4-1-4)

图 4-1-3　1979 年 1 月 28 日上海电视台播放了新中国第一个电视广告的画面“参桂补酒”。

图 4-1-4　上海汽水厂的幸福可乐户外广告，广告语：清爽可口，芬芳提神。该产品为 1979 年 3 月中央电视台播出的第一个电视商业广告。

广告，这个消失了十几年的社会经济产物获得了新生。然而，长期的意识形态控制严重禁锢着人们的思想，广告并不能被社会广泛接受。“为广告正名”成为当时广告人面临的首要任务，与此同时，广告实践活动大范围展开，外商广告陆续进入，国际交流日益频繁，随后，广告表现从直白的文字告知走向简单的创意设计，广告运作开始萌芽。

1978 年 6 月，上海市美术公司建立了以王庆元为组长的恢复广告 5 人组。为了探索恢复广告的可能性，他们南下北上，经过近 80 天的调研，得出了“从商品的生产销售来讲，我们需要广告”的结论。同年 11 月 23 日和 28 日，王庆元先后两次向上海市商业局提交了《关于恢复商品宣传服务的报告》和《拟将部分政治宣传牌改为商品宣传牌的报告》两份报告，要求恢复对商品的广告宣传，恢复路牌广告。

1978 年上半年，刚刚重新组建的上海包装广告公司进出口公司基本恢复了同 19 个国家和地区的广告业务关系，同年向荷兰、英国、加拿大等 73 个国家发布中国产品广告达 161 次，总额达 83 万美元。时任广告公司科长的丁允朋意识到了广告所蕴含的巨大能量，良好的经营状况也激起了他对国内广告业恢复的热情和信心。1978 年年底，丁允朋在《文汇内参》上介绍了进出口广告业务的恢复情况，并提出了恢复国内广告的一些建议和设想。一个月后，这些敏感的建议作为内参上报到中央，时任中宣部部长的胡耀邦给了一个肯定的批复：“可以一试”。

1979年1月14日,《文汇报》以《为广告正名》为题在第二版的“杂谈”栏目上发表了丁允朋的署名文章,澄清了人们对于广告的种种误解。文章指出,“对资本主义的生意经要一分为二,要善于吸取它有用的部分,广告就是其中之一”。文章中还谈到了“现代广告”的科学性,并以此为广告的正当性辩护说:“在经济发达的国家里,专业的广告公司林立,许多大专院校都有广告专业。他们的广告设计,往往是建筑在对市场周密研究的基础上,对同类产品进行分析比较,然后,结合消费者心理,有针对性地进行的。广告设计大都文字简洁,画面富于形象化和吸引力,它能够指导商品流向,促进销售。这一点,对于我们社会主义经济来说,也是可以用来促进产品质量提高,指导消费的”。“我们应该运用广告,给予人们以知识和方便,沟通和密切群众与产销部门之间的关系”。“我们有必要把广告当作促进内外贸易,改善经营管理的一门学问对待”。整篇文章用了一分为二的观点,巧妙地将广告和资本主义的生意经剥离开来,对有用的部分加以肯定,为广告的合法性作了有利的辩护。除此之外,文章还进一步指出:“有些国家广告的发展并不一定局限在做生意上,譬如美国,香烟广告上注明‘吸烟对健康有害’的字样”。文章最后倡导,“我们对国外广告也要做引进工作,洋为中用,吸取一些国家广告之所长,来发展社会主义的广告”。并指出:“目前科学技术发达,广告要高效率地发挥作用,广告牌当然是需要的,但更要借助于报刊和广播、电视”。这篇文章也引起了全国广告业界广泛

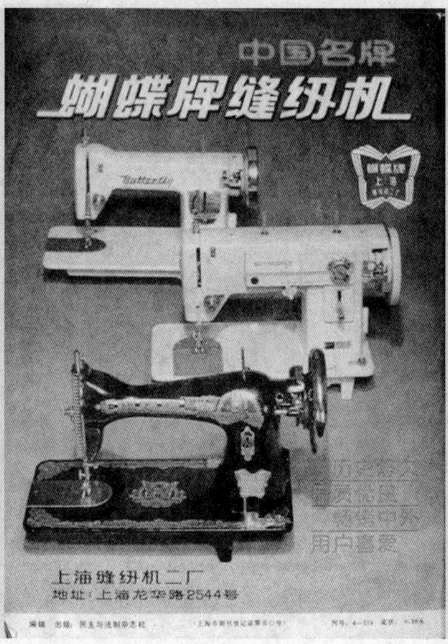

图 4-1-5　20 世纪 80 年代中国杂志广告：飞天、友谊瓜子。
图 4-1-6　20 世纪 80 年代中国杂志广告：蝴蝶牌缝纫机。

的反应，许多广告研究机构、广告组织和专家，都纷纷从不同角度对广告的合理性作了有力的辩护。

《为广告正名》以一种勇敢者的姿态，把中国广告推上了现代的历史舞台。1964 年毕业于南京艺术学院的丁允朋肯定想不到，他一篇小小的文章会对中国现代广告业产生极其深远的影响，他也被业界称为“中国现代广告的开拓者和打开中国广告大门的人”。随后，众多的广告业内学者延续这一思路，直接从市场学的角度讨论广告的合法性，使之成为一个中性的商品经济学和市场经济学的概念。但是，在那个意识形态领域还被严格控制的年代，对社会主义广告根本特征的认定，仍然是为广告恢复名誉的中心任务。[1]

1982 年 2 月 6 日，《广告管理暂行条例》颁布实施，这是新中国成立以来第一部全国性、综合性的广告管理法规，标志着中国广告管理法制化的开端。国家工商行政管理总局制定《广告管理暂行条例实施细则（内部试行）》，从此，我国的广告业有了统一的管理机关。之后，出台了大约二十多个相关规章，涉及烟草广告、酒类广告、有奖销售、奖券、出版单位经营广告、体育广告等领域，先后制定了《关于企业广告费用开支问题的若干规定》、《关于报纸、书刊、电台、电视台经营、刊播广告有关问题的通知》、《关于加强体育广告管理的规定》、《关于加强赞助广告管理的若干规定》、《食品广告管理办法（试行）》等。（图 4-1-5、图 4-1-6）为了适应我国广告业发展的新需要，国务院于 1987 年 10 月 26 日正式颁布《广告管理条例》，该条例是对 1982 年《广告

〔1〕 黄艳秋，杨栋杰. 中国当代商业广告史. 郑州：河南大学出版社，2006：5.

图 4-1-7 上海凤凰自行车的广告彩页。

管理暂行条例》的进一步补充、修改和完善，它的健全和完善为中国的广告业发展提供了更法治化的发展平台，为广告事业的发展提供了良好的保障。1995 年 2 月，《中华人民共和国广告法》实施，这标志着我国广告业在法制化轨道上更进一步。

我国广告公司出现了蓬勃发展的势头。自 1979 年 8 月在北京成立第一家专业广告公司——北京市广告艺术公司之后，短短 20 多年，至 2003 年，专业广告公司达 66353 家。据统计，1979 年，我国广告收入仅有 1500 万元，而到 1989 年，我国广告收入已达 19.99 亿元，10 年间增长了 100 倍还多，年均递增率在 42.99%以上。进入 20 世纪 90 年代以后，我国广告收入在国民生产总值中的比例，由 20 世纪 80 年代末的 0.01%，逐步上升到 1990 年的 0.13%，1998 年的 0.68%。2003 年，我国广告收入达 1.078 亿元，占国民生产总值的比例为 0.92%。[1]广告行业组织也相继建立。1981 年 8 月 21 日，中国对外贸易广告协会正式成立。1982 年 2 月，成立了第一个全国性的广告行业组织，即中国广告学会。1983 年 12 月，中国广告协会在北京成立，原“中国广告学会”同时撤销，标志着中国广告行业组织发展到了新的阶段，广告行来也逐渐摆脱了“工艺美术”制约，从而在工商领域得到“正名”。[2]广告研究及广告教育也得到迅速发展。(图 4-1-7)

根据我国文化创意产业行业分类办法并对照 2002 年国家统计局公布的《国民经济行业分类标准》，广告业属于 8 大类中的“咨询策划类”，具体指在报纸、期刊、户外路牌、灯箱、

〔1〕 转引自陈培爱.现代广告学概论.北京：首都经济贸易大学出版社，2004：36—37.

〔2〕 陈刚.当代中国广告史.北京：北京大学出版社，2010：224.

橱窗、互联网、通讯设备及广播电影电视等媒介上为客户策划制作的有偿宣传活动。[1]

广告产业是现阶段文化产业和现代服务业的重要部分，也是创意经济的重要产业，其发展水平直接反映一个地区的市场经济发育程度、科技进步水平、综合经济实力和社会文化质量。广告业在扩大生产、引导消费、增强经济发展内在动力、促进经济社会全面发展中发挥了重要作用。广告行业的兴衰一直被认为是经济发展的明显风向标，而广告市场的活跃程度在一定程度上是与经济市场的活跃程度成正比的。数据表明，2009年第一季度，我国GDP增长了6.1%，广告市场总收入达到1870亿元，增长9.1%。中国广告增长率高过了GDP增长率，中国广告市场的信心逐渐恢复。近年来，中国广告市场的发展已经成为了全球广告业关注的热点，就如同稳步快速提升的中国经济，为整体陷入低迷的世界广告市场注入了活力。2009年央视招标中，在世界500强中占有一席之地的央企，投放的广告总额高达90459万元。上海、北京、广州、苏州等地广告产业也得到了迅猛发展，引领全国广告产业的发展。上海以申报联合国教科文组织创意城市“设计之都”和“2010年世博会”为契机，把广告作为科技含量高、创意含量高、知识含量高的现代服务业来推进，成为了中国广告产业最发达、广告设计企业最为集中的地区之一。2009年上海拥有广告经营单位30000多家，它们所提供的广告设计，在国内外的广告设计比赛中赢得多项大奖。[2]其中上海文广新闻传媒

〔1〕 张京成.中国创意产业发展报告(2011)(下册).北京:中国经济出版社，2011:409.

〔2〕 张京成.中国创意产业发展报告(2011)(下册).北京:中国经济出版社，2011:139.

图 4-1-8　上海文广新闻传媒集团(SMG)。

集团(SMG)(图 4-1-8)是我国最大的广告发布平台之一，它涵盖了电视、广播、报纸、网络等多项领域的广告设计及经营活动。北京广告会展业因先天的地域中心优势和文化资源优势得到大幅度的提高。2008 年，北京广告会展增加值达到 112.2 亿元，占文化创意产业产值比重的 8.3%，吸纳就业 9.3%万人。杭州广告会展业以动漫节、博览会等为契机也获得了巨大的收益。2011 年，杭州第七届中国国际动漫节共吸收 54 个国家和地区的 425 家中外企业参展，意向交易金额达 128 亿元；同年，中国杭州文化创意产业博览会共吸引参展商 1280 家，完成文化创意产业签约项目 42 个，意向成交额达 35.6 亿元。[1]苏州广告业凭借人间天堂的魅力、“世界工厂”的潜力以及苏州民营企业的创造力，抓住机遇与挑战，得到了持续的增长。据统计，2005 年，苏州共有广告经营单位 1450 户，比上年增加 323 户，增长 28.7%，增幅比上年增加了 9 个百分点；广告从业人员 12896 人，比上年增加 2395 人，增长 22.8%；广告营业额达 16.8 亿元，比上年增加 2.52%亿元，增长约 17.6%。[2]

（二）我国广告产业发展存在的问题与原因分析

然而，中国传媒大学广告学院在对《人民日报》1979 年 1 月 1 日至 2007 年 4 月 10 日登载的 1000 余篇关于“广告”的文章进行分析统计后发现，长期过多地强调局部而忽视整体、注重负面报道而鲜有理性鼓励竟然是这一主流媒体对“广告”的主要报道倾向。[3]无论从中国发展广告产业的社会环境，还是

〔1〕 张京成.中国创意产业发展报告(2011)(下册).北京：中国经济出版社，2011：220.

〔2〕 缪学为.苏州文化产业研究.苏州：苏州大学出版社，2007：202.

〔3〕 丁俊杰，黄河.观察与思考：中国广告观——中国广告产业定位与发展趋势之探讨.现代传播.2007(4)78－81.

〔1〕 程士安，黄建新，陈文轩.世纪之交：中国广告业的发展现状与前景.新闻大学.1997(84－88)：84－88.

〔2〕 彭涌.新时期中国广告产业的发展困境及路径选择.山东社会科学.2012(4)：79－82.

从广告产业发展的潜力看，我国广告市场发展形势可观，广告产业发展前景非常广阔。《世纪之交：中国广告业的发展现状与前景》一文中对近30多年来我国现代广告业发展特点进行了归纳：一是中国现代广告业逐渐形成了三大中心——北京、广州和上海；二是现代广告经营企业的多元化；三是现代广告业形成了一支年轻化、知识面广、文化水准较高、发展强劲的广告人队伍。[1]但冷静分析当下，反观现实，与发达国家的广告产业相比，我国广告产业发展仍存在很大差距，存在的困难还有很多，如管理体制滞后，监测手段单一落后，地区发展不平衡，许多公众人物代言虚假广告，广告质量低下，广告公司核心竞争力有待提高，广告市场比较混乱……这些都严重影响了我国广告市场的发展。彭涌在《新时期中国广告产业的发展困境及路径选择》一文中指出，广告创新能力不足，广告功能认识不到位；广告监管不善，管理体制落后；广告行业结构混乱，广告创新人才匮乏；广告公司核心竞争力有待提升等，成为我国现阶段广告产业发展的困境。[2]

广告产业“身份体认”是发展困境重要原因之一。虽然我国广告产业在文化创意产业发展中有着重要地位，然而文化创意产业对广告产业地位的体认却相对较晚。2004年国家统计局对文化及相关产业进行分类时，未将广告和广告产业纳入其中，虽在2006年3月16日发布的《中华人民共和国国民经济和社会发展第十一五年规划纲要》(以下简称“十一五”规划纲要)中的第四篇"加快发展服务业"第十六章"拓展生产性服务业"第五节"规范发展商务服务业"中,把"推动广告业发展"列入规划范围,把"广告业"纳入商务服务业之中,"广告业"的定位问题首次进入了国家发展规划纲要之中。[1]在《"十一五"规划纲要》中,将广告业以位列第五的身份确定为我国未来重点支持发展的文化产业。2008年,国家发展和改革委员会和国家工商行政管理总局联合发文《关于促进广告业发展的指导意见》,进一步强调广告产业作为第三产业的重要组成部分,在服务生产、引导消费、推动社会经济发展等方面起到重要作用。2009年7月,酝酿多时的《文化产业振兴规划》的发布,广告及广告产业才为政府和社会各界真正地重视,被列为第一梯队重点文化产业。正是由于广告产业没有及时获得应有的政策的支持,在某种程度上限制了我国广告产业的发展。

缺乏高素质的广告创意人才是我国现代广告业发展制约的主要瓶颈。目前,我国广告公司的人才构成与此要求还存在差距,仍存在着广告制作人员、"拉广告"的业务员多,经营管理和市场营销人员少的局面。

可喜的是,中国共产党的十七届六中全会提出深化文化体制改革、建设社会主义文化强国的目标任务,明确要求要在重点领域实施一批重大项目,推进文化产业结构调整,发展壮大包括广告在内的传统文化产业。学习、贯彻全会精神,必须深刻认识广告的文化功能,发展壮大广告产业,助推社会主义文化大发展大繁荣。

[1] 黄升民.中国广告行业重新定位的几个问题.广告大观(综合版).2006(12):27—28.

〔1〕 陈培爱.中外广告史.北京:中国物价出版社,1997年,第161页

〔2〕 郑苏晖,孔清溪.广告教育:变革期的反思.现代传播.2010(2):122—126.

〔3〕 潘向光.现代广告学.杭州:杭州大学出版社,1996:1.

二、我国高校广告教育发展现状

(一)我国高校广告教育发展历程

中国内地高校广告教育于20世纪80年代初拉开序幕。在新中国成立到改革开放以前,大陆的高校广告艺术教育发展几乎停滞,尤其在"10年动乱时期,连单一的广告课程都被挤出新闻院系,只保留一些在美术院校和外贸院校与广告相关的商标、包装、装潢方向的教学"。[1]此期间,并不是说1979年之前中国高校中完全不存在与广告相关的高等教育的专业,中央工艺美术学院、吉林艺术学院等艺术院校曾开设了装潢美术教学,偏重于中国传统图案、纹样、装饰绘画,与商业美术,尤其是广告设计结合的部分并没有成为整个高等教育的主体。

中国高校广告教育的发展大体分为三个阶段:第一阶段为专业教育开创期,从改革开放第一年到1992年左右。1983年6月,厦门大学新闻传播系创办了我国第一个广告学专业,广告教育步入大学课堂,这标志着中国的广告教育正式起步。随后,北京广播学院、深圳大学相继创办广告专业。广告教育在中国大地虽有了"燎原"之势,但在这个期间,教育界对广告教育能否独立成为学科专业存在争议。有学者认为,广告是技术含量较低、操作简单的工艺美术活动,相当一部分高校对广告学科的兴办与建设持观望态度。[2]洪一龙先生曾回忆说:"记得1983年,我参与厦门大学新闻传播系筹建我国第一个广告专业时,还遭到非议,有人认为'广告无学',怎能登上高等学府的大雅之堂?"[3]为此,这一期间,如暨南大学、长春广

图 4-1-9　中国传媒大学广告学院。

播电视大学、中国广告函授学院、北京广播学院(现中国传媒大学)(图 4-1-9)等高校尝试陆续开办了广告函授教育。当时教育界持观望态度,是由于当时中国广告业的低起点、低水平动作决定的。[1]第二阶段为迅速增长期,从 1993 年到 2001 年左右,这是中国内地广告教育发展最为迅速的时期。从 1993 年开始,中国的大专院校纷纷设立广告专业,各个院校依据各自特点形成了各具特色的广告专业教育,但是广告专业的急剧增多不可避免出现低水平重复建设状况,因此,一些实力较强的综合性院校及时向高层次教育转型。1993 年,北京广播学院开始招收国内第一批广告学硕士,把广告教育提高到一个新的层次。截止到 1996 年年底,已有 13 所院校有广告学方向的硕士生导师。[2]这不包括招收广告方向的艺术院校。第三阶段为学科全面建设时期,从 2001 年到现在。2001 年,北京广播学院招收了国内广告学方向第一届博士研究生,开创了中国最高层次的广告学教育。随后,武汉大学、北京大学等高校开始招收广告学方向博士研究生,中国的广告学教育本科、硕士、博士的学科教育体系得以确立,广告学的学科建设全面展开。

从 1983 年 6 月中国内地建立第一个广告学专业至 2007 年 8 月,已经有 322 所高校开办广告学专业,其中 57.89%的 985 高校,46.73%的 211 学校都设有广告专业,广告专业学生以文科为主,兼顾理科和艺术类。[3]其发展的数量之多,速度之快令世界瞩目。

〔1〕 潘向光,丁凯.中国大陆院校广告教育的历史走向.现代传播.2000(1):109—115.

〔2〕 中国广告协会学术委员会.广告新生代.北京:中国广播电视出版社,1997:58.

〔3〕 黄合水等.中国广告教育状况研究报告.广告大观(理论版).2008(5):89—92.

图 4-1-10　厦门大学新闻传播系以广告学为专业基础开展的第四届厦门大学公益广告大赛。

各个高校根据各自的地域特点和学科优势，以不同的学科为依托，形成了不同的广告专业特色，广告教育呈现出艺术型、经贸型、新闻传播型等多元化的结构模式。厦门大学广告学专业属于新闻传播型，突出广告是一种信息传播，着重培养学生广告文案、市场调查和广告策划的能力，使学生能科学地应用各类媒体进行广告传播，并具有一定社会活动能力等。(图 4-1-10)苏州大学艺术学院视觉传达设计(广告方向)专业属于艺术创作型，突出广告是创意设计活动，着重培养学生的创意表达。广州美术学院依托珠江三角洲的地域优势，探索了一套区别于北京中央工艺美术学院(现清华大学美术学院)系统的广告设计教育体系，形成了特色鲜明的商业广告教育，当然其本质上仍然属于艺术设计教育的延伸，它不是广告学教育的全部，其教学体系是以平面构成、视觉传达、广告创意类课程居多，占据教学核心内容的是广告作品的执行层面而不是现代广告教育的产业策略层面。深圳大学广告学系的课程设置与国际接轨，重点突出人文社科基础理论、市场营销及品牌管理、媒体技术应用与操作、广告和形象设计、公共关系及沟通技术、高水平的外语交流能力与计算机应用能力等。而地处中原的河南大学则是以当时的历史文化学院为依托建立自己的广告专业，教学的重点在于对学生文化内涵和专业技能的培养，使输入社会的学生素质高、发展潜力大。其他还有一些学校以艺术学院(系)、经贸学院(系)、管理学院(系)等为依托创立各自的广告专业。同时，一些师范类院校也创立了自己的广告专业。这些学

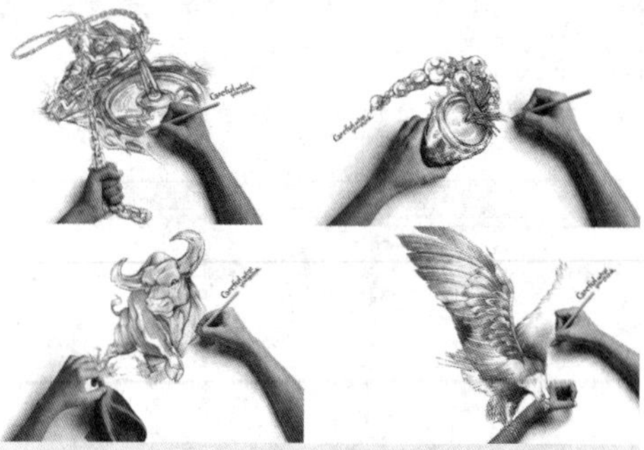

图 4-1-11　**红点奖视觉传达作品。**
图 4-1-12　**手绘的** Animaster **动画学校广告**:Careful what you think。

校都为中国的广告业发展培养了大量的各类专业人才。

（二）我国高等广告教育改革的紧迫性

我国高等广告教育自从 20 世纪 80 年代初发展以来,已走过 30 余年的发展历程,借鉴国外的先进的办学经验并结合国情已形成了一套较为完整的独特的广告教育体系,其规模从最初创办的几所院校发展到如今遍布综合性大学、艺术院校、理工院校、农校等,培养了一大批广告专业人才,进一步推动我国广告产业的发展。(图 4-1-11、图 4-1-12)目前,我国高等广告教育分博士研究生、硕士研究生、本科生、大专生四个层次教育。由于各高校广告教育在创办之初,各高校学科优势不同,其专业设置不尽相同。厦门大学的广告专业设置在新闻传播系下,北京大学设置在艺术系下,河南大学却设置在历史文化学院。另外,设置在商学院、文学院、经济学院、新闻学院、艺术学院等广告专业也不在少数。开设广告专业或广告方向大致可以分为三类:第一是以广告媒介和传播为主的专业,此类主要归在新闻与传播、中文等院系为多,倾向于培养学生的传播策划、广告管理能力以及文字方案策划与写作能力。由于课程设置借鉴新闻系的传播理论及语言学理论,因此学生偏重理论学习研究,而广告创意的视觉表现能力欠佳。第二类是以广告设计或创意为主的专业方向,其归口多为艺术院系,由于这类专业大多为艺术类招生,学生具有一定的美术基础,重点培养学生对广告作品的视觉表现与把握具有较敏锐的审美感觉,其课程设置比较全面,偏重于创新与实

图 4-1-13　2007 年第二届中国广告人才培养研讨会在深圳大学举行。

践，学生接受的思维创新训练较多，实际的动手能力强。第三类是以广告传播、经营、管理为主的专业方向，其归口仍保留在原有的工商、财经、企管院系内。

由于我国高等广告教育很大程度上取决于产业驱动，早期的广告市场对于人才的需求更倾向于艺术设计类人才。因此，早期的高等广告教育隶属于大艺术教育范畴，与广告相关的专业方向也大都设置在美术院校，并大多叫美术装潢专业。20 世纪 80 年代中期，人们在理论上将广告与美术剥离，将广告活动视为促进商品销售的经济活动而将广告归于经济学的范畴，于是，在教育领域，广告专业设置在与经贸、商业有关的院系，广告教育也成为经济学教育的一部分。所以，20 世纪 80 年代末期，我国高校广告学专业多设置在经济系、财经系、企管系、经贸学院、商学院等。为此，我国高等广告教育在一段时间内存在着学科属性和学科性质不明确，这也直接影响着高校广告人才质量的培养。近年来，我国高等广告教育的快速发展为我国广告产业发展输送了大量的人才，但过快的发展往往避免不了“质”与“量”的逻辑矛盾，高校广告教育质量难以保证。为此，从世纪之交开始，众多广告界、教育界人士开始将目光放在广告教育的“质”的提高上，人才质量的提高、人才培养模式的改革、师资队伍建设的改进、学术规范的建设、广告专业的学科建设等，成为摆在高等广告教育者面前的新问题。（图 4-1-13）

其一，教育培养质量有待提高。中国广告协会学术委员会针对北京、上海、广州三地各类广告公司所做的调查显示，在各种管理困境的排行当中，缺乏广告专业人才一项位居榜首，占77.9%。[1]然而，广告业界又不愿意接受高校广告专业的毕业生，认为他们专业不够“专业”，更多地属于“泛专业化”。原因很多，一方面是高校扩招带来的师资紧缺、教育资源紧张，另一方面是高校对广告专业学科定位模糊，专业课程设置过于庞杂。其二，人才培养模式有待改革。近年来，许多高校出于对社会潮流的追捧，或者出于招生需求，仓促开设了“广告专业或广告方向”，对于培养什么样的广告人才没有明确目标，完全抄袭一些已开办的广告专业人才培养模式，缺乏自己办学的特色，这样势必导致人才培养质量的下降。其三，师资队伍建设有待加强。《中国广告教育状况研究报告》中调查显示，我国广告专业师资队伍很年轻，34岁以下的教师占将近一半，35—44岁教师约占三分之一(32.44%)，45岁以上的教师仅占不到两成。由于队伍年轻，所以教学经验不够丰富，教师队伍的职称也偏低。具体表现在从事广告教学工作6年或6年以上的教师占64.85%，7年至15年的占29.33%，15年以上的占5.82%，获得正高职称的仅占11.93%，副高职称的占27.68%，高级职称的比例甚至比体育专业还低。另一方面是学历偏低，具有博士学历的教师仅占10.93%，本科学历的教师多达41.08%。在教师知识背景上，不管从本科学历、硕士学历还是博士学历来看，广告专业出身的教师均占少数，分别为16.85%、15.56%和8.97%。[2]不难发现，高校广告专

〔1〕 转引自祝兴平.全球化背景下中国广告教育面临的若干问题.新闻教育.2006(5):124—126.

〔2〕 黄合水等.中国广告教育状况研究报告.广告大观(理论版).2008(5):89—92.

图 4-1-14　2012 年全国广告学术研讨会在广州暨南大学举行。

业教师队伍整体素质亟待提升。其中有相当部分的老师由于并非专业广告人出身，教学授课也更多的从理论领域出发，缺乏实践基础，因此大量的应用型广告人才的培养却更多在低层次、重复性建设中徘徊。还有高校人才培养与广告企业缺乏互动、教育评估标准的多元化等问题。（图 4-1-14）

所有这些问题的存在，直接影响着我国高校广告人才培养质量。这就使得高等院校广告人才培养质量难以适应社会发展的需求。

30 多年来，我国高等广告教育由一张白纸走向规模的扩大，又由“量”的扩大走向“质”的提高，现在则是到了由“质”的提高走向“国际化”发展的时候了。“国际化”是挑战，也是机遇，我们只有紧紧抓住这一机遇，以中国经济的发展为依托，采用国际化的视野来审视中国广告学教育，找到发展过程中的优势与差距，才能最终建立起具有我国特色的广告学学科与教育体系，为中国广告业和世界广告业输送更多更好的人才。〔1〕

第二节　高校广告创意人才培养的基本思路与对策

创意经济学家佛罗里达提出“3T 研究模式”，认为创意集群对地方经济的影响主要通过三个要素实现：Technology，Talent，Tolerance，每项要素对于吸收创意人才、激励创新和促进经济增长都是必要的。（图 4-2-1）他还认为，就其自身而言也是不充分的，因为这意味着一个真正意义上的创意中心

〔1〕 黄艳秋，杨栋杰. 中国当代商业广告史. 郑州：河南大学出版社，2006：242.

图 4-2-1 **佛罗里达和他的《创意阶层的崛起》。**

必须同时具备这三点要素。[1]可以说,创意人才的聚集对于广告创意产业的发展来说有着至关重要的作用。我国广告创意产业起步较晚,发展程度与发达国家相比有较大差距,致使高层次创意人才流失严重。我国广告创意产业迅速发展的同时也引发了一个问题:人才匮乏。虽说广告从业者数量已经较为庞大,但是专业型中高端人才并不多,加上广告业进入门槛低,总体来说,除了几个经济发达城市之外,各地方对广告人才的需求是不能满足的。近几年广告行业大环境上的繁荣及需求刺激并推动了我国高等广告教育业轰轰烈烈的发展,近25年内设立广告专业的院校以几何级数增长,这使得广告学专业是近年来中国高校中发展最迅猛的专业之一。但是广告学科本身所具有的综合性、交叉性的特点是造成广告学专业在"门类归属"、"学科定位"等方面也存有分歧。如何对广告学的专业进行分析、整理、提炼进而做到符合创意产业大背景及院校本身特色小背景下的专业细分定位,走出一条培养适合地方经济发展需要的新型广告人才之路,是各大院校广告类专业求得良好生存、发展空间首先必须解决的问题。在创意产业背景下,一般院校的广告专业需要深入了解创意产业及新媒体的激变给广告带来的颠覆性的变化,以此为契机,根据地方广告人才需求状况及本院校的优良学科背景有针对性地制定专业细分方向,并通过制定相对应培养计划和教学改革实现自身的专业细分定位,谋求专业的优势发展空间。

〔1〕[美]理查德·佛罗里达.创意创层的崛起.司徒爱勤译.北京:中信出版社,2010:287.

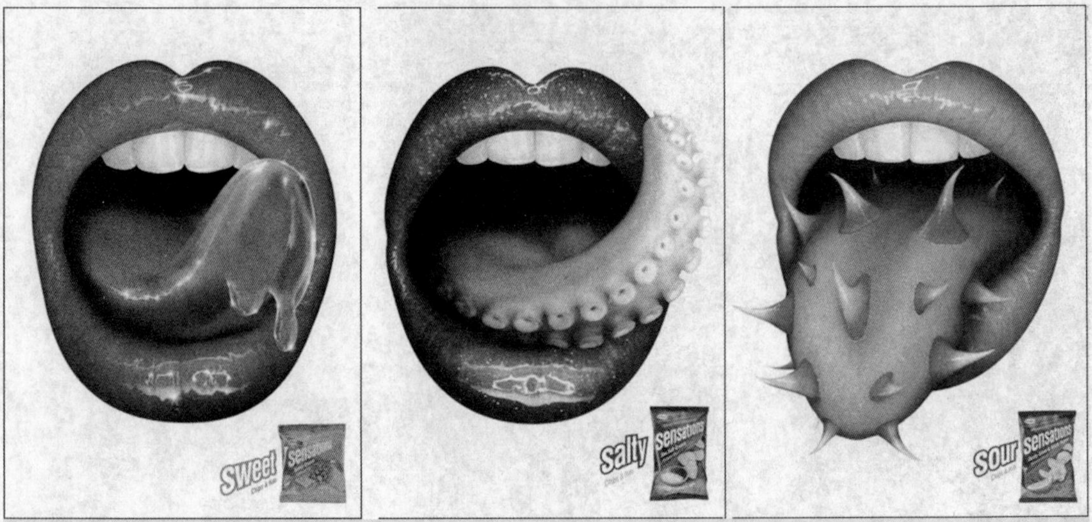

图 4-2-2　英国 Sensations 薯片平面广告创意。

一、广告产业与高等广告教育的互动关系

（一）广告产业是文化创意产业的重要组成部分

在《英国创意产业路径文件》中首次提及的作为文化创意产业的 13 个行业，广告产业列为首位。随后，包括澳大利亚和新加坡在内的许多国家都沿袭了英国对创意产业的定义，将广告业纳入到文化创意产业领域。相对来说，我国将广告业纳入文化创意产业较晚，直至 2006 年在召开的中国创意产业大会上才真正纳入其中。从广告业位列英国文化创意产业的 13 个行业之首，我们也可以看出广告业不仅从属于于文化创意产业，而且在其中占有突出的地位。（图 4-2-2）尽管各个国家对文化创意产业没有统一的界定范围，但对于广告产业作为文化创意产业的重要组成部分已成为基本共识。

广告产业作为文化创意产业的重要组成部分，它与文化创意产业的其他相关产业的关联度很高，尤其与传媒产业相关联度特别高，广告经营是报纸、电视、广播等大众媒体最重要的利润来源。香港作为亚洲创意之都，也被誉为亚洲广告之都。2002 年，香港的广告产业的就业人数在其文化创意产业就业人数中排名第三，并且也是香港最大输出项目。（图 4-2-3）2008 年，英国的创意产业 GVA 总产值是 59000 百万英镑，其广告产业的 GVA 是 7800 百万英镑，是仅次于软件及电子出版和出版产业的第三大文化创意产业。2010 年，英国文化创意产业有 182100 家企业，其中广告业有 14800 家企业，在所有文化创意产业的企业中排在第三位。[1] 从我国广告市场重

[1] 佘世红.文化创意产业视阈下中国广告产业发展的思考.广告大观（理论版）.2013(1)：28－33.

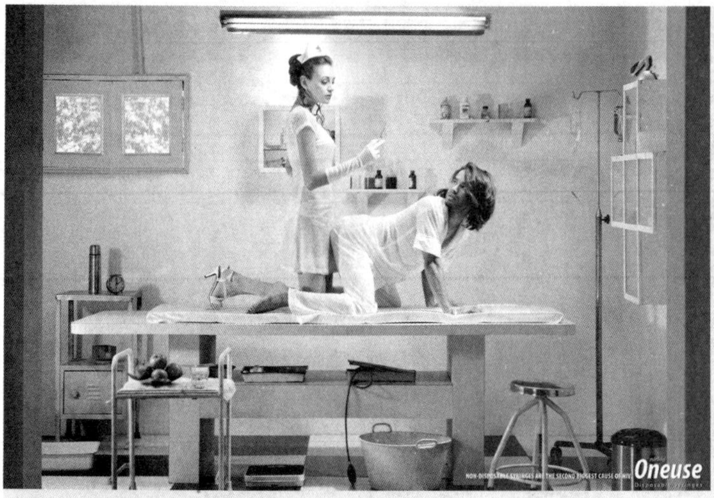

图 4-2-3 香港爱滋病公益广告。
图 4-2-4 2008 年奥运会招贴设计(作者：高江涛)。

启到 2007 年，中国的广告产业平均增长率高达 35%，可以说，广告产业是改革开放 30 年中增长速度最快的产业之一。[1] 2006 年中国广告经营额达 1573 亿元，2007 年中国广告经营额达 1740.963 亿元，2008 年中国广告经营额达 1899.5614 亿元，2009 年中国广告经营额达到 2041.0322 亿，2010 年中国广告经营额达到 2340.5 亿元，2011 年中国广告经营额达到 3125.5 亿元，广告经营单位达到 29 万余户，广告从业人员 167 万多人，我国广告市场总规模已跃居世界第三。[2] 各地区广告产业也获得了发展。北京自 2004 年至 2009 年期间，广告会展产业除 2008 年因奥运会大幅度增加外，所占文化创意产业比例一直在 6.7%以上，每年吸纳就业人数达 9 万。[3]（图 4-2-4）可见，广告产业在文化创意产业发展中占有重要地位。

广告产业与文化创意产业之间的关联性是与生俱来的，它们都是以文化为基础。广告产业是文化创意产业的重要组成部分，但广告产业又不同于其他的文化创意产业，它既有文化创意产业的共性，也有其独特的特性。广告产业的出现早于文化创意产业，广告产业与文化创意产业一样属于典型的知识密集、技术密集、人才密集三位一体的行业。但广告产业作为一个生产或塑造企业或产品的品牌形象的产业，它具有内容供应商和中介的双重角色，使得广告产业的产业转变及构成不同于其他的文化创意产业。“对于电影、音乐、设计、出版等传统的产业而言，他们在文化创意产业中主要是作为内容生产商而存在的，流通、传播等则借助于广告等其他营销方式。当然广告也同样是

〔1〕 张金海.中国广告产业发展 30 年的制度检视.转引自童宾.技术、制度与媒介变迁.上海：复旦大学出版社，2009:259—266.

〔2〕 佘世红.文化创意产业视阈下中国广告产业发展的思考.广告大观(理论版).2013(1):28—33.

〔3〕 张京成.中国创意产业发展报告(2011)(上册).北京:中国经济出版社，2011:35—51.

图 4-2-5　UPS2007 至 2008 年北京奥运平面广告《鸟巢篇》《跳高篇》《赛艇篇》。

作为内容生产商存在的，但是因为其又有中介的双重身份使它具有了作为中介环节的特征和属性。”为此，广告产业必须承担好两个角色，即“一方面是要为自己做广告，另一方面要为其他创意产业做广告。”[1] 广告产业这一双重身份无疑决定着其特殊职能与地位。

事实上，在文化创意产业中，广告确实是最注重创意的产业之一，它是以创意为手段，以促进销售为目标的产业。如果说广告产业是文化创意产业的先导者，是文化创意产业的领头羊，那么创意就是广告产业的核心与灵魂，是广告产业的核心竞争力。(图 4-2-5)如何成为文化创意产业的核心部分，必须使广告产业升级，应更专业、更多元、更丰富，竞争方式也应由渠道竞争转变为品牌竞争。正如《创意产业的机会与挑战》一文中写道：“现在的创意已不能满足于仅仅让消费者关注了，而是应该形成消费者和观众对这个品牌体验的感知，最好是在经验和信息中间建立一种不间断的期待值，来形成他对品牌的依赖。”[2] 为此，广告产业要承担好中介的这一重要角色，强化品牌意识，努力发挥其他文化创意产业不能达到的助推作用。对于广告产业来说，具体表现在以下几个方面：一是广告产业强调业者与客户双方互动的创新；二是注重广告产品的多样性和差异性；三是突破体制束缚，打破行业界限，培养高端创意人才；四是广告应朝着产业化、集群化和国际化发展。[3]

广告产业作为一个充满创意、附加值高的创意产业，在文化创意产业发展的大背景下，将迎来新的发展机遇。首先是

〔1〕 丁茜茜.试论广告文化创意产业的发展趋向.现代视听.2011(8):9－12.

〔2〕 高峻.创意产业的机会与挑战.广告人.2006(7):50－52.

〔3〕 刘永保.从创意产业特征看中国广告产业升级.转引自陈培爱.创意产业与中国广告业.厦门:厦门大学出版社,2008:36－41.

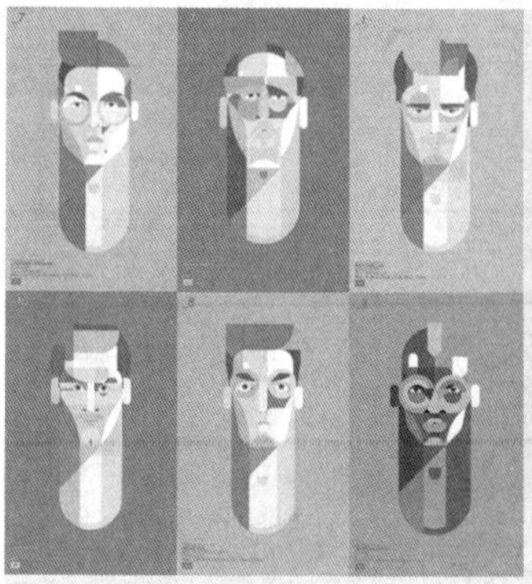

图 4-2-6　世界杯巴西 2014 来自不同的国家足球运动员的系列画像：马蒂瑞芭插图画像来自葡萄牙的克里斯蒂亚诺·罗纳尔多，里贝里来自法国、西班牙的卡西利亚斯，梅西在阿根廷，从德国梅苏特·厄齐尔，巴洛特利来自意大利。每个肖像包含额外的信息，比如玩家数量，位置，足球俱乐部，国家队，个人鞋赞助商。

图 4-2-7　ESPN(Entertainment Sports Programming Network，美国娱乐和体育节目网)于世界杯开赛前公布了由巴西艺术家克里斯蒂亚诺·斯奎拉(Cristiano Siqueira)制作的一套世界杯宣传海报之一德国画面设计新颖，表现手法夸张，采用复古漫画式的手绘风格。

广告发布媒体的扩展。面对新媒体的出现，广告媒体必须利用和控制媒体，迎接新媒体带来的广告机会和广告模式，提高广告地位。其次是广告服务内容的延伸。广告企业要转变观念，不仅提供传统广告业务的同时还要参与产品研发、设计、品牌管理等活动。再次是广告制作水平的提升和专业人才的培养，以及广告经营管理水平的提高。(图 4-2-6、图 4-2-7)

(二) 广告产业推动高等广告教育改革

正如前述，广告产业作为一种高新技术产业，是文化创意产业的主力军，其对创新性人才地需求不言而喻。

改革开放 30 多年来，我国的广告高等教育得到快速发展，由此推动了中国广告产业飞跃发展，也对中国的经济发展作出了贡献。广告业界对中国广告教育的期望与要求，永远是在不断地变化与调整中，也永远不满足于广告教育所提供的人才。这不能仅仅埋怨广告业界人士的“苛刻”，而是由广告产业的特性所决定的。“多年来广告业界的一种声音还未散去：就是大学不必办广告教育！其理由很简单，现任的广告业界的老板大部分未经过广告专业培养；大学里教广告的教授未必能完成企业的一项重大营销策划方案；广告专业的毕业生未必能立即为广告公司赚钱”。[1] 存在这种说法也是有一定的道理。北京工商大学“企业广告人才研究”课题组对全国部分广告企业进行了调研，重点研究了企业里高校培养的广告人才素质和知识结构和个性特征。调查结果显示：广告人才培养类型过于狭窄，人才定位不清晰；广告人才培养与实际

〔1〕 陈培爱.广告创新型人才培养的思考.转引自杨立川.创新与和谐：当代中国广告学研究与广告教育.西安：西北大学出版社，2007：3—12.

工作脱节;课程体系的构建与广告人才素质需求存在矛盾;广告人才的创造力开发不够等。[1] 中国广告协会对北京、上海、广州等城市广告公司进行了问卷调查显示:广告创意人才需求缺口达74%,广告产业的发展受到严重制约。一方面,广告作品缺乏原创,大量抄袭模仿;另一方面,优秀创意缺乏成熟运作,难以实现经济价值。[2] 中国需要什么样的广告人才?正如一位资深的广告人给出的答案,中国需要的广告人才应该是能面对不同企业的不同问题,提出不同的解决方案,能够解决实际问题的人。他们不但要有好的文字能力,长于方案写作;好的设计表现能力,精于震撼性的设计;好的语言表达能力,善于沟通;好的策略分析能力,勤于思考;而且能进行企划、营销、设计、管理等工作;最关键的一点就是要具有创新的能力。[3] 同时,新兴媒介技术的发展为广告产业发展带来机遇与挑战,这对广告人才培养提出了新要求,表现以下两个方面:一是要求广告专业教育打破原有专业框框,朝着更多新兴的知识领域辐射漫延,拓展广告专业的人才种类,培养更多不同营销传播领域的专业人才,以满足产业规模化与集聚化的发展要求;一是通过设置集约化开放式的广告专业课程体系,提高各类广告人才的专业能力与素质,以保证产业的核心竞争力。[4]

面对广告产业对高层次广告人才的紧迫性,高等广告教育理应担当起人才培养职责,结合广告产业对人才的新要求,确立人才培养目标及素质要求,改革人才培养模式,积极培养

〔1〕 高丽华.企业的广告人才素质及对广告教育的启示.新闻爱好者.2009(18):82-83.

〔2〕 钟羽.广告创意人才培养刍议.转引自陈培爱.创意产业与中国广告业.厦门:厦门大学出版社,2008:296-300.

〔3〕 商超余.我国高校本科广告人才培养现状解析.转引自武汉大学媒体发展研究中心,武汉大学新闻与传播学院,武汉大学“新闻传播与媒介化社会”创新基地.中国媒体发展研究报告(2009年·广告卷).武汉:武汉大学出版社,2012:309-311.

〔4〕 吴红.从广告产业发展趋势看当前高校广告教育存在的问题.广告大观(理论版).2009(6):90-93.

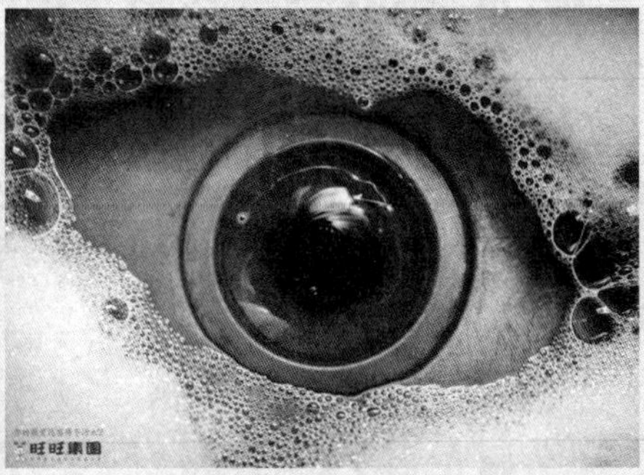

图 4-2-8　2013 第五届全国大学生广告艺术大赛海报，“创意我突破”是第五届大广赛的主题。通过大赛构搭实践平台能够激发大学生创意正能量，从而迸发出创意的灵感，使创意突破而出。

图 4-2-9　第 22 届金犊奖之旺旺公益广告获奖作品（眼睛篇）。

广告产业相适应的高层次复合型人才。

二、高校广告创意人才培养的基本思路与对策

作为一种软实力，文化越来越成为民族凝聚力和创造力的重要源泉、综合国力竞争的重要因素、经济社会发展的重要支撑。加快发展文化产业，必须构建结构合理、富有创意、竞争力强的现代人才培养体系。广告设计专业作为国家文化软实力建设中的一部分，亟须进一步改革人才培养模式，与国家建设社会主义文化强国的文化改革发展奋斗目标相适应。伴随改革开放以来广告市场发生的剧变，我国高等广告教育也经历了 30 余年的发展探索。高校作为广告人才培养的主要阵地，结合自身特点和对市场需求，理应确立复合型广告人才培养目标，形成多元化人才培养模式格局，如分别侧重于理论研究、技能应用、经营管理的差异，或注重于信息传播、市场营销、设计制作等具体的偏向，亦或服务于地方、面向国际的不同视角，而复合型广告人才培养目标的设定则是以中国广告发展需求和未来走向为依据的。（图 4-2-8、图 4-2-9）

（一）创新现代广告人才理念，创新人才培养模式

众所周知，广告业在扶助民族文化产业、参与国际化竞争等方面的作用日趋增强，为此高等广告教育自然需要与国际接轨，培养与国际广告业发展相适应的专业人才。经济的竞争源于文化的比拼，“文化大发展，大繁荣”昭示着中国当前发展的主旋律，也进一步推动了文化创意产业的前进。广告作为文化创意产业中发展速度最快产业之一，正向以创新为核

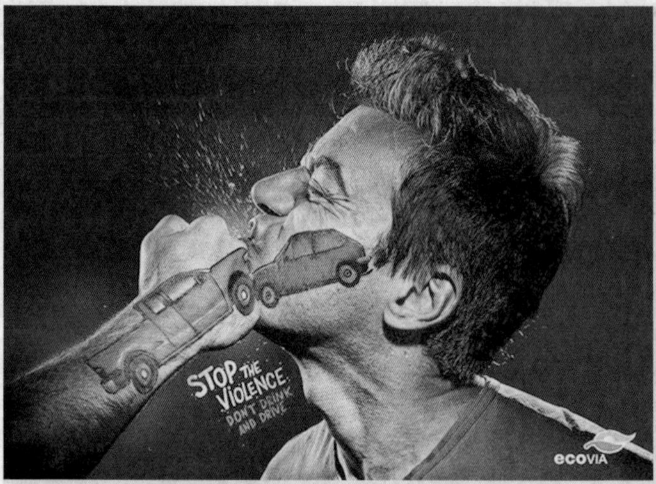

图 4-2-10　创意平面广告巴西 Ecovia 交通运输公司公益广告。(文案是:停止暴力！不要酒后驾驶！)

心竞争力的全新产业类型转变升级,广告教育输送的人才正在其中发挥着不可替代的能量。

中国传媒大学文化发展研究院研究员蒋多说:“如今行业变革与整合速度,乃至创新和颠覆传统的速度远远超出我们的想象,文化创意人才必须具有很强的创造思维和创新能力,具有某方面的天分甚至艺术家个性,同时还具备高端服务型人才的基本素养,这些特性仅通过现有的模式化、标准化的学校教育来孵育是很难完成的。所有从现有教育体制下毕业的文化创意人才进入行业后会出现严重不适,表现在思维观念、知识结构和能力素质等各个方面。”[1]广告行业人才状况也是如此。从行业整体需求发展来看,当前我国广告产业需要的是理论创新和实践创新能力兼备的复合型专门广告人才。

为此,高等广告教育需要首先创新教育理念,明确广告人才培养目标,探索多元广告人才培养模式,以适应快速发展的广告业发展需求。(图 4-2-10)

首先,创新教育理念。我国高等广告教育历经多年的发展,各高等院校依托自身传统学科优势及地区优势,整合相关学科专业资源,形成了各自办学特色。其办学规模和专业数量也已达到较高程度。然而,随着广告产业快速发展,其人才紧缺已成为一个瓶颈,主要表现在:人才短缺无法满足产业发展需求;人才结构不合理制约了产业的发展,尤其是缺少一大批高层次的领军人才;人才专业化程度不高影响产业发展水平。这也反映了我国高等广告教育在人才培养方面存在亟待

〔1〕 毛俊玉.弥补文创人才缺口,还需做什么.中国文化报.2014－02－22.

解决的问题。例如，广告产业的学科归属不明确，到底是归属新闻与传播学、设计学，还是经济学；广告人才培养和市场需求相脱节，教学方式不符合人才特点；师资队伍建设及教学设备还远远无法满足人才培养的要求。为此，我国高等广告教育理应转变观念，确立创新型广告教育理念，以“服务市场、引领市场”的科学办学理念，规范学科专业建设，培养具有创新精神的复合型广告人才。

其次，明确人才培养目标。高等广告教育在新时期到底要培养什么样的人才？在某种意义上讲，这主要取决于当前广告产业的发展。北京市社科院文化创意产业研究中心主任郭万超认为，要加快培养引进三种关键人才：一是高端原创人才，这是由广告产业作为内容产业所决定的；二是复合型人才，这是由广告产业作为文化、经济、技术的复合型产业所决定的；三是研究型人才，这是广告产业的前沿性所决定的。广告作为现代产业，属于知识、人才、技术密集一体的产业，其活动不仅传递商品信息，而且还传递各种社会生活信息、政治信息、文化信息等。因此，随着全球化、信息化和数字化的迅猛发展，“广告不单是推销商品的工具和手段，它还承担着社会生产、生活以及人类一切社会活动的广泛的沟通职能。”[1] 可见，广告除了推销商品的功能，还肩负着宣传人类优秀文化、指导人生和教育的社会功能。这无疑给高等广告教育发展明确了方向与目标。

“专业性、适应性和差异性即是衡量创新型广告人才培养目标的三个重要指标。专业性首先体现在拥有过硬的技能本

〔1〕 李鹏.基于人本理念的广告创新型人才培养模式.转引自杨立川.创新与和谐：当代中国广告学研究与广告教育.西安：西北大学出版社，2007：102—109.

图 4-2-11　2011 戛纳广告节平面类金奖作品：Bund（每 60 秒都有一个物种灭亡，这是 SCHOLZ & FRIENDS 为 Bund.net（德国保护自然组织网站）做的公益广告，画面发人深省，执行相当给力。）

领，它是所谓人才的基础要件，这既包括扎实的理论知识，也涵盖独立思考、分析、质疑、解决问题的能力。其中深厚的知识积累是理论创新的保障，而胜任工作的水平则决定着实践中创新的效果。此外专业主义更加表现于在利益诱惑面前对职业操守的坚守程度上，因为只有专业信仰才是持续创新的动力和遇挫而进的勇气。其次，广告人才需要面对的是变幻莫测或随时可能发生剧变的市场相关问题，文化信息传播也需要随语境的迁转而寻求新的最佳的方式，所以创造性的适应动态环境是创新型广告人才所必备的素养。第三，稀缺的优势能最大可能地满足行业对人才的需求，建立差异化的优势是人才培养定位的核心依据。值得一提的是，以往的差异常出现在培养单位之间的比较上，却忽视了定位需要追随动态变化而定的特点，发现并鼓励人才形成个体差异才是创新型人才培养所追求的更高层次。”[1] 因此，我国高等广告教育理应以确立以市场为导向、广告产业发展为目标的人才培养目标，即不仅培养学生的广告专业理论知识、实际操作知识，也要注重培养学生的解决事物、分析事物的能力。“具有独创意识并了解受众需要是广告创意人成功的重要条件，从这一层面来说，广告创意人应是‘半个诗人加上半个商人’”。[2]（图 4-2-11）

其三，建立多元人才培养模式。所谓人才培养模式“是在一定的教育思想指导下，培养目标、教育体制、教育过程诸要素的组合”。[3] 经过多年的摸索和探讨，我国高等广告教育显现出不同的办学特色，其办学模式也表现出较大的差异性。

〔1〕 刘磊.创新型广告人才培养探究.新闻界.2012(3):73－76.

〔2〕 刘建萍，陈思达.广告创意概论.北京:中国人民大学出版社，2011:330.

〔3〕 李鹏.基于人本理念的广告创新型人才培养模式.转引自杨立川.创新与和谐:当代中国广告学研究与广告教育.西安:西北大学出版社，2007:102－109.

图 4-2-12 “远离艾滋、和谐生活”公益海报创意设计大赛金奖作品《enjoy true life——交融篇》(作者：张勇)。

主要原因在于，一是办学的指导思想不同；二是办学的条件不同；三是办学的方法也有所不同。同样，不同的院校也因办学特色差异也形成了不同的人才培养模式。由于历史或现实的原因，我国许多高校依托各自的学科优势，在新闻与传播学、设计学等学科专业下设立了广告或与广告相关的专业方向，培养了大量社会急需的广告人才。广告不仅具有传递各类信息功能，属于一种传播行为；是一种社会文化发展的产物，属于一种文化现象；同时它具有信息经济的特征，是市场经济运行的结果，属于一种经济活动；也具有传递政治、社会、文化信息等功能，遵循社会学的准则和规律。因此，高等广告教育理应充分依托高校综合学科优势，准确地把握各学科之间的渗透和融合特征，建立多学科视野下广告人才培养模式。(图 4-2-12)

（二）改革课程体系，创新实践教学

首先，以市场为导向，改革课程体系。合理的课程体系是实现复合型广告人才培养的基础。课程体系作为专业教学计划的重要内容，是实施专业人才培养的主要载体。广告产业是一个瞬息万变的行业，是一种服务性的技术产业，新媒体、新设备、新材料、新技术的出现和应用促进了广告业的发展，拓宽了广告的创作、创新空间。其特性决定了广告人才的培养必须基于市场大环境中。江南大学设计学院李彬彬教授所带领的课题组对国内具有代表性的六所高校广告学专业课程组合设置进行抽样调查显示：单纯的理论课程已经无法满足社会对人才能力的需求，市场对复合型创新型广告人才的需

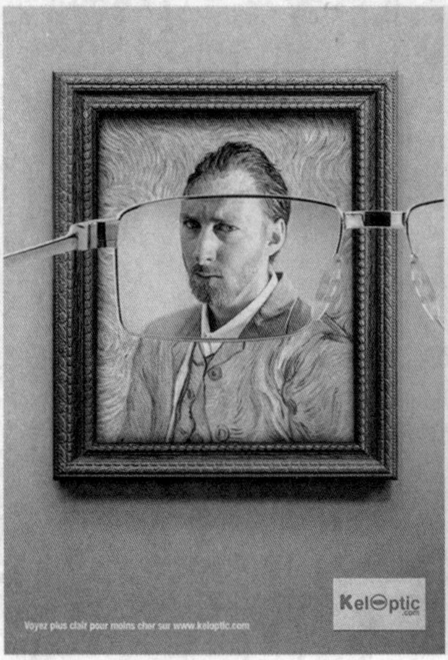

图 4-2-13 创意平面广告：Keloptic 广告，法国眼镜公司。油画是梵高的自画像。按语说：Turning Impressionism into Hyper realism. 把印象主义变为超现实主义。

要反映在专业课程的设置上，广告公司、广告主、广告媒体等广告业用人单位对高校广告学理论、市场理论、客户理论以及大量社会实践相结合的课程体系评价较高。最被认可的课程设置具有宽厚的通识基础和学科交叉的复合特点。[1] 为此，高校广告专业课程体系要从社会需求出发，以市场导向，改革与优化课程体系，构建具有前瞻性的课程体系，以适应新时期广告产业发展的需求。在课程设计上，一方面高校强化广告学与市场等相关理论与广告实践的结合，另一方面在高校与广告用人单位共建广告人才的培养机制下优化对课程设计。

从社会经济整体发展来看，快速发展的文化产业需要更多的广告设计人才。(图 4-2-13)同时广告行业整体水平的提升对广告人才的培养质量提出了更高的要求。正如前述，现阶段我国的广告设计人才培养大体可以分为三类：高等院校设计类专业教学体系培养的广告设计人员、中文或经济管理专业培养的广告策划人员和其他专业培养的客户服务人员。从广告产业特征来看，广告是一个涉及传播、市场营销、市场调研、创意设计、广告文案、艺术设计、广告媒介等多学科领域的现代社会学科。可见，创作优秀的广告作品不仅需要广告创作人员要具备准确有效地传播广告信息能力，更要具有艺术美感。就当前高等院校广告相关专业的课程体系来看，课程设置相对单一，往往将广告这个科学系统人为地割裂开，从而导致在艺术学院学习广告设计专业学生不懂市场调查、营销策划、新闻传播与消费者心理等专业知识；在新闻与传播学院学习广告专业的

〔1〕 李彬彬，李琴，王丽文.创新型广告人才培养模式的实证研究.江南大学学报(人文社会科学版).2006(3)：108－111.

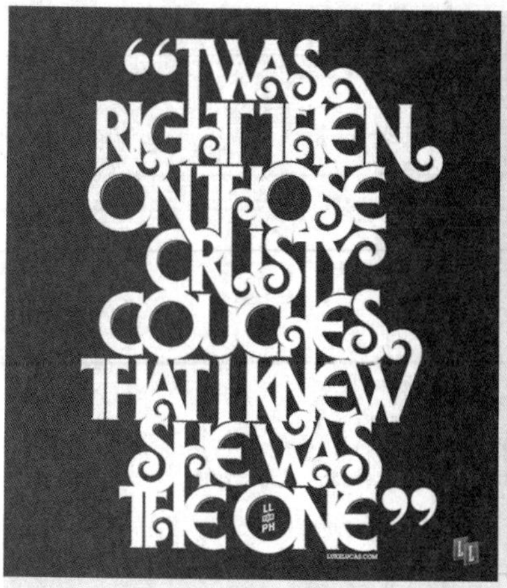

图 4-2-14　排印海报设计：一个关于印刷字体的优秀案例——这个设计将简洁的白色置于黑色的图形中，从而增强了吸引力。

图 4-2-15　排印海报设计：一个用 Cinema4D 制作文字的精彩案例。

学生仅学习广告策划之类知识，不学习版式、色彩、视觉形式等艺术知识。针对此，在课程设置上，高校必须打破学科界线，拓宽专业口径，增加与广告学相关的专业课程，注重培养学生综合素养的培养，尤其是人文素养的培育。广告活动作为一种的文化活动，最终要艺术地表现出来，应以艺术化的表现手法渲染作品的意境，提高广告的艺术品位，强化广告的市场效果。(图 4-2-14、图 4-2-15)“广告是社会文化的一种形态，是大众文化的重要组成部分。广告的作用不只是单纯地宣传产品、刺激消费，其更为微妙的任务在于影响人们的日常生活行为，改变人们的生活方式和价值观。广告不仅是文化的载体，同时也代表着新兴的文化。现代广告学是一门以文化为本位、以生活为基础、以现代需要为导向的学科。”[1]可见，广告作为一种特殊的文化活动，要求广告人才具有独特的创造性思维活动和人文素养。这就要求高校在课程设置上不仅要以市场为导向，同时也要注重人文素质的培养。上海师范大学人文与传播学院金定海教授始终认为，广告创意人才应秉承传统文化的创意观，应在广告专业的课程设置中加入“文学经典导读”这门基础课，主张培养学生熟悉中国传统文化乃至思维方式，善于运用本土文化元素贯通专业，善于从文化的角度思考问题解决方案。[2]

其次，以校企合作为平台，拓展实践教学空间。广告作为一门应用性学科，实践教学环节是广告专业学生了解行业需求、锻炼自我的一个有效途径。为此，高等广告教育一方面可以在广告专业课程上加强改革，包括教学模块的实践创新、内

〔1〕 刘建萍，陈思达. 广告创意概论. 北京：中国人民大学出版社，2011：332.

〔2〕 吴冰冰. 广告的诗意与深度——金定海广告教育与学术思想研究. 广告大观(理论版). 2006(5)：64—69.

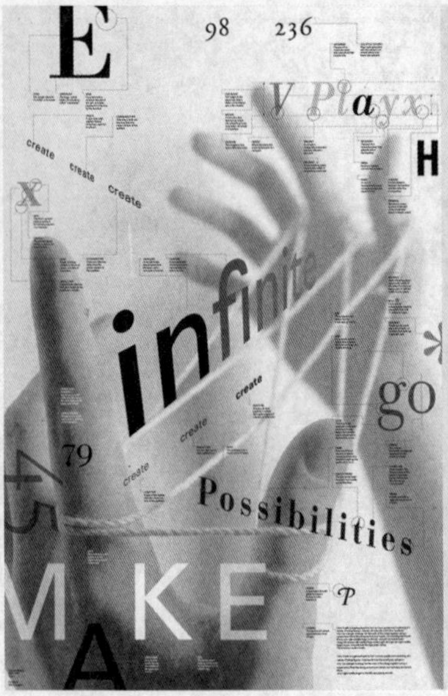

图 4-2-16　排印海报设计：一张探索图像和信息排版的集成的海报。

图 4-2-17　排印海报设计：一张对目前平面设计趋势做了许多惊人的预测，设计于2010年1月。

容的实践创新以及教学模式的实践创新；另一方面，以校企合作为平台，加快产学研合作步伐。中国共产党十七届六中全会《决定》提出："鼓励和扶持高等学校和中等职业学校优化专业结构，与文化企事业单位共建培养基地。"这为解决我国广告人才培养中存在的重理论轻实践问题、形成产学研合作的培养机制指明了发展方向。暨南大学广告学系与广东省广告公司合作，开设"广告学法"训练营。训练营聘请广东省广告公司人员为学生开设系列讲座课程，讲座涵盖广告公司中的广告策划、创意表现、媒体策略、客户服务等广告运作的环节，并进行实战训练与指导。培训结束后，广告省广告公司从训练营中遴选若干优秀学生，分别赴广东省广告有限公司旗下分公司实习，全面锻炼广告整体运作和社会实践能力。[1]可见，高校与广告企业应加强合作，依托双方资源，优势互补，发挥社会和实践教育对高校广告教育的补充与扩张职能，进一步加强复合型和应用型广告人才的培养。同时，高校还可以以项目带动教学，构建大学生广告创意创业中心，实现学校、市场、社会贯通，为广告专业学生提供一个实践平台。项目教学法最显著的特点是"以项目为主线、教师为主导、学生为主体"，改变了以往"教师讲，学生听"被动的教学方法，创造学生主动参与、自主协作、探索创新的新型教学模式。[2]广告作为实践性较强的专业，高校通过学习项目的教学，可以使广告专业学生在校内就可参与从广告从市场定位到设计创意、制作发布的全部过程，使学生在学习中实习，在实习中学习。（图 4-2-16、图 4-2-17）

〔1〕　参见杨先顺.建构我国广告创新型教育模式的思路——兼谈暨南大学广告学系的尝试与实践.当代传播.2008(5)：87－90.

〔2〕　杨蓓.广告设计人才培养模式研究.艺术教育.2012(6)：150－157.

第五章　服装产业与高等服装艺术教育

第一节　服装产业与高校服装教育发展现状

从20世纪80年代中期开始近20多年来，高校服装教育发展取得了喜人的成绩。但与发达国家和地区相比，我国高等服装设计教育观念及人才培养模式仍然普遍滞后。尽管高校服装教育在服装学科和人才培养方面为社会提供了大量的人才，对推动服装产业的发展做出了巨大的贡献，但服装产业与高校服装教育发展之间仍然存在不平衡关系，一方面有服装产业升级转型带来的挑战，另一方面也体现在高校服装创新人才培养模式的不适应性。

一、中国服装企业发展及其面临的困境

从当今世界范围来看，第三次技术革命以来，现代科学技术的飞速发展深刻改变了传统的观念及服装产业的发展，也带来我国服装产业的巨大进步。1991年1月，《中华工商时报》文章载道，一些发达国家的制衣商正盯着中国这一巨大市场空间，喊出了"到中国去办厂"的口号。这是中国服装产业发展的一大机遇，以成本低廉吸引了世界各国服装大集团落户，从此，中国服装产业进入了世界经济圈。短短的几年，到1994年，中国服装产业迎来了第一辉煌，中国服装生产和出口开始位居世界第一，实现了我国服装业的第一次产业升级。国门的打开、市场的开放、国际服装大牌的涌入，给中国服装企业带来了前所未有的机遇与挑战。中国服装企业面对巨大的冲击深感自身的不足与差距，迫切需求缩短与世界品牌的

图 5-1-1　刘洋 1995 年获首届“中国十佳服装设计师”榜首。
图 5-1-2　2004 年“中国十大名牌服装”。

差距，加强与世界的交流与学习。1992 年邓小平的南方讲话犹如一股春风，给中国服装企业发展提供了机遇。改革制度、紧扣需求、引进人才、瞄准信息、拓宽网络、乡镇企业改制，带动了生产体系的全面改革，使中国服装企业生产力得到了极大的释放。与此同时，设计的重要性被提到了前所未有的高度，服装设计人才也得到重视。自 1995 年以来，每年都将评出十名最佳中国服装设计师。(图 5-1-1)中国服装设计自此有了自己的形象与话语，一大批富有原创精神及国际视野的设计师破土而出。在机遇与挑战之间，一大批中国服装品牌诞生了，中国服装产业开启了自创品牌的时代。如蒙妮莎、雪豹、雪莲、美尔雅、杉杉、李宁、红豆、乔士、天坛、开开十个品牌的服装被评为 2004 年“中国十大名牌服装”(图 5-1-2)，这是中国服装协会等组织第一次对全国 74 个大中城市服装市场与品牌进行调查推选出来的。自此，中国服装品牌开始成形，步入大格局。

与此同时，中国纺织品已越来越受人关注，中国服装也正悄悄走进国外消费者的心中。据海关统计，“1994 年我国纺织品和服装出口继续大幅增长，表现出强劲的竞争力。全年出口创汇达 355.5 亿美元，增长 28.7%，纺织品出口 118.3 亿美元，增长 35.8%，服装出口占纺织品和服装出口总额的 66.7%。需要指出的是，1994 年 12 月份纺织品和服装出口额达 49 亿美元，比 1993 年 12 月份增长 27.7%，比 1994 年 11 月份增长 36.9%，是历史上出口创汇最多的一个月。1994 年我国对外贸易总值达 2367 亿美元，增长 20.9%。其中，出口 1210 亿美

图 5-1-3 乡镇企业:上海舒乐衬衫总厂。

图 5-1-4 曾任纺织工业部纺织工业设计院院长、纺织工业部副部长、中国纺织总会副会长、国家纺织工业局局长、中国纺织工业协会会长、中国纺织政研会会长杜钰洲先生。

元,增长 31.9%;进口 1157 亿美元,增长 11.2%,顺差 53 亿美元。”[1] 中国服装业的发展依赖于国内外巨大的市场需求。改革开放以来,我国居民的成衣率明显提高,从 1978 年的不足 25%提高到 2000 年的 80%以上。1994 年以来我国人均衣着消费支出保持着 20%以上的快速增长的局面,2000 年已达到 747.52 元,占人均生活收入的 20%。[2] 可见,1994 年中国服装产业因生产和出口在世界服装舞台上扮演着举足轻重的角色,并占有一席之地。当然,乡镇服装企业功不可没。据调查,全国服装行业的中外合资、合营企业主要在乡镇,这类企业主要分布在东南沿海乡村。上海市松江县海欣服装有限公司一年出口创汇达 2095 万美元,占整个上海郊区 200 多家中外合资企业创汇总额的四分之一以上。乡镇企业还创造出一大批优质名牌时装,比如,上海奇安特旅游鞋、上海舒乐牌衬衫(图 5-1-3)、天津名牌四羽毛夹克等。[3] 之后,创品牌、重设计、建渠道成为了中国服装产业发展的一个鲜明特征。1996 年 4 月,时任中国纺织工业总会副会长杜钰洲在全国服装行业工作会议上发表“名师工程”战略宣言。(图 5-1-4)1997 年,全国纺织服装行业工作会议正式提出了“名师工程”战略宣言。同年,在中国服装协会的工作报名中,又提出了“三名”工程,即名企、名师、名牌工程,为中国服装品牌战略发展确立了发展方向。与此同时,这在很大程度上大大提升了中国服装设计师的社会地位,也在客观上起到了引导中国服装企业界重视设计、重视设计人才、寻求品牌核心竞争力和差异化竞争

[1] 徐国营.1994 年纺织品出口达 355.5 亿美元.中国服饰报,1995—02—10.

[2] 转引自邹平,顾韵芬.论服装产业发展及其专业人才的培养.中国职业技术教育,2004(12):14—16.

[3] 王言彬.乡镇企业生产服装唱了主角.中国纺织服装,1991—03—16.

图 5-1-5　王新元、张肇达联手打造高端女装品牌“法涵诗”。
图 5-1-6　沈阳黎明服装集团与日本小筱顺子合作，开发“黎明”高级女装。

的作用。被誉为服装业界“巴顿将军”的杉杉集团总裁郑永刚，率先开始服装品牌的应用，开启了中国服装业品牌创立之先河。杉杉集团又以重金聘请了王新元、张肇达两位设计师打造高端女装品牌“法涵诗”(图 5-1-5)，成为用设计求创新的前瞻之举。至此，国内服装企业纷纷响应，兴起了一股设计师与企业“联姻”热，如“雅戈尔”签约设计师刘洋、谢锋情系圣三利，赵玉峰联姻黎明，吕越携手富威格。武学伟、武学凯兄弟在荣膺第四届“兄弟杯”中国国际服装设计师作品大赛金奖后先后在杉杉集团、天津应大皮革时装有限公司担任首席设计师。在国际一线品牌包括杰尼亚、博百利、爱马仕、乔治·阿玛尼、路易威登等率先进驻中国市场时，国外著名设计师纷纷受聘于中国知名服装企业。1996 年，红豆集团以百万年薪聘请了加拿大籍华人陈忠，太和集团聘请了马蒂，东北沈阳黎明服装集团与日本著名时装设计师小筱顺子携手合作(图 5-1-6)。这足以说明中国服装业从 20 世纪 80 年代以技术引进、设备引进为主转向人才引进，由硬件的引进转为软件引进，这应该说是中国服装产业的一大飞跃。

同时，具有实力的中国服装品牌逐渐开始在国际市场中崭露头角，再次显示了中国服装产业的实力与成就。2000 年 6 月 5 日至 7 日，一场“千禧年中国纺织品、服装贸易展览会”在美国纽约举行(图 5-1-7)。在参展的国内 200 多家企业中，汇集了国内一大批知名的自营出口企业，如深圳华联，江苏阳光、百花以及无锡庆丰、协新，湖北美尔雅、多佳、宁波维科、杉

图 5-1-7　第 15 届中国纺织品服装贸易展览会在纽约开幕，来自中国、美国、印度、韩国、意大利等 23 个国家和地区的 757 家参展商参展。

图 5-1-8　雅戈尔国际服装城。

杉、罗蒙、雅戈尔，上海三枪，山东如意，内蒙古鹿王等，他们带去了优秀的产品，包括各类针、梭织服装，丝绸服装，各类针、梭织服装面料、家用纺织品，两纱两布及各类服饰品等，充分展示了我国纺织服装业的整个实力。短短三天的展期，吸引了当地 1110 多家贸易企业的 2000 余名客商参观洽谈，意向成交 4.08 亿美元，实际成交 2.4 亿美元。[1] 同年，在悉尼奥运会上，中国服装品牌“李宁”一枝独秀，装备了法国国家体操队全体队员，这无疑是中国体育史与服装史上的荣誉。时任国家体育局副局长李富荣认为：“中国首次赞助一个发达国家的运动队，这是划时代！”国家奥委会执委何振梁也认为：“以往我都是参加国际知名品牌对中国运动队的赞助，今天彻底改变了，这是中国体育应该载入史册的一页，中国体育用品业迈出了巨人的一步。”法国体操协会主席雅克面对运动服设计稿称赞道：“完全超出我的想象，这是我看到过最优秀的设计，很有法兰西的特点，甚至比我们在欧洲杯拿冠军的足球服还要漂亮！我相信它一定会带来欧洲市场的订单，当然首先是法国的。”[2] 入世后，中国服装业迎来了前所未有的发展局面，五年里中国服装出口额增长98.65%，服装行业的连锁销售额增长高于其他行业，增幅达 30%。一些大型的服装集团也在悄无声息地发生着变化。如雅戈尔国际服装城竣工并交付使用（图 5-1-8），标志着该集团矢志构建世界最大最先进的综合性服装生产基地的宏图得以实现；福建七匹狼实业股份有限公司成为福建首家在深交所中小企业上市的企业，成功改制，实

〔1〕 胡晓玉等. 走近美国——千禧年中国纺织品服装贸易展览会断想. 中国服饰报，2000—07—21.

〔2〕 张庆等. 2000 悉尼，谁来装备中国. 中国服饰报，2000—07—08.

图 5-1-9 **《服装廿念》,中国服装协会编,中国纺织出版社,**2011 **年** 10 **月。**

现了从家庭式小企业到公共型大企业的转变,促进服装企业规范化管理。20 世纪 90 年代,随着各种先进技术装备广泛运用于传统服装产业以及服装业发展战略的不断调整,服装企业大量应用新型纺织面料、原材料,设计花色品种,采用先进工艺技术,开始从低技术含量、低附加值、出口加工型向高技术含量、高附加值、民族品牌型发展模式转变,提高服装产品的质量,提升价值,以适应不断变化的市场需要。正如中国服装协会成立二十周年之际编写的一书中对 2011 年服装产业的展望:"质量的力量、科技的力量、品牌的力量、创新的力量、人才的力量、文化的力量、产业升级的力量、社会的责任的力量彰显出中国服装可持续发展的力量,叩开了 2011 年服装强国的大门,也拉开了中国服装'十二五'开年的大幕。"[1](图 5-1-9)

我们虽然有长足的进步与发展,站在新世纪的高度放眼世界,与世界上服装强国相比,差距还是很大的,这仅仅只能称之谓"服装大国"而言,并没有实现"服装强国"夙愿。我国目前已拥有了一批全国知名名牌,但绝大多数服装企业都是来料加工型、来样加工型、来牌加工型,其附加值不高,科技含量有待于提高。首先,缺乏世界级服装设计大师。我国虽出现了王新元、吴海燕、张肇达等一批优秀设计师,设计师谢峰还获邀出席巴黎时装周,但他们无法与国际服装设计大师如皮尔·卡丹、伊夫·圣·洛朗、约翰·加利亚诺等相提并论,致使中国服装设计水平难以提升到新台阶。其次,缺乏国际

〔1〕 中国服装协会.服装廿年.北京:中国纺织出版社,2011:262.

图 5-1-10 美国 2011MYSTICS 时装创意文化摄影。

性的知名品牌。中国服装业经过三十多年发展，已成为世界最大的服装生产国、服装消费国、服装出口国，但国内需求始终是中国服装业发展的根本动力，市场化改革为中国服装业带来前所未有的活力，对外开放加快了中国服装业的国际化进程，这说明中国服装业已具备了世界主流市场的先决条件。然而，我国还是缺乏国际知名品牌。而创立一个国际知名品牌，除了需要以上的先决条件外，还要有时间、有经验、有资本，还需要有规划，这就要求中国政府与企业一道实施并推进中国服装国际名牌战略。其三，缺乏行业专业人才。我国服装业经过改革开放多年的快速发展，产业规模也不断扩大，以福州为例，共有各类服装企业近 400 家，从业人员达 10 多万人，深圳服装企业 3400 多家，从业人员 40 万，但服装行业整体人才队伍非常贫乏，特别是设计人才、技能人才和管理人才，所占比例不到 5%。再以纺织服装大省山东为例，根据调研数据统计，在服装企业中技术人员的学历普遍不高，专科及专科以下占 68%，本科占 29.2%，本科以上仅占 1.9%。大批基础技术员工来自农村，进入企业后，仅经过简单培训就由师傅带领上岗，只具备实际操作经验，严重缺乏科学理论指导。以在职的制版师为例，受过高等教育的不足 10%，受过专业训练的不足 6%，绝大部分制版师都是裁缝出身，跟师傅做一年学徒，就当上制版师。[1]可见，缺乏高层次的服装设计、技术人才是当前服装产业面临的最大难关。

文化创意产业是以人的智慧来给予产品一种新的面貌，

〔1〕 李德义.山东服装产业发展与服装高等教育状况的调研.济南纺织服装，2010(1)：7—13.

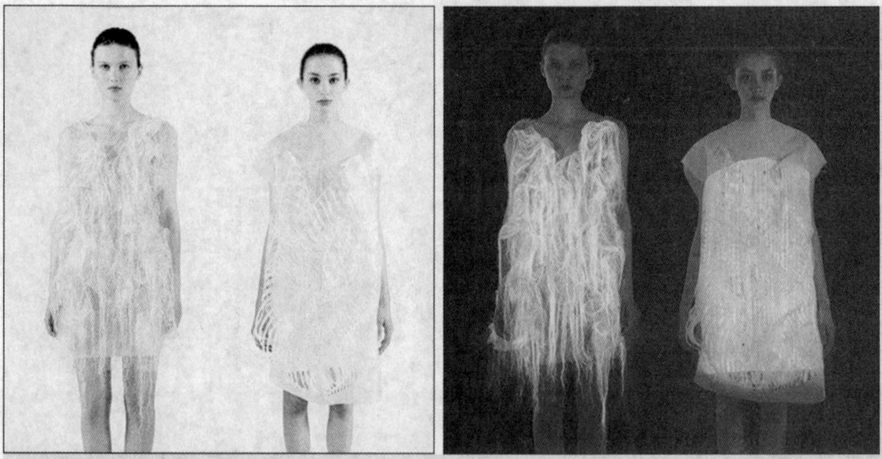

图 5-1-11　英国时尚设计师 Ying Gao 设计制作两件科技感十足的"交互式服装"，只有当其内置的"眼神追踪器"探测到有人在注视时，便会让服装发光和扭动起来。

以此来带动产品的生产和消费的一类产业。不少发达国家和地区率先掀起一股开发创意经济的热潮。服装产业作为文化创意产业的重要部分，它融合了艺术、工艺、设计、制造、零售和宣传，而且往往变化多端，其随着文化创意产业的发展也得到了提升，它的全球市场价值为 120 亿至 200 亿美元，如果将时装定义放宽，市场价值可达 600 亿美元。最大的国别市场有美国、法国、英国和德国，最大的时装制作国是美国、意大利和法国，在所有这些国家中，设计师所设计的饰件的增长速度比服装本身的增长速度更快。该产业主要由几大集团控制，例如，Bernaed Arnault's LVMH(Louis Vuitton，Dior，Givenchy，Pink，Donna Karan，Loewe，Marc Jacobs and Fende)。世界许多城市都在尝试效仿伦敦、巴黎、米兰和纽约的国际时装周，辅之以与旅游和时装业本身相关的各项创意活动。(图 5-1-10、图 5-1-11)它们不仅销售服装，也销售饰件、手表和香水等时尚产品。为此，时装通常被认为是具有独创性而需使用版权的创意产业的范例。据有关资料统计，美国时装创意产业市场价值达 50 亿美元，包括美国本土产品和进口产品，二者价值相当，如美国顶尖品牌有 Ralph Laurent，Brooks Brothers 和 Hilfiger。英国的市场价值估计达 10 亿英镑，主要受美国、意大利和法国产品主宰。英国设计师因其创意和诡异天赋而为世人所知，但几乎没有创建自己的品牌，结果盈利不及美国，仅有 2.5 亿英镑的本国柜台销量和 5 亿英镑的海外销量。其中以 Paul Smith 公司最为代表，它在 2004 年进账 3.5 亿英

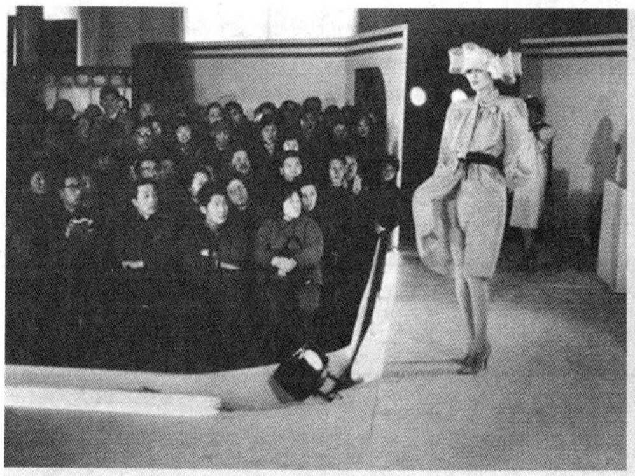

图 5-1-12　1979 年法国时装设计师皮尔卡丹亲率 12 名法国姑娘在北京民族文化宫进行了一场时装表演。
图 5-1-13　1990 年代的中央工艺美术学院。

镑，获利 2600 万英镑。在英国共约 2000 名设计师和 9000 名其他工作人员从事时装业。[1]而在中国时装创意产业中，中国品牌虽取得了飞速发展，但西方品牌仍占主导地位。现在的服装领域人才辈出，以创立 Zucag 和“茶缸”品牌的王一扬和陆昆等新一代的服装设计师最具代表，以雅戈尔为代表的品牌令人瞩目。然而，能把风格、宣传和销售等融为一体来吸引顾客的我国服装企业实在是少之又少。

二、高校服装艺术教育改革是服装产业发展的需要

改革开放之前，我国的服装业较为落后，为满足一些服装厂对技术工人的需要，各地创办了一些服装技校，为服装企业输送专业人才成为当时高等院校的主要职责。改革开放之后，法国服装设计师皮尔·卡丹首次率领国外模特来到北京，向国人展示了他设计的最新时装；（图 5-1-12）1985 年，伊夫·圣·洛朗在北京举办了其历经 25 年设计的服装作品回顾展。这一系列的活动使我们大开眼见，认清了我国服装设计及服装教育与国外的巨大差距。1980 年，原中央工艺美术学院率先面向全国招收服装专业大专生，从此结束了服装专业不能进入高等教育的历史，开始了培养我们自己的服装设计师的新纪元。（图 5-1-13）1983 年起，全国各艺术院校、纺织院校、轻工院校也都先后开始创办服装设计专业或服装系。后来，全国各艺术院校甚至非艺术院校也纷纷招收服装专业学生，服装设计专业的设置可谓遍地开花。1988 年北京服装学院宣告成立，服装大国没有服装学院的历史也从此结束。（图 5-1-14）

〔1〕［英］约翰·霍金斯.创意经济——如何点石成金.洪庆福，孙薇薇，刘茂玲译.上海：上海三联书店，2006：107—108.

图 5-1-14　北京服装学院，设有服装艺术与工程学院、材料科学与工程学院、艺术设计学院等，可进行硕士、博士研究生层次的高等服装艺术教育。

从每个服装专业的创办到现在，服装设计或服装工程与设计专业一直是热门专业，除了各高等院校外，成人教育、各种民办大学、技校、中专、职业高中以及各种层次的短期培训班等都开设了此类相关专业。可见，我国高等服装艺术教育自 20 世纪 80 年代初创办以来，借鉴了国外的办学经验，结合国情实际，已完成了从无到有，形成了一套比较完整的服装教育体系，其规模从最初创办的几所院校发展到如今遍布全国各类纺织院校、艺术院校，培养了一大批服装专业人才，推动了我国服装产业发展。(图 5-1-15、图 5-1-16)服装行业也从原手工作坊，到工业缝纫机批量生产，再到今天数字化技术的运用，发展之迅速，令人赞叹。目前，我国高等服装艺术教育的最高层次是博士研究生、硕士研究生教育，包括服装设计与工程及设计学两个专业，其次是四年制本科生教育，再次是二至三年制专科生教育。开设的专业大致可分为四类：第一类是以服装艺术创作为主的专业；第二类是以服装工艺技术为主的专业；第三类是以服装科学研究为主的专业；第四类是以服装市场营销为主的专业，包括模特表演专业。[1]

我国高等服装艺术教育较过去相比，有了长足的进步，各层次的服装专业教育培养了大量的人才，但由于我国高等服装艺术教育是在特定的社会经济改革阶段发展起来的，而且发展的历史较短，因此，在服装教育体系中仍然存在诸多的不足。在一定的程度上，人才培养与社会需求无论在数量上，还是在专业的覆盖面上都存在比较大的差距和误区。尤其是近

〔1〕 吴永红.我国高等服装教育适应性与前瞻性思考.江西科技师范学院学报，2003(6)：12—15.

图 5-1-15　浙江纺织服装职业技术学院，下设纺织学院、服装学院、艺术与设计学院等，是浙江省第一所为顺应高职教育发展规律和行业发展需求重组的专科层次的高等职业院校。

图 5-1-16　南通市中等专业学校下设服装等专业，是一所地区性主体职业学校。

十多年来，许多院校一哄而上，出现了诸如机电学院也开设服装设计专业的局面，这无疑存在许多不可言状的尴尬与困惑。服装教育有其规律性，在它每个阶段都有着循序渐进的阶梯。但不少院校的服装设计专业机械地将绘画与工艺相加，而最终仍然用培养美术家的方法选拔服装设计师，一大批时装画家型设计师被派到企业，由于忽视工艺实践的培养，一味强调设计创意，使得服装设计师不会打板，不了解企业生产流程，致使设计意图无法实现。有的院校没有纺织学科作依托，对纺织服装面料的无知也成为目前不少服装设计专业学生的硬伤，致使他们在面对激烈竞争的市场时一筹莫展。目前，我国高等服装艺术教育存在的主要问题有：

首先，办学层次比较模糊。服装作为一个巨大的朝阳产业，现在以服装为本派生出整个时尚业，并以服装创意设计为核心来刺激这一产业的发展。高等院校应在这一大背景下调整办学方向。由于我国高等服装艺术教育发展历史短、底子薄，一般是开办较早、实力较强的学校先行一步，其他的院校就紧跟而上，不论是本科教育，还是专科教育，或者是民办、高职教育和成人教育等，其服装教学理念、教学体系及课程设置基本上雷同，专科层次的服装教育基本上成了本科层次服装教育的“压缩饼干”，产生了办学层次模糊、专业特色不突出的问题。[1]

其次，课程设置和教学安排不尽合理。在我国高等服装艺术教育课程设置中，专业基础课和专业课占很大比例，包括素描、色彩、三大构成、服装史、服装概论、中外设计史、服装结

〔1〕 吴永红.我国高等服装教育适应性与前瞻性思考.江西科技师范学院学报，2003(6)：12—15.

构、服装工艺、服装市场学、专业英语、服装美学、服装评论等。从课程安排来,基础美术课和服装理论课占用大量的时间,而实践课、工艺课、创意产业类课程、市场调研等课程严重不足,导致学生实践能力差、市场意识较为淡薄,对服装工艺、服装生产、营销、管理、流行预测、面料性能等方面知识量不足。这就会导致培养出来的毕业生到企业工作时,重创意轻实用。

其三,生源质量有所下降。艺术类专业大量扩招及艺术类考生文化课分数低要求的现状使得许多没有天赋的学生走进了服装艺术殿堂。改革开放使中国发生了翻天覆地的变化,取得了举世瞩目的巨大成就,人民的物质生活水平有了极大的提高。人们在享受物质成果的同时,也努力追求高品位的精神生活,人们迫切希望接受高等教育的呼声日渐高涨。尽管目前高校不断扩大招生规模,仍将有大多数学生不能进入高等学校学习。为了能让学生上大学,中学老师和家长们潜心研究一些如何能让学生考上大学的应试方法。高中阶段的文理分科,就是应试教育的直接后果,它的终极目标是以大学录取为标志的。特色教学也是这种社会现象产生的应变对策。这些方法一旦得到强化,大学生知识不完备的现象就不可避免的出现。随着人民生活水平的不断提高,人们对艺术需要的层次也在不断提高。所以一方面出现了社会对服装设计专业类学生大量需求的局面,而另一方面也出现了对服装设计专业学生文化成绩放低要求的情况。一些学生和学生家长就是看到了这一趋势,才走上了学习艺术与设计的道路。这可以明显

图 5-1-17 **西班牙快时尚服装品牌** ZARA。

地告诉我们这样一个信息，即他们中大多数学生的目的就是为了能上大学。问及你学习艺术的想法是缘何而起的，高中阶段学习艺术的学生（包括部分初中开始学习艺术的学生）几乎全部直言不讳地答道：可以避开自己学习中的劣势。而他们在中学里最讨厌的课程又几乎集中在数学、物理、外语等课程上，因此这些学生文化知识出现缺陷就不难理解了，这就导致服装设计专业学生一进校就显现出知识结构不完备的劣势。

其四，专业师资力量薄弱。师资队伍是院校教学质量的保证，也是教学的关键。国内许多服装院校从事设计教学的教师主要是由以前从事工艺美术教学的教师调转过来的，有着非常扎实的美术功底，学术水平较高，但是他们往往没有系统学习服装知识，对服装的本质认识不深，即使有些教师担任服装企业的设计任务，也往往是完成一些停留在画面上的设计稿，缺少相关的"产品完成"经验。他们在教学过程中往往重视对服装美感形式和画法表现能力训练，轻视服装工艺及市场意识的训练。此外，由于高等院校教师必须要有高学历、高职称才能在高校任教，故一些具有丰富实践经验的服装工艺师无法进入高校，这也造成了课堂教学上的不足。

其五，服装专业教育资源短缺。欧洲及美国等发达国家的专业教育历经了上百年的历史，无论是服装设计、生产与营销，还是视觉艺术等，都有着多年的市场考验。针对市场的需求，还拓展了许多应用性很强的边缘交叉学科，如服装产品企划，服装采购学、服装社会学、服装历史学、服装生产管理系统

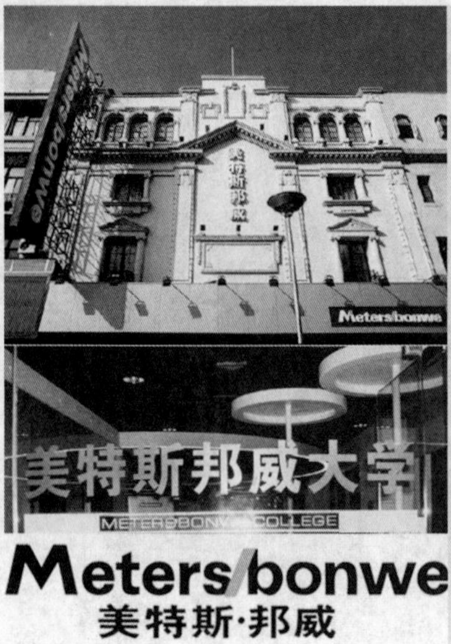

图 5-1-18　美特斯邦威集团创办的企业大学。

等，这些专业教育为企业提供了更多实践性较强的专业人才，而我国高等服装艺术教育在这方面显得比较薄弱。据了解，ZARA 在进入亚洲市场选择办事处时，除了把法律、政策、税收等列为重要参考条件之外，还将人才列为主要参考事项。(图 5-1-17)2005 年 12 月，美特斯·邦威集团创办首家企业大学(图 5-1-18)，主要对职工进行企业制度规范、职业素养、专业技能、管理知识等方面的培训。一方面他们邀请国内外著名专家学者、著名企业人士来讲授先进的经营管理知识；另一方面，通过企业大学教育使得公司的所有员工成为兼具人文精神、社会责任感和先进管理知识的优秀人才，进而塑造美特斯·邦威独特的管理模式。以企业命名的美特斯·邦威大学的成立也正弥补了我国高等服装艺术专业教育的不足。当然，还存在产学研合作教育发展不够成熟的局限，这就使得高等院校服装艺术教育现有模式难以适应社会发展的需求。

导致这种教育模式与实际需要不相吻合的原因很多，清华大学美术学院李当岐教授认为至少有两点。其一，我国的服装教育，特别是高等教学，起自于艺术院校，艺术院校主要的师资力量在美术方面，于是就出现了服装设计就等于“画服装”的现象。学生进校时被要求具备一定的绘画基础，进校后又花大量的时间来学习素描、色彩、时装画技法等美术课程，虽然也学一些制作、工艺，但这样会把学生培养成“工匠”，无法培养出设计大师。这种观念也导致一些年轻教师不愿在工艺课上下功夫，有些学生也觉得工艺课太枯燥，容易束缚自己的“艺术思路”，于是也就不重视，不喜欢学。久而久之，一批批“艺术功底很强”的设计人才走出了校门，但对我国的服装业却没有带来多大的改变。而且这样的办学模式还被非艺术类院校所效仿，甚至连本应以培养技术工人为目标的技校、中专和职业高中也都按照这个模式来“拔高”自己。其二，到目前为止，服装类的高等院校还是以公有制的为主，私立学校虽在发展，但还势单力薄。这些国有或地方政府“公立”的院校，从不愁学生毕业后的就业问题，对于社会需求一般不作调查研究，这导致教育与实际需求之间产生越来越大的差距。一方面，社会上急需的人才，我们连这个专业都没有设置健全；另一方面，毕业生走上社会后在相当长一段时间内无法适应。如果我们的院校能把社会需求和学生的就业放在第一位，而不是图虚名的话，可能会好得多。[1]

目前我国高等服装艺术教育面临着经济全球化、科学技术大发展及社会发展需要等诸多的挑战。众所周知，服装人才对于一个服装企业的发展起着关键作用，一个服装企业能否在走得远、站得高，很重要的一点就是看它有没有能力建立起一个强大的服装人才队伍。当前高等服装教育的人才培养模式已远不能适应社会的需求，面临诸多的挑战，原因有四点：第一是经济的全球化，使经济领域的竞争更加激烈，由此对人才的适应能力的要求大大提高；第二是现代科学技术发展速度大大加快，因此必须有终身学习的观念；第三是科学技术高度发展高度综合，从而使得高素质综合性人才的需求大

〔1〕 李当岐.我国服装业的人才需求与培养.宁波大学学报(教育科学版)，2001(2)：73—75.

〔1〕 朱秀丽.中外合作办学——改革与创新服装人才培养模式.纺织教育,2007(3):30—34.

〔2〕 杜钰洲.纵论创纺织强国四大关键词.中国纺织报,2010—04—27.

大提高;第四是我国的高等教育正在由精英教育向大众化教育过渡,需要一部分人具有创造就业岗位的能力。[1]

可见,当前我国服装企业不是缺乏一般服装从业人员,而是大量缺乏高素质的服装人才。杨大筠认为造成高素质的服装专业人才缺乏的原因主要有两方面:一是现行教育体制与市场需求错位;二是专业教育资源短缺。这就出现了两难境地,即服装企业找不到合适的设计师,而服装专业毕业生也寻不到满意的工作。实际上,出现这种问题的关键就是服装人才培养与服装产业的脱节。

众所周知,服装人才对于一个服装企业的发展起着关键作用,一个服装企业能否走得远、站得高,很重要的一点就是看它有没有能力建立起一个强大的服装人才队伍。"我国纺织服装产业由大到强的四大关键词是建设世界纺织科技强国、纺织服装品牌强国、纺织服装人才强国、纺织服装可持续发展的强国。这四个目标是相互关联、四位一体的,最终达到具有国际先进水平的劳动生产率。"[2]因此,面向国际、国内服装产业,我国高等服装教育应主动改革创新,积极创建符合现当代社会需求的服装艺术教育体系。

第二节　高校服装创意人才培养的基本思路与对策

一、文化创意产业:高校服装艺术教育改革的背景和动力

(一) 以文化创意改变我国服装产业发展观念

厉无畏先生曾说过:"作为推动经济发展的两大引擎,科技

创新与文化创意在功能上既有联系又有区别，得到普遍认同的是科技创新侧重于硬实力提升，文化创意重点在于软实力构建。以软实力引领发展，硬实力提供基础支撑是实践中的成功经验和做法。"[1]文化是最重要的"软实力"。在这里所指的"软实力"主要是指文化、价值观念、社会制度、风俗习惯等影响自身发展潜力和国际影响力的无形要素。"创意，并不非只是这些少数天才的'专利'，创意是一种几乎所有人都具备的与生俱来的能力，只是程度不同而已"。[2]创意之所以引起关注，是因为新技术、新产业、新财富和所有其他所获得的经济效果均来源于创意。可见，创意能带来意想不到的效果，成为最重要的经济驱动力，也是创造有益新颖的形式的一种能力。而创意不是凭空捏造，必须来源于"知识"与"信息"。而文化创意就是将"文化"作为创意的"知识"与"信息"，成为创意的"工具"和"材料"。其实，文化与创意是密不可分的。自人类产生以来，人们就不断用创意来改造这个世界，并创造人类文化。创意是文化发展永恒的主题，没有创新的"文化"，其生命力难以持久，文化只有不断创造才能获得不断发展。而文化创意是根据现有的文化信息，挖掘、整合、创新、生产新的价值点。我国是世界上文化资源最为丰富的国家之一，在全球经济一体化大背景下，如何将文化资源中的一部分转化为推动经济发展、提升国际竞争力的资本，是摆在我们面前的一大机遇与挑战。这也是实现从"中国制造"向"中国创造"转型的必由之路。毋庸置疑，中国是一个服装大国，但不是服装强国，其衡量的标准之一就是没有自己的服装品牌，

〔1〕 厉无畏．创意改变中国．北京：新华出版社，2009：19．

〔2〕［美］理查德·佛罗里达．创意创层的崛起．司徒爱勤译．北京：中信出版社，2010：21．

〔1〕 任夷.服装产业与服装教育.美术学报,2005(4):70—74.

〔2〕 转引自杨以雄,刘君,李春芳.服装创意产业园区规划与建设探析.纺织学报,2010(6):145—154.

也很难找一个国际知名的服装设计师及一家服装企业,中国服装成为了国际上廉价物美的代名词。“品牌像一面旗帜,不仅带动服装业的全面发展,而且影响人们的消费行为。品牌的经营加工是基础、设计是核心、营销是保障,只有三者的有机结合才能切实提高品牌竞争能力”。[1]可见,文化创意在生产的本地化之后是发行的全球化,此时品牌的重要性显得尤为重要。(图 5-2-1、图 5-2-2、图 5-2-3、图 5-2-4)文化创意要转变为经济,品牌是必由之路。为此,我们要通过文化创意来培育我国服装产业,用中国特有的文化资源设计自己的服装品牌,并开发自己的服装市场,从而指挥服装产业“躯体”的前进,在全球范畴内组织服装产业资源的配置和产品的生产制造,从而引领我国服装产业的发展。

（二）以文化创意产业推动我国高等服装艺术教育改革

通过相关国家(地区)就文化创意产业的定义和文献的整理可以发现,各国(地区)在进行文化创意产业分类时,几乎都将服装设计列为其中,甚至还囊括了与服装相关的时尚杂志、时装模特表演、会展、咨询及产业咨询等产业链上的相关行业。英国称为时装设计,意大利称为服装时尚,新加坡称为服装设计,美国称为部分版权产业(包括服装、纺织品与鞋类),中国台湾称为品牌时尚设计,新西兰称为时尚设计,日本称为时尚产业,韩国称为传统服装与时尚设计,中国香港称为设计(包括服装设计),中国上海称为研发设计(包括服装设计)。[2]同样,服装产业作为文化创意产业的重要组成部分,市场竞争

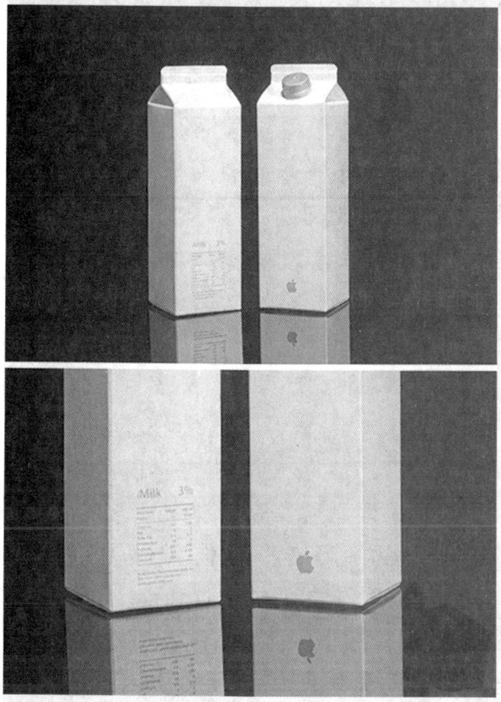

图 5-2-1　时尚圈的疯狂跨界：范思哲牌咸鸭蛋——与食品界的跨界合作。
图 5-2-2　时尚圈的疯狂跨界：卡地亚牌咖啡——与食品界的跨界合作。
图 5-2-3　时尚圈的疯狂跨界：苹果牌牛奶——与食品界的跨界合作。
图 5-2-4　时尚圈的疯狂跨界：香奈儿牌婴儿配方奶粉——与食品界的跨界合作。

图 5-2-5 2009 年 8 月 27 日，中国纺织工业协会会长、中国服装协会会长杜钰洲与法国高级时装公会主席迪迪埃·戈巴克在北京进行了一场高端对话：决胜 创意一杜钰洲与戈巴克对话录。

十分激烈，服装创意人才是关键。正如杜钰洲先生在与戈巴克交流时指出："创意是提高行业创造力、附加值的一个重要因素和资源，提高创意水平本来就是行业发展战略的应有之义。一是繁荣创意——要崇尚创意和创意价值，要动员各方面因素；二是推动创意产业的形成——人的灵感，人对外界的感觉，如果能把这变成为一种产业的话，可以更好地为企业服务；三是产业创意化——创意服务被产业接受，品牌不断有创意。怎么能够永远有创意？这就需要吸收创意资源，一是学习，二是合作与交流。"[1]（图 5-2-5）

高校服装艺术教育是服装创意产业的"大脑"，不仅是服装创意产业发展的"思想库"和"智慧谷"，更是"发动机"。北京服装学院院长刘元凤教授认为："从北京服装学院的办学理念和办学定位来讲，一方面是为北京及服装纺织业培养人才，另一方面是为文化创意产业的发展培养人才。教学中善于专业交叉，专业互动，注重培养学生的综合素质和能力，具有务实的精神和未来视野。在学校的学科布局中，服装材料、服装设计与艺术设计融为一体，为服装纺织业及文化创意产业的近期和未来发展培养应用型人才。"[2]北京服装学院目前专业设置有七个与文化创意产业相对应的专业，如时装设计、动画、工业设计等，顺应了文化创意产业的发展。因此，培养服装创意人才是高等院校的责任，更是高校服装艺术教育的首要任务。目前，我国高校服装艺术教育由于规模迅速扩大导致了教育资源紧张、教学质量相对下滑、学生生源素质下降等

〔1〕 杜钰洲先生与戈巴克的对话录"创意及时尚产业的现状与趋势". 中国服饰报，2009—09—04.

〔2〕 赵旭. 从艺术教育看服装与文化创意产业. 北京服装纺织，2008(9)：132—133.

问题的出现;由于受传统教育观念影响,学生学习评估以技能比赛获奖为主要指标等,导致了服装人才培养模式相对僵化等诸多问题。因此,文化创意产业的发展为高校服装艺术教育提出了新的要求,高校服装艺术教育必须结合文化创意产业对服装人才的新需求,其发展的重点也应从知识传授、技术培训向创意开发服装人才培养目标转变,以适应从劳动、技术密集型的发展模式和单项输出的模式到以知识和创意密集型的发展模式的服装创意产业发展需要。

二、高校服装艺术创新教育的基本思路与对策

(一)以创意人才培养为目标,创新服装艺术教育理念

创新是知识经济时代精神的集中体现,创新人才是知识经济时代最为宝贵的财富。高等服装艺术教育的创新,不仅仅是一种制度和实践,最主要的是理念创新。就专业设置与人才培养目标而言,苏州大学艺术学院李超德教授将我国高等服装艺术教育归纳为三种模式。第一是隶属于教育部公布的学科目录中的二级学科,服装设计与工程专业。这类专业大多设置在纺织类工科高等院校,招生方法为国家统招本科分数线以上非艺术类学生。少量专门性院校以艺术类招生,纳入该专业学习,比较早地直接进入专业课学习。第二是隶属于艺术设计专业下的服装设计专业方向,这类学生必须经过全国艺术类提前招生的专业加试,高考后文化课划定一定分数线录取。第三是职业技术教育中的服装设计专业,这类学生多数为职高和中专校毕业生经过特定考核进入职业技术

图 5-2-6　北京城市学院(新中国第一所实行公有民办体制的新型高校)艺术设计学部服装与服饰设计专业。

学院学习的学生，也包括以文化分录取的非艺术类学生。[1]其实，自 1999 年以来，职业技术教育中又涌现了一个新兴学院即独立学院，它主要是依靠公办院校结合企业资本联合举办、民办大学挂靠改制和公办大学独立兴建等三种方式。(图 5-2-6)然而，这三种服装教育模式本应有着不同的人才培养目标及产学研合作教育模式，但在教育实践中往往混为一谈，对各种类型的培养目标及产学研合作教育模式的定位不够明确。其实，这三种高等服装教育模式有着共同的培养目标，即培养社会需要的服装人才，但在实践上并未形成了各自鲜明的办学特色。

20 世纪 90 年代以来，我国文化创意产业逐步兴起。而文化创意产业发展的关键是文化创意和文化营销，发展的核心是创新经营和创意人才的培养。而文化创意人才与一般意义上的人才不同，要充分体现创造性。英国学者约翰·霍金斯认为任何创意都必须具有个人性、独创性及意义三个基本条件。[2]这就要求对我国高等服装艺术教育旧有的人才培养模式进行改革，在教学目标的转变中要注意必须从生产型人才向创意型人才培养转变，从传承性教育向创造性教育转变，也有创意型与经营管理型复合人才的培养观念的转变。这里既有办学观念、办学宗旨的转变，也有相对适应的办学手段的转变。[3]

同时，将创意精神作为高校服装艺术教育的重点内容已显得尤为重要。创意不仅要求服装专业人才具有一定的知识积累，也要具有自信心和承担风险的能力。这主要是由“创意成果”所决定的。创意本身具有独创性特征。如果想给一项

〔1〕 李超德.宽基础重能力——走综合素质培养之路.中国服装，2002(7)：139—140.

〔2〕 [英]约翰·霍金斯.创意经济——如何点石成金.洪庆福，孙薇薇，刘茂玲译，上海：上海三联书店，2006：17.

〔3〕 项仲平、邵清风等.文化创意产业与当代艺术教育创新研究.北京：中国广播电视出版社，2010：167—168.

图 5-2-7 姚峰，中国著名服装设计师，1985 年毕业于苏州丝绸工学院，2011 年 9 月在南京上演“难·美丽”创意时装秀。他设计和制作服装从不局限于普通面料，凭着铁丝、玻璃、塑料和莱卡面料的结合，一样能创造出“软硬皆施”的系列服装。

图 5-2-8 荷兰女设计师艾瑞斯·凡·赫本(Iris van Herpen)倾向于从不同的艺术形式来表现时装，在时装的材料、工艺和技术方面的大胆试验是革命性的创新. 2011 年借助 3D 打印技术完成 3D 立体感的时装设计，其大胆奇诡的构思、来自自然界的巧妙灵感。

新的创意成果申请专利，则必须证明以前从未有人有过相同的发明成果。对服装创意人才来讲，他们的创意来源于对常规的突破，甚至颠覆，对周围事物充满好奇心，敢于创新，勇于打破常规。当然，人类创意是多层面和多维度的，它不仅限于技术创新或者新的商业模式。“创意不是一个保存在盒子里，到办公室后就可以拿出来向人炫耀的东西。要建立与众不同的思维方式和习惯，而实现这一点需要个人以及整个社会的共同努力。”[1] 只有这样，创意精神才能真正渗透到我们社会生活中的方方面面，从而影响我们传统的看法，促进发展创意的行为准则和价值观的传播，进一步增强创意所发挥的作用。(图 5-2-7、图 5-2-8)

为此，在激烈的市场竞争中，服装产业需要具有现代多元化的创意专业人才为其服务。我国高等服装艺术教育更新观念，以创意精神为核心，以创意产业为背景，必须适时调整专业设置或专业方向构建与其相适应的教学体系或开设相关创意专业，培养具有创意精神的服装创意人才，进一步适应服装创意产业的市场化发展。

（二）以文化创意产业为背景，引领服装消费生活方式

文化创意产业作为提高人民生活水平的重要途径，主要表现在可以扩大社会消费领域，增加高质量的闲暇文化消费，并“创造出丰富多彩和愉悦精神的体验产品，融娱乐文化、休闲文化、时尚文化为一体，通过互动体验和快乐消费，为消费者倡导一种‘生活艺术化、艺术生活化’的时尚潮流，引领新的

〔1〕［美］理查德·佛罗里达. 创意阶层的崛起. 司徒爱勤译. 北京：中信出版社，2010：23.

图 5-2-9　苏州大学艺术学院 2010 年服装毕业作品展演。

生活方式”。[1]可见，文化消费是文化创意产业发展的动力之一，文化创意产业只有通过引领人们的生活方式，改变传统的消费观念与消费方式，引导并扩大文化消费层次与领域，才能健康有序发展（图 5-2-9）。近年来，随着宏观经济的飞速发展，我国城镇居民的收入水平得到了很大提升，带动了文化创意产业升级，包括服装创意产业。作为行为活动的动态过程，文化消费随着经济的发展不断变化和发展。文化消费是指“人们对精神文化类产品及精神文化性劳务的占有、欣赏、享受和使用等的吸收、积累、体验、再造、创新支出与消费动态过程的总称”。[2]简言之，文化消费就是人类享用文化产品和文化服务的活动。服装作为文化产品的一种，其消费当然属于文化消费。同时，服装创意产业可以提高大众的审美文化素养。进入知识经济时代，人们开始更多关注精神文化层面地需求，开始追求个人审美价值，服装文化消费在日常支出中所占的比例不断增长。服装创意产业不仅推动服装产业的发展，还营造出现代人的时尚生活。服装作为一种生活艺术品、文化消费品，在创意产业中是一种商品，但同时也是一种艺术，是创作主体对客观外界的审美创造。因此，人们在享受服装文化产品精神内涵的同时，也感受到了感官的刺激和心灵的陶冶。如 20 世纪 80 年代初期，喇叭裤、筒裤、萝卜裤、老板裤、牛仔裤、健美裤等进入中国的国际流行裤式，改变着人们的着装观念，引领着当时人们的生活消费方式。20 世纪 70 年代末 80 年初，改革开放之春风吹开了闭塞保守的大门，当“真

〔1〕 厉无畏. 创意改变中国. 北京：新华出版社，2009：314.

〔2〕 徐淳厚. 关于文化消费的几个问题. 北京商学院学报，1997(4)：45—48.

图 5-2-10　80 年代的流行：飞机头、长鬓角、蛤蟆镜、长风衣、喇叭裤。

理”这一词开始在中国的大地上变得神圣时，人们预感到美好的生活就要来临了。这时，一条裤子进入了人们的视野。（图 5-2-10）正如叶匡正先生在《1978，喇叭裤是一面自由的旗帜》一文强调：“它恰恰有一个张扬的名字，像大声朗诵给这个时代的青春宣言，像民众向往个性与自由的旗帜。它所向披靡，迅速横扫了神州大地”。[1] 考证喇叭裤何时风靡中国大地实属不易，不过可以肯定的是，与 1978 年曾风靡我国的几部电影有着密切关系。如日本电视连续剧《血疑》中的男主角身着夹克外套配牛仔喇叭裤的形象，受到我国青年人的喜爱和竞相效仿。影片《幽灵》中夏征兰的扮演者，著名影星邵慧芳，身着喇叭裤的形象也出现在了《大众电影》的封面中，这在一定程度上也起到了一定的示范效应。随着我国对外开放的不断推进，民间的海内外交流日渐频繁，加上电影媒体的传播作用，喇叭裤开始流行于中国大地，并渐渐地改变着人们的着装观念，从单一的刻板的服装中解放出来。喇叭裤、蛤蟆镜的装扮在 20 世纪 80 年代的男青年中颇为流行。再如牛仔裤，十九世纪中叶，德国人施特劳斯来到淘金圣地美国旧金山，用帆布设计了一种适合开金矿淘金的劳动者工作时穿着的裤子，由于价廉耐穿且方便工作，备受矿工和牛仔们的青睐。之后，牛仔裤风行美国百余年。尤其是 1955 年，当时美国影星詹姆士·迪安和马龙·白兰度身着施特劳斯建立的“利惠”公司生产的“利惠”品牌牛仔裤主演的电影《伊甸园》《无敌造反》《野种》等红极一时，使牛仔裤得以广泛流行，使淘金者之工装，成

〔1〕 叶匡政. 1978，喇叭裤是一面自由的旗帜. 环境与生活，2008(12)：63.

图 5-2-11　美国影星马龙·白兰度在电影中的服饰造型的影响引发了牛仔裤的风行。
图 5-2-12　20 世纪 80 年代流行的健美裤。

为时尚品牌服装。（图 5-2-11）同时，牛仔裤也成为了美国文化的象征。1979 年，大陆电视台播放进口电视片《大西洋底来的人》，主人公麦克戴着哈蟆镜，穿着牛仔裤，称自己为“一根从大西洋飘来的木头”，着实让中国观众为之一震，立刻在许多“时尚青年”中流行开来。20 世纪 80 年代，流行破旧风格的牛仔裤，用石磨、水洗等技术进行加工和处理。20 世纪 90 年代后，牛仔裤渗透至我国各个阶层的消费之中，男女老少皆喜爱。好莱坞华裔演员赵家玲身着时尚的牛仔裤出现在了《大众电影》的封底中，影星邬君梅身着牛仔套装出现在一些公众场合，一些时装杂志中也刊登了女模特身着牛仔裤的形象，并附以裁剪图，这对于中国国民的穿着观念和穿着方式具有很强的潜在冲击性，其影响深度和广度绝对史无前例。20 年代 80 年代末期，健美裤风靡一时，这是一种在裤脚口连裁脚蹬或装上松紧带的紧身裤，由于脚后跟处有一踏袢，像骑马时脚踏的部位，故俗又称“脚踏裤”。（图 5-2-12）这种裤子深得广大女性的喜欢，从幼儿园的小女孩到公园里晨练的老太太，无不例外。许多人不仅在健身时穿着，而且还在日常生活中穿着。此外，有一句顺口溜说道：“不管多大官，都穿茄克衫；不管腿多粗，都穿健美裤”。这是进入 20 世纪 80 年代以后最为流行的一种裤子样式，究其原因很多，有当时政治经济环境因素，也有传统观念的影响。正如袁仄在《百年衣裳——20 世纪中国服装流变》一书中写道：“健美裤在中国的流行固然与廉价实用有关，也与显现腿部和臀部线条的审美观念有关。对比封建传统的遮掩与改革开放期间的炫耀，踏脚裤凸显了转型期中国人意识态度上

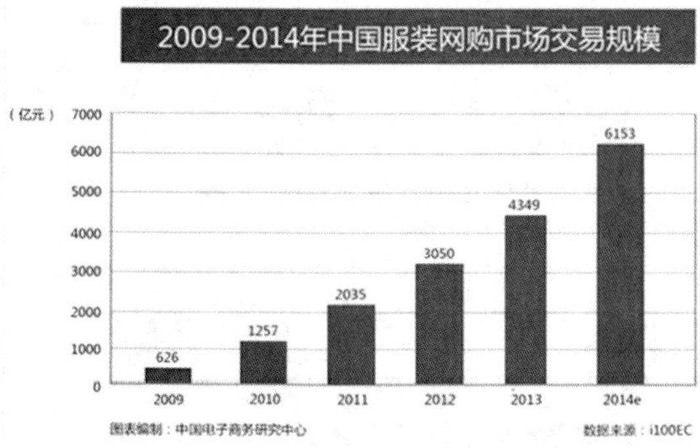

图 5-2-13　**中国电子商务研究中心**(100EC. CN)**发布了《**2013 **年度中国服装电子商务运行报告》：**2009—2014 **年中国服装网购市场交易规模。**

图 5-2-14　**优衣库淘宝旗舰店。**

的转变，尤其表现在服装上对性别特征的炫耀。”[1]

网络展览与网络消费也成为中国服装企业及服装艺术教育的重要手段之一，它正在以难以想象的方式改变了这个世界，也改变着全球以及中国服装产业的运营模式，已深刻地改变了人们的消费生活方式。会展业作为朝阳产业，具有巨大的市场前景，而在这竞争激烈的表象后，有一个往往被忽视的空间，就是网络展览的虚拟空间。尽管有些业内人士质疑，服装产业在网上进行交换，没法试穿，没法直接感受服装材质，难以持续。随着互联网技术的不断发展，互联网已走进了每个人的生活中，正引导着人们的消费生活方式，并通过互联网来加大个人消费。(图 5-2-13)互联网不仅作为交换信息最快捷的平台，它还是面向全世界的窗口。事实上，互联网能够给予服装企业的商机是无限的，而且由于较低的成本使得产品价格低廉，购物便捷又使它极受服装消费者欢迎。据 2009 年相关统计显示，目前中国的网民已突破 3 亿人，普及率达到 25.5%。我国当前服装电子商务平台达几千家，而快速成长的服饰时尚类产品已成为我国网购的第一大类商品，接近六成的网上购物消费者有网上购买服装的经验。同时，淘宝网公布的 2009 年上半年业绩显示，服装类商品销售排行位居第二，这表明越来越多商家愿意通过淘宝这个平台来展示自己的品牌。[2]当然，对于服装企业来说，网上销售不仅仅只是一种传播手段，一种广告途径，一种销售渠道，而且拥有没有库存压力，经营成本低，经营规模不受场地限制等优势。而对于

〔1〕 袁仄，胡月. 百年衣裳——20 世纪中国服装流变. 上海：生活·读书·新知三联书店，2010：385—388.

〔2〕 朱烨. 互联网 10 年：掀起传统服装业运营模式大变革. 中国服饰报，2009—09.

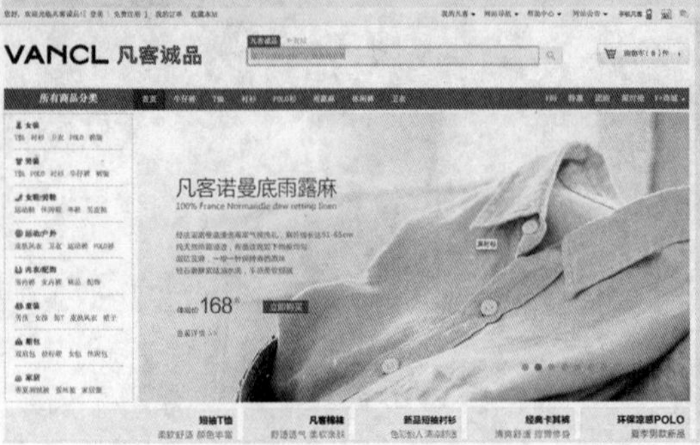

图 5-2-15　邵亦波和他的易趣网。
图 5-2-16　互联网快时尚品牌:凡客诚品官网。
图 5-2-17　时尚网购品牌:梦芭莎官网。

服装消费者来说,网上购物不仅可以在家不出门"逛商店",订货不受时间限制而且可以一次性获得大量的服装信息,做到货比多家,直至买到称心如意的服装;另外由于网上商品省去租店面、召雇员及储存保管等一系列费用,价格较一般商场的同类服装更便宜,同时服装品种丰富。如 2009 年 4 月,优衣库在淘宝网上开设了旗舰店。(图 5-2-14)优衣库的实体店较为优良的购物服务已经赢得了服装消费者的认可,形成了一定的消费群体,这为其电子商务的品牌信用搭建了较好的基础。优衣库的淘宝旗舰店通过淘宝网官方网站一方面规范了各实体店的经营规范,另一方面遵循消费者在淘宝购物的各项习惯,扩大了市场,获得了利润。除了优衣库以外,还有李宁、阿迪达斯、佐丹奴等众多知名品牌在淘宝商城开店。当然,互联网改革了传统服装业运营模式,但服装产品这一鲜活而实在的内容却没有改变,对于服装品牌的建设还应在设计、生产与管理等这些"硬件"上下功夫。正如易趣网 CEO 邵亦波所说:"互联网既非摇钱树,也非泡沫经济。人们应该用平常心去接受互联网。随着互联网的普及,它的作用如同报纸与电话一样,成为你的耳目与手足,但耳目与手足的好坏高下并不决定着服装品牌的命运。"[1](图 5-2-15)可见,互联网能否成为服装企业及服装消费者的信息高速路,不只需要轻点鼠标的技艺,更需要运筹帷幄的智慧。利用当今的互联网络,以 PPG、凡客诚品、梦芭莎等为代表的一批网销服装品牌已牢牢抓住了当今人群热衷网络的心理。(图 5-2-16、图 5-2-17)他们

〔1〕 转引自袁环.网上服博会魅力诱人.服装时报,2001—03—16.

在运营中实现了B2C(Business to Business)电子商务模式，省掉了店面租金、水电费和相关税收等支出费用，实现了低成本动作，并且让服装产品做到了高性价比。与此同时，这种低成本便捷的运营模式深深吸收着当今一大批网民，潜移默化地影响着他们的消费方式，并形成了服装创意产业特定的消费群体。

高校服装艺术教育不仅为服装创意产业的发展提供了各类服装创意人才，而且在促进服装产业结构优化及规模扩张过程中将会发挥巨大潜能，有利于唤起整个社会服装消费群体更深层次地认识艺术教育的经济功能，从而促进服装文化消费向更深层次及领域发展。同时，高等服装艺术教育是将审美能力的提高和培养作为直接性目的，它通过使受教育者在审美经验发展的基础上陶冶情操的途径，提高个体在情感和理性方面的和谐程度，使受教者自觉地完成审美境界的塑造，提升受教者的品格。为此，通过高校服装艺术教育可以提高社会公众的服装文化消费能力、消费结构与消费方式，提升生活品质。正如马尔本在著作《夜总会》中写道："俱乐部成员以服装、音乐、舞蹈、俱乐部类型的品位为标尺来将自己与其他人群区分开来……这些品味是通过训练和不断完善形成的，此外还需不断根据时尚进行调整，这样做不仅是为了标新立异，还是为了找到那些与自己风格和爱好相似的同道中人。"[1]所谓服装消费文化，"是指在一定的经济和社会条件下，人们对服装选择、购买和使用过程中表现出来的消费价值取向、审美情趣、道德观念以及行为习惯等的总和，它反映着

〔1〕 Ben Malbon. Clubbing: Dancing, Ecstasy, and Vitality. London: Routledge, 1999: 55.

图 5-2-18　2009 年在泉州举行海峡两岸纺织服装产学研合作研讨会，研讨会上，台南科技大学还与泉州市生产力促进中心、石狮市海峡两岸科技孵化基地签署了产学研合作协议。

特定时代社会成员的普遍心理和民族精神实质。"[1]服装文化消费从一个侧面反映了社会主体的精神状况，同时作为经济方式也在影响着社会经济增长。可以看出，服装文化消费大量需求的强劲动力推进了高校服装艺术教育的快速发展，反过来高校服装艺术教育也推动着服装文化消费需求，带动了服装文化创意产业的发展。

（三）以产学研合作教育为基点，推动服装教育国际化

我国高等服装艺术教育是一个特殊的以时尚创新度、市场适应性为侧重点的专业教育领域。服装产业已涵盖了科学、艺术、工程等不同学科，具有显著的边缘学科特征。它不仅涉及材料、制版、缝纫等技术加工领域，也涉及管理学、艺术学、社会学、心理学、人类学、市场学等人文学科，还涉及人体工学、热湿传导、环境气候等领域。而服装创意产业不仅需要具有较强动手能力，能解决服装生产实际问题的服装技术人才，而且大量需要能从事服装设计产品开发与服务方面的创意人才。而高校所培养的服装人才虽基础扎实但专业过于宽泛，与服装创意产业所需要的人才存在一定的差距。这就要求我国高等服装艺术教育需紧紧围绕创意产业发展需要，与服装企业、科研系统单位加强合作，相互理解、相互支持，改革现有的服装人才培养模式，借鉴国外高校的成功经验，结合学校各自特点、专业发展方向与地域特点，积极探索产学研合作教育下高校服装创新人才培养模式。（图 5-2-18）中国服装产业快速发展使得服装教育的先导作用越来越为各级政府

〔1〕 宁俊，马迁利．服装消费文化理论研究．纺织学报，2006(7)：17—20.

图 5-2-19　由英国大使馆文化教育处、宁波市科技局和浙江纺织服装职业技术学院联合主办的“2011年中英产学研合作论坛”在宁波举行。宁波市纺织服装产学研技术创新联盟与英国伦敦时装学院、曼彻斯特都会大学等 12 所高校于 2011 年成立了“中英纺织服装产学研合作中心”。

图 5-2-20　T. I. T 创意园是在广州纺织机械厂原址改造、搭建而成的一个以服装创意为主题，集信息发布、产品展示、商务交流、时尚休闲等多种功能于一体的服装产业创意平台。

和服装行业部门所认同，高等服装院校发挥人才优势和技术资源方面的优势，为服装企业提供了解决科研与人才不足问题的渠道。很自然地，政府、高校与企业三方达成合作协议，共同形成了产学研合作教育发展模式。各级政府从多方面提供条件政策保障，企业与高校积极主动加强合作，形成了校企合作、中外合作、创业科技园等多种产学研合作模式，为服装专业学生的创新能力的发挥提供了广阔的舞台和空间。(图 5-2-19)这实际就是学校与文化创意产业部门在平等互利的基础上，在教育、生产、科研方面全面合作，共同培养创意人才的一种教育模式。文化创意产业部门、高校、科研机构分别集聚了一定的科技资源，高校在知识创新方面有优势，科研机构在应用研究方面领先，文化创意部门则是技术的需求者，在产品研制和市场开发方面有专长。通过产学研合作教育，有利于发挥各自优势，使创新活动及创新成果得到转化，实现共赢。(图 5-2-20)

为此，我国高等服装艺术教育应结合服装创意产业发展需要，建立高起点、高水平的服装创意产业园，并改革旧有的教学体系，加重实践环节，在教学中强调学生的创造力和技能、潜能及创造财富的能力开发，与此同时，加强与国际交流合作，培养具有国际视野的服装专业人才。与此同时，我们必须主动加强国际交流，采取走出去请进来的方法，充分学习国外先进的高等服装艺术教育理念。

服装创意产业作为文化创意产业的一部分，目前在结构

图 5-2-21　2010 广东服装创意设计展在广州 TIT 纺织服装创意园发布中心举行。本届创意展以向业界和社会展示广东服装设计创意为目的，以“创意改变广东”为主题，展示“广东创造，时尚无限”的魅力。

及规模上还处于调整与发展变化的阶段，但作为朝阳产业，这是一个充满希望与生机，又充满挑战的新兴领域，其发展前景令世人瞩目。高等服装艺术教育是伴随市场经济的发展和服装产业的发展而发展的，不仅为服装创意产业的发展提供了各类服装创意人才，促进了服装创意产业的规模扩张和服装创意产业结构的进一步优化，而且还在服装产品及相关服务的创新、传播、应用方面发挥着不可替代的作用。可见，服装创意产业为高等服装艺术教育的未来提供了更为广阔的空间，同时也为高等服装艺术教育发展指明了方向。为此，高等服装艺术教育应紧紧围绕服装创意产业及人才培养目标要求，创新服装艺术教育体系，注重学生创造力的培养，加快高层次的服装创意产业人才培养步伐，以促进和满足服装创意产业的快速持续发展，从而有效地推进“服装大国”向“服装强国”的历史跨越。（图 5-2-21）

第六章　高等艺术教育创新人才培养模式的理论与实践思考

第一节　高校艺术教育理念创新

21世纪，在全球经济一体化的背景下，文化创意产业作为知识经济的标志性产业，在全球广泛兴起，充分体现了当今世界产业发展演变的新趋势。文化创意产业已成为国家经济发展与软实力竞争的重要指标，各国都十分重视文化创意产业发展。鉴于文化创意产业在未来经济发展中的重要地位，关注与深入研究当代世界文化创意产业的发展，对于从“制造”走向“创造”的中国来说，具有战略意义。而对文化创意产业人才的教育与培养是我国文化创意产业发展的关键。这对以培养文化创意产业人才为主的高校艺术教育来说，是机遇，也是挑战。因此，在文化创意产业迅猛发展的今天，培养大量合格的文化创意人才，积极倡导参加国际竞争，从而实现“中国制造”向“中国创造”的真正跨越，高校艺术教育责无旁贷，负有不可推卸的重要责任。使设计与艺术真正成为经济文化实力增值的原动力，无疑是当代艺术教育的核心问题。

高校艺术教育一方面要结合当前文化创意产业发展的实际，改革专业设置及人才培养模式；另一方面要紧扣人才培养目标，改革目前艺术教育模式中存在缺陷的政策，建立以市场为导向的教学体系，不断创造新的教育方法与载体，增强学生创新能力，大力培养跨学科复合型文化艺术创意人才。

图 6-1-1　潘鲁生著,《设计艺术教育笔谈》,山东画报出版社,2005 年。

图 6-1-2　艺术教育四种类型高等学校代表:中央美术学院、清华大学美术学院、四川师范大学美术学院、大连艺术学院。

一、建立新型人才培养模式的基本原则及导向

(一)从人才培养模式看高校艺术专业人才培养现状

从专业方向来看,高校根据社会对设计专业人才的需求,逐步调整学科专业结构和专业方向,使设计专业人才培养更趋合理。各类高校根据自身办学优势,不断调整和增设专业方向。一些综合性院校利用交叉学科优势,使设计专业更贴近生活、贴近经济、贴近社会需求,突破传统工艺美术的专业领域,与工学、文学、管理学、经济学等学科相互交叉,瞄准了社会急需的热门行业,增设了数码艺术设计、动画设计、服装贸易、服装营销、设计管理、广告设计等相关专业,使得一个艺术专业拓展成多个专业方向,为社会培养了大量的有用人才。正如潘鲁生先生在一书中写道:“20 个艺术专业的确无法涵盖日益发展的艺术领域,艺术高校可以掌握主动权,积极拓展专业方向并扩展目录外专业,以适应市场经济发展对艺术人才的特殊需要。”〔1〕(图 6-1-1)从专业分布来看,“我国艺术教育主要集中在四种类型的高等学校中,一是少量几所独立建制的美术学院及艺术学院;二是大量综合院校;三是师范类美术学院;四是民办院校。”〔2〕分布于以上四种类型高校中的艺术专业因各自高校办学特点不同,其人才培养目标、教学体系、大学精神等方面必然存在差异,形成了各自的专业特色。(图 6-1-2)在人才培养方面,独立建制的美院或艺术学院更注重学生艺术创作素养的培养,具有文、工科等综合性大学及具有教育背景的师范院校更注重学生综合素质的培养,而民办院校

〔1〕 潘鲁生. 设计艺术教育笔谈. 济南:山东画报出版社,2005:13.

〔2〕 清华大学美术学院中国艺术设计教育发展策略研究课程组. 中国艺术设计教育发展策略研究. 北京:清华大学出版社,2010:197.

图 6-1-3 苏州大学艺术学院(原苏州丝绸工学院纺织艺术分院)。

更注重学生应用型能力的培养。在教学体系方面,美术学院或艺术学院强调艺术素质和技能的训练;综合性大学及师范院校在强调艺术素质的基础上还充分利用学科优势,将工科、文科和一些相关领域融入到设计教学体系中,真正做到学科优势互补;民办院校强调设计技能训练。当然,同种类型的院校由于各自学校办学历史等原因,在艺术人才培养方面也存在差异。如综合性大学中有一部分是由原独立美术学院及理工类院校中富有特色的设计学院并入综合性大学建立的艺术专业,由于专业师资雄厚、教学体系完整、学科设置齐全等优势在综合性大学中形成了鲜明的专业特色及设计人才培养模式。(图 6-1-3)

虽然艺术专业在不同类型高校得到不同程度的发展,但其在成长的历程中不断调整专业方向,也形成了多元的人才培养模式。无论何种类型,从中国高等艺术教育现状而言,艺术专业人才培养是否真正能够适应社会需要,是否能够培养出具有创新型人才,这是关键问题。前一种人才培养模式导致部分学生存在"轻理论、重实践"、"轻工艺、重设计"、"轻市场意识、重个性表现"、"轻理性认识、重感性认识"等现象,导致了高校艺术专业学生知识结构不完善。而后一种人才培养模式虽因教学体系变动作了微调,但由于旧的人才培养模式的"惯性"作用,导致培养的人才素质与社会需求相脱节,学生的理论水平与实践能力相脱节,从而导致学生就业竞争相对"薄弱"。而且社会需求与人才素质之间的协调需要一个过程,艺术设计专业人才培养模式的改革也应适应社会的发展与需求。

（二）高校艺术创新型人才培养的特殊要求

人类即将进入 21 世纪，有关大学生素质问题已成为一个热点话题，大力提高当代大学生综合素质已成为全社会的共识，也是时代的呼唤。“跨世纪艺术人才”的提出正是适应了社会发展的需要。作为跨世纪艺术人才，其素质是由它的专业性质及社会时代的要求决定的。迈入 21 世纪之前，教育部就已提出了高等学校本科人才培养目标和基本规格，即培养德、智、体全面发展，基础扎实，知识面宽，应用能力强，综合素质高，富有创新精神的专门人才，简单地讲就是“拓宽基础，培养能力”，这是当前我国高校教育改革的基本趋势，也是适应我国现代科技革命的要求。高校艺术专业人才素质的培养毫无疑问也是把“拓宽基础，培养能力”作为指导思想。从宏观上讲，就是要培养学生积极进取、开拓、创新，勇于迎接新时代的挑战；要培养学生具有合理的知识和能力结构；要培养学生具有竞争意识、效益意识、法律意识和国际意识；要培养学生具有较高的人文精神和道德风貌。具体来说，即培养适应 21 世纪建设需要，德、智、体全面发展，具备艺术与创作、教学和研究方面的知识和能力，能在艺术教育、研究、生产和管理单位从事诸方面工作且具有创造性的专门人才。其基本素质是指艺术专业人才成长所必须具备的各种内在要素的总和，基本要素应包括思想道德素质、文化素质、科学素质、身心素质、设计知识技能素质。其中，设计知识技能素质包括艺术与设计知识技能、自然与社会学科知识技能以及综合能力技能等。用中国著名设

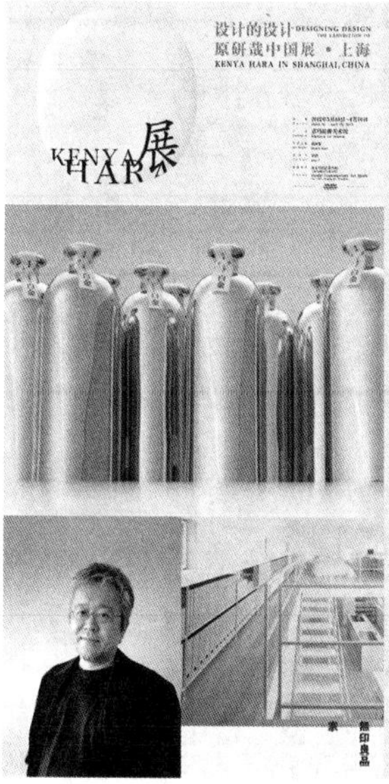

图 6-1-4 “设计的设计——原研哉中国展·上海”：现场展示实物展品 59 组、平面展品 51 组、影像作品 3 组，共 113 组件设计作品。通过展览，或许可以对原研哉有一个重新的认知，同时了解其一直以来所希望传达的信息：设计既要有设计性，又要同时具有生产力。

计师尹定邦先生的话说：“把艺术与设计知识技能比喻为设计师的一只手，自然科学与社会知识技能比喻为设计师的另一只手，时代的发展要求设计师‘两手抓，两手都要硬’”。[1]综合能力技能却是艺术专业人才的“一双手”，是成功实践设计创意的综合技能。除了要有艺术实践技能和科技应用实践技能以外，还需要有较强的社会实践技能，包括较强的组织能力、处理公共关系的能力等。设计的调查，设计的竞争，设计合同的签订、实施与完成，设计开发的策划、综合的思考能力，设计师与设计委托方、实施方、消费者及设计师之间的合作、协调与组织能力等，都是设计师的社会实践，也都是艺术人才的必备素质。当然，作为一名设计师不可能在每一个领域都成为专家，他对许多学科知识的掌握不可能都很深入，只能是对许多学科的应用性质有不同程度的了解与掌握，而以对“问题”的观察能力、综合比较能力、系统处理问题的能力见长，善于将不同的学科知识有机地结合起来，形成处理设计中各种复杂因素的综合能力，这就是所谓的艺术人才必须具备的综合能力技能。（图 6-1-4）

二、高校艺术教育的创新视角

长期以来，我国高等艺术教育由于受重道轻器的传统观念影响，在院校里强调素质教育或者基础教育，忽视艺术实践教育，导致艺术教育与社会需求相脱节。教育部对 21 世纪我国高校人才培养模式提出要求：“高等学校要贯彻教育方针，按照培养基础扎实、知识面宽、能力强、素质高的高级专门人才的总体要求，逐步构建起注重素质教育，融传授知识、培养

〔1〕 尹定邦.设计学概论.长沙：湖南科学技术出版社，2003:193.

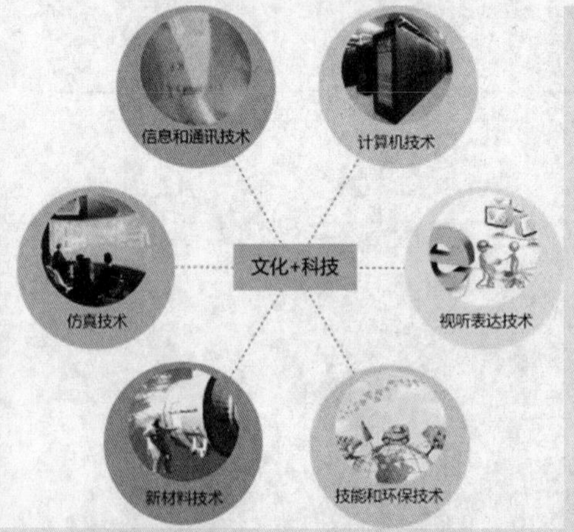

图 6-1-5 胡宏述：一位杰出的教师，被誉为台湾设计界的先驱，身兼设计师、画家、雕塑家、建筑师、哲学家、工艺师和制造者，他的作品横跨建筑、装置艺术、公共艺术、家具、一般产品、玩具及包装设计。

图 6-1-6 2013 年推动文化生产力的六大科技潮流（制图：张海宁）。

能力和提高素质为一体，富于时代特征的、多样化的人才培养模式”。这就要求高校的人才培养应与社会需求紧密结合，为社会培养大量有用人才。艺术设计是一门较强的应用型专业，不仅要求学生熟练掌握设计创意、设计技法及表现手法，还要注重学生实际操作能力的培养，包括产品材料物理性能与结构、生产技术与工艺、产品销售与流通、人体工学、消费者心理、产品成本预算、市场信息等把握能力。因此，其教学体系有着自身特点，技能性、技艺性、表现性、实践性课程较多，也应与实际的生产相结合，使学生了解和熟悉生产、设计、销售、管理等各个环节。正如美籍华人设计家胡宏述给“设计学”定位时说道，设计学是由众多学科融合起来的，套一句数学用语，即（设计学）与诸项学科都有“交集”。比如谈到美感，是属于艺术、美学范畴；谈到色彩，又有物理学、生理学、心理学的内容；谈到设计方法，有属于科学的方法，也有哲学的、社会学的方法；谈到材料、机械，也涉及工学的领域。[1]（图 6-1-5）就拿艺术设计专业来讲，其专业不同于一般美术教育专业，属于实用艺术范畴。艺术设计是在现代工业化生产条件下，运用现代科学技术与艺术相结合的方式进行一种创造性活动。（图 6-1-6）严格意义上讲，艺术设计是一个生产的过程，是一个系统的程序。其设计人员不是纯艺术家。正如李砚祖先生在一书中写道：“现在在理论上常将艺术设计作为一种综合的、交叉的学科，其原因就在于它广泛地涉及科学技术、工程技术和人文、社会科学各领域，它与纯艺术的美术形态相距甚远，而且随

〔1〕 李砚祖.艺术设计概论.长沙：湖北美术出版社，2002：184.

图 6-1-7 《中国文化产业评论》第三卷：本书系上海交通大学国家文化产业创新与发展研究基地主办的学术理论刊物，汇集年度国内外文化产业方向的最新研究成果。

着数码技术和电脑等设计工具的发展，艺术设计日益打开了与绘画艺术的距离，它可以利用绘画作为工具或形象，但其本身却不是绘画或美术”[1]。因此，建立与社会需求和艺术教育规律相适应的设计人才培养模式，是设计教育发展的需要，也是社会发展的需要，更是文化创意产业发展的需要。（图 6-1-7）

创意人才是决定文化创意产业发展的关键因素。当前我国文化创意产业，无论是在影视文化、电信软件、工艺时尚、设计服务、展演出版，还是在咨询策划、休闲娱乐及科研教育等方面都取得了全面发展。但人才匮乏仍是我国文化创意产业发展的最大瓶颈，传统艺术教育无法提供创意土壤，文化创意人才产出率低。建立文化创意产业的有效体制和机制，是引领文化创意产业发展的关键。目前，我国对于文化创意产业人才的需求，主要体现在以下几个方面：其一，从特点上来看，中国严重缺乏两类创意人才，一是既通晓创意内容又擅长经营管理的管理者，二是灵感迸发、创意迭现的创作者，二者同时缺失直接导致中国无法形成具有国际影响力的创意品牌。其二，创意产业前景广阔，但人才培养急功近利，从事各创意行业的人才教育与培养无法满足实际需求。其三，创意产业理论研究队伍中复合型人才极少，大多数成员知识结构不合理、学科规范缺乏、视野狭窄，对创意产业规律的探讨不深入，做表面文章多，在知识储备上难摆脱偏见成见。其四，可以预测的创意人才的储备基数很大，但是真正能从其中脱颖而出的人很少，能够达到高端要求的有

〔1〕 李砚祖．艺术设计概论．长沙：湖北美术出版社，2009：141．

图 6-1-8　2007 年中国文化部在北京命名清华大学、南京大学、南京航空航天大学、中国海洋大学、华中师范大学、云南大学 6 家高等院校的文化产业研究机构为国家文化产业研究中心。

效人才就更少。[1]

目前，国内许多高校已意识到文化创意人才需求的市场趋势，自觉承担起了培养文化创意产业人才的重任。教育部首次批准山东大学、云南大学等高校创办了文化产业本科专业，开始了文化创意产业专业人才的培养；文化部还命名上海交通大学和北京大学为“国家文化产业创新与发展研究基地”，随后山东大学、云南大学、中南大学、南京航空航天大学等也相继成立了相应的文化产业研究机构，致力于从事文化创意产业人才培养，包括本科、硕士、MBA、MPA、EMBA 等各种学位课程。（图 6-1-8）由于新建专业，缺乏经验，仓促上马，各种基础性建设大大滞后，尤其是学科建设、人才培养、教学体系、师资队伍、学生生源等方面都没有形成了较为科学的体系。“短短几年时间里，我国高校已经诞生了 60 多个文化产业相关专业或方向，这其中还不包括专科专业。各院校相关专业的教学资源和学科优势呈现参差不齐的发展状况：学术支撑和学科设置不尽合理，文化产业专业的所属院系也是五花八门，包括经济类、管理类、艺术类、文史类及传媒类等。学生毕业授予的学位也是管理、文史皆有。这种杂乱无章的学科归属现象反映了当前文化产业专业建设的不成熟性”。[2] 从侧面来看，当前高校开设文化创意产业相关专业或方向由于所属院系或学科不同，其人才培养没有形成统一模式。艺术教育属于文化范畴，文化创意产业的崛起与重要性给高校艺术教育提出了新的要求，一方面要求艺术教

〔1〕 张京成．中国创意产业发展报告（2010）．北京：中国经济出版社，2010：14—15．

〔2〕 李海亭．关于高校文化产业专业学科建设与教学模式改革的思索．高等教育研究，2010(4)：51—56．

图 6-1-9　福建师范大学文学院下设文化产业管理专业、浙江传媒学院设文化创意学院、浙江师范大学下设文化创意与传播学院。

育及时调整办学理念，努力将文化创意产业尽快成立为一个独立学科，为文化创意产业发展培养大量的高素质的文化创意人才；另一方面充分利用各学科优势，大力发展文化产业相关专业或方向，建立与文化创意产业发展相适应的创意人才培养模式。首先，在学科建设上，充分发挥与文化产业相关专业学科优势，对现有的学科和专业设置作相应的调整，发展文化创意产业专业或方向，以培养各类文化创意专业人才。有的高校在各相关院系成立了文化创意产业相关专业或方向，或挂靠在人文学院、传媒学院或管理学院等。（图 6-1-9）针对以上情况，由于文化创意产业涉及多学科，独立成立一个文化创意产业学院的时机尚未成熟，然而在其它学院成立文化创意产业又有点勉为其难。因此，为了便于统一管理且考虑到专业的相近性，可以由艺术院系来牵头，在原先的艺术专业的基础上，利用高校管理学、经济学等其他学科优势，开设文化创意产业经营、文化创意产业管理、文化创意产业产品设计与艺术创作、文化创意产业策划等专业或方向，以培养文化创意产业所需的各类专业人才。其次，以文化创意产业市场及文化消费为导向，充分发挥艺术教育审美育人功能，增强文化创意产业人才的市场意识，以培养与市场相适应的文化创意人才。文化创意产业一方面要求将个人化的艺术表现进一步提升，在更广泛的受众中形成共鸣，引导他们的文化消费向更高的层次发展，从而产生经济效益；另一方面要求创意设计与社会经济发展同步，实现与技术、产品、市场有机结合。这就要求高校艺术教育必须

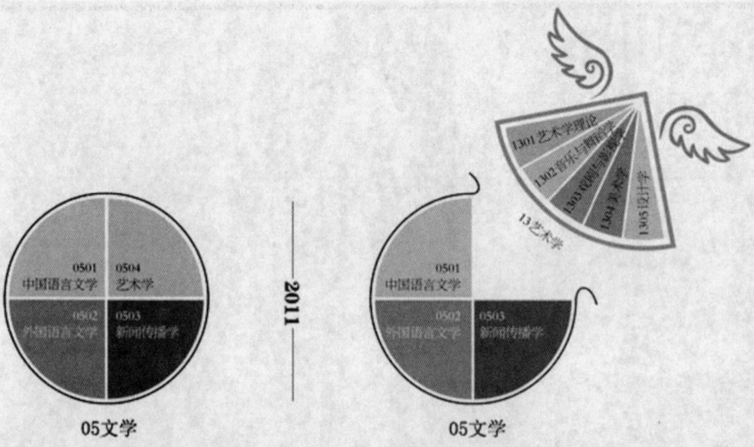

图 6-2-1　2011 年 2 月，国务院学位委员会审议通过了将艺术学科独立为"艺术学门类"的决议，原属"文学门类"的艺术学科告别和中国语言文学、外国语言文学、新闻传播学并列为一级学科的历史，成为新的第 13 个学科门类。

树立市场意识，培养学生重视研究消费者的心理需求、审美习惯，将市场需求与个人艺术表现紧密结合起来，从而培养文化创意产业发展所需的各类专业人才。

第二节　综合性大学艺术创新人才培养思考

新中国成立六十多来，我国艺术教育事业取得了巨大发展，基本上形成了学科门类齐全、学科体系科学、具有相当规模的艺术教育体系。尤其是改革开放以来，艺术学科得到了完善和空前的发展，其中设计教育发展令人瞩目。原因在于，一方面社会文化与经济发展需要大量的艺术设计人才，另一方面国外设计教育的经验与成果的传入引起了我们的重视。值得一提的是，2010 年"艺术学"成为独立门类，下设五个一级学科，包括艺术学理论、设计学、音乐与舞蹈、美术学及戏剧与影视学。设计学专业（原为艺术设计专业）已从原先的二级学科升级为一级学科，受到前所未有的重视。（图 6-2-1）一些综合性大学、师范类院校或单科院校甚至连一些理工科院校，还包括民办院校都开始利用自己的优势创办了艺术设计专业，其发展之势迅猛、规模之大，远远超过了纯艺术教育。以知识经济为标志的非物质社会的到来，正使设计发生前所未有的转变，同时以文化创意产业为导向的新的发展战略获得了越来越多的认同，这一重大转变为高等艺术设计教育提出了新要求。以我国广告产业为例，目前我国已成为继美国、日本、英国之后的第四大广告市场。据统计，2006 年，我国广告年经营额达1537亿元，共有广告经营单位达14300多户，广告从业人员达100多万人。2006年9月，我国发布了《国家"十一五"时期文化发展规划纲要》，其中全面明确未来五年将着力发展影视制作业、出版业、发行业、印刷复制业、广告业、文化会展业、数字内容和动漫产业等九类重点文化产业。[1]因此，高等艺术设计教育必须实现从技术磨练到创意开发设计的转变，围绕文化创意产业发展的需求，积极探索我国高校艺术设计专业人才培养新模式，培养出适应社会需求的创新型设计人才。

20世纪90年代以来，为了适应我国高等教育事业的发展需要，进一步整合现有的教育资源，发挥教育规模效应，全国纷纷兴起一股"合并"之风，形成了一大批学科健全的综合性大学。随着20世纪90年代末高等教育体制改革的不断深入，高校办学自主权的放大及全国扩招使得艺术专业教育在综合性大学得到迅速发展。我国高等艺术专业教育发展具有了广阔空间。据《中国教育统计网》于2008年10月13日发布的《2007年全国教育事业发展统计公报》统计数字，2007年，全国共有普通高等学校及成人高等学校2321所，其中，普通高等学校1908所，在这1908所普通高校中，除了31所专业艺术院校和约100余所师范院校有艺术专业外，其余近1800所院校约80%以上设有艺术专业，尤其是综合性大学，设置艺术专业的学校有95%以上。[2]可见，艺术专业教育已由精英教育转向大众化教育，从边缘走向中心。然而，由于时间短，速度快，大规模地在综合性大学重复建设艺

[1] 张勇.创新型艺术设计人才培养模式与课程体系的构建//王章旺.创意的经济与创新设计人才的教育.沈阳：辽宁美术出版社，2009：363—365.

[2] 陈丽.艺术教育浅议.江西社会科学，2001(12)：28—30.

术专业，有些院校在原先的基础上增设艺术新专业，有些院校在人文学院开设艺术专业，有些院校在条件不具备的情况下匆匆上马。从表面上看，发展迅速，轰轰隆隆，但实际上无论是学科体系、艺术人才培养目标，还是课程设置、教学方法、教学内容，都带有不同程度的模仿性及雷同性。艺术专业教育的发展，关键是要看培养艺术人才的质量。有限的市场将把日益增加的艺术专业人才推向竞争之中，艺术专业毕业生是否具有足够的创造能力，是一个非常实际的重要问题。因此，加强综合性大学艺术专业建设，积极探索综合性大学艺术专业人才培养模式就显得尤为重要。这对适应培养社会与市场需求的高素质艺术专业人才有着积极意义。

一、综合性大学艺术专业人才培养现状分析

改革开放以来，我国高校艺术专业教育发展迅猛，为社会输送了大量的艺术专业人才，为繁荣国家艺术事业做出了杰出贡献。艺术院校纷纷扩充专业方向，增设艺术专业，文理工院校甚至专业性院校也相继增设了艺术专业，从而形成了高等艺术专业教育多元化发展的新格局，到2001年已发展到涵盖音乐、舞蹈、戏剧、影视、美术、工艺美术（艺术设计）六大门类的48种专业。独立艺术院校、高等师范院校、综合性大学、单科院校及民办院校都设置了艺术专业，艺术专业招生规模逐年扩大，学生人数在不断增长，这成为导致近年来“艺考热”的主要原因之一。据有关数据显示，2009年，我国普通高校发展到2305所，在校学生达到2144.66万人，艺术类在校生达

到136.49万人。[1]可见，我国高等艺术教育进入了快速发展的时期。不管是单科、综合艺术院校，还是师范类院校的艺术院系科，都得到飞速发展，犹如雨后春笋一般，且有愈演愈烈之势。据报道，2004年全国有600多所综合性大学开设了艺术类本科相关专业，到了2006年，全国开设了艺术类专业的高校达800多所。目前，国内绝大多数的综合性大学均开设了艺术类专业。学生在校人数年年递增，远远超过专业艺术院系在校人数，为社会培养了大量的艺术人才。从利用综合性大学多学科的资源开发教育市场，培养艺术专门人才，拓展专业领域的角度来说，这无疑起到了积极作用，也对推动我国艺术教育发展和满足艺术行业需求起到了一定的促进作用，同时也为学校带来丰厚的利益回报。

若以1983年厦门大学成立艺术学院为标志，综合性大学的艺术专业建设发展仅为三十年，更多的同类大学是在20世纪90年代末或21世纪初才陆续创立了艺术学院。如1984年东华大学成立了服装艺术设计学院，开始招收服装专业本科生，是全国最早建立服装类学科的高等院校之一；1994年东南大学成立了艺术设计系，主要承担工业设计本科专业的培养任务；1995年至1999年间，北京大学、清华大学、浙江大学、南京大学、苏州大学等相继创建了艺术学院；2000年至2007年间，吉林大学、兰州大学、郑州大学、东北大学、扬州大学、同济大学、大连理工大学、武汉大学、中国人民大学、福州大学、华南理工大学、复旦大学、西南大学、重庆大学等先后成立了

〔1〕 聂立家等.高等艺术院校人才培养模式改革研究.济南：山东大学出版社，2011：3.

图 6-2-2　吉林大学、兰州大学、郑州大学、东北大学、扬州大学、同济大学、大连理工大学、武汉大学、中国人民大学等先后成立艺术学院。

艺术学院。(图 6-2-2)近年来,还有一大批规模相对较小的综合性高校及民办院校也纷纷成立了相关艺术学院,如苏州科技学院、盐城工学院、昆明理工学院等。综合性大学在不长的时间内成立众多的艺术学院,为社会输送了大量的艺术人才。但不难看出,综合性大学艺术专业建设由于其发展历史及特殊性还存在诸多问题,还没有建立起具综合性大学自身优势与特色的办学理念,未来综合性大学艺术专业建设也将面临着诸多挑战。如有的院校从无到有、白手起家,教师以应届毕业生为主体,缺少学术带头人;有的院校为求学科齐全,在一两个专业的基础上扩展为艺术学院;还有的院校以艺术选修课、欣赏课的教师为主体,组建二级艺术学院或专业学部;也有的院校因办学条件不成熟,仓促上马后挂靠在人文学院。这些院校艺术专业受师资条件、教学体系、硬件设施等限制,大大影响了其艺术专业人才培养的质量;也有的合并整个美术系科更名为艺术学院,当然这类情况相对好些,他们原本有着雄厚的师资队伍和规范的教学体系。但综合性大学有它统一的教学管理模式,过多地强调共性,也不同程度地影响艺术专业人才培养质量。可见,综合性大学艺术专业招生规模的急剧增长与有限的教育资源形成了矛盾,不同程度地造成了师资力量及硬件设施的严重不足,致使艺术专业生源质量、教学质量下降,综合性大学艺术专业人才质量培养得不到保证。综合性大学艺术人才培养定位不明确、目标不清晰,致使人才培养难以适应社会发展的需要。由于综合性大学建设艺术专业往往一概模仿专业艺术院校人才培养模式，在培养目标上仍然沿袭强调艺术精英或专门艺术人才，在教学上延续传统专业美术、音乐、戏剧院校的方式，并没有发挥综合性大学自身优势，走出一条与专门艺术院校不同的办学思路。

因此，我们在认识到在综合性大学开办艺术专业教育所取得的成就的同时，应充分发挥综合大学多学科优势，整合优势资源，创设特色艺术学科，并积极探索艺术专业人才培养模式。

二、综合性大学艺术专业人才培养模式探讨

正如前述，我国高等艺术教育主要分布在独立建制的艺术学院或美术学院、综合院校、师范院校及民办院校等四种类型院校中，形成了多元化的艺术人才培养模式。有学者将当前我国艺术专业人才培养的模式分为单科艺术院校模式、师范院校的艺术系科模式、理论研究型培养模式及综合性大学艺术专业人才培养模式等四种类型。[1]时任浙江大学艺术学院院长陈振濂先生将我国的艺术人才培养模式分为四类：第一类是书画院、歌舞团模式，以实践应用型人才培养为主；第二类是美术学院、音乐学院、舞蹈学院、戏剧学院的模式，以实践、创作为龙头，理论教学、技巧教学配合；第三类是纯理论研究类型的人才培养模式；第四类是综合性大学艺术专业人才培养模式，以理论为前导，但最终落脚到实践。以上四种类型在人才培养方面各有侧重，第一类是只“术”还“学”，第二类是只“学”还“术”，第三类先“术”后“学”，第四类是先“学”后“术”。[2]其中，客观上讲，前三种模式在我国艺术事业发展中

〔1〕 刘桂珍.综合性大学艺术专业建设问题与发展策略.西北师大学报(社会科学版)，2007(6)：92—95.

〔2〕 陈振濂.先“学”后“术”——综合性大学艺术学专业办学新思路.南京艺术学院学报，2004(1)：4—8.

图 6-2-3　2015 年 11 月 28 日，“第五届中国非物质文化遗产 · 东吴论坛”在苏州大学举办。

发挥了重要作用，并仍继续履行使命。第四种模式发展于 20 世纪 90 年初，随后艺术专业已在综合性大学得到蓬勃发展，构成了我国高等艺术专业教育重要部分，开拓了我国高等艺术专业教育新局面。该种模式不仅是由艺术学科发展规律所决定的，更是由所在的综合性大学多学科优势所决定的。正如陈振濂先生在首届全国重点综合性大学艺术学科建设发展研讨会上指出：“综合性大学艺术院系是以理论为前导，最终落实到实践，它重视‘术’的作用，但不从‘术’到‘术’，而是先训练学生的思维，以‘学’为基础，再走向‘术’的展现。它不同于其他办学思路的特点在于它坚决认为‘术’是必须的，并坚定地以‘学’带‘术’，这符合综合性大学以‘学’为中心的学术格局。”[1] 这种模式与前面所提到的三类模式有相似之处，但由于综合性大学与书画院、歌舞团、艺术研究院以及独立设置的艺术院校存在办学理念差异，使得“先‘学’后‘术’”模式成为其所在艺术院系应有的人才培养模式。（图 6-2-3）

（一）综合性大学艺术专业学科发展定位及人才培养目标思考

综合性大学开办艺术专业是近年来我国高等教育发展的一个新现象，但对于综合性大学的艺术专业究竟如何建设，如何与专业艺术院校区别开来，迄今并没有现成的成功模式。作为综合性大学，它的艺术院系与专业艺术院校不同，它们可以利用得天独厚的学科优势，使艺术学科领域不断拓宽，突出综合学科的优势，以发展与文化和市场经济相匹配的艺术应

〔1〕 陈雅飞. 先“学”后“术” 以“学”带“术”——陈振濂教授访谈录：关于综合性大学艺术学专业办学新思路. 中国美术教育，2002(6)：15—17.

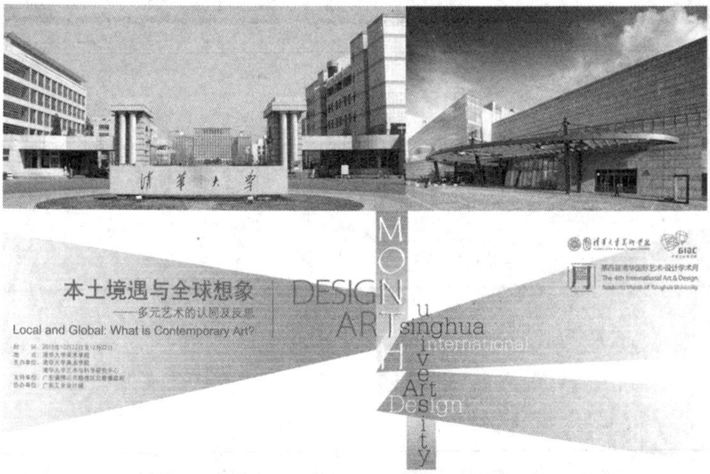

图 6-2-4　经教育部批准，清华大学艺术与科学研究中心于 2001 年 5 月 24 日正式成立，并于 2012 年举办第四届清华大学国际设计学术月。

用性专业，这样能够做到优势互补，满足社会对艺术人才不同层面的需求。同时综合性大学艺术院系可以增设美学、哲学、文学等方面的课程。特别是新兴的设计艺术类专业如工业设计、服装设计及工程、服装贸易、设计管理、动画、广告学等相关专业，更需要增加工学、传播学、经济学、管理学知识，这是专业院校所不具备的资源优势。可见，综合性大学可以使艺术专业学生素质得到全面发展，不仅具备艺术基础知识、技能训练、艺术审美，而且还能获得社会学、经济学、工学、管理学等其他综合知识素养。综合性大学艺术院系固然有着其资源丰富、学科交叉等优势，但由于综合性大学有着许多不同学科的专业，导致它兼顾学校的统一管理与各学科的个性化发展时，不可避免地面临两难的矛盾：一方面，学校为了便于管理，在制定政策、评价标准、操作规范方面时往往强调各科的共性和统一性；另一方面，各学科由于自己的专业特点和个性差异，又很难适应整齐划一的管理模式。正如黄启明先生说道："文、理、工科大学中办美术与设计专业，除了它能逐步达到美术、艺术院校所长之较强的技艺性外，还可以因为有文、理、工学科的环境和支持，使学科的建设和学生的学习具有更广博的基础，而这种广博的基础对学生掌握某种技艺应该有积极影响，并可能上升到某种技艺之上的学术层次，它的潜力、它的后劲不可忽视。"〔1〕以清华大学美术学院为例（图 6-2-4），原中央工艺美术学院是一所以工艺美术为主，具有相对独立的艺术院校，是我国现代艺术设计教育的摇篮，1999 年在合并到

〔1〕 黄启明.关于高等美术教育改革的几个问题.美术观察，2001(9)：14—16.

清华大学，成为清华大学美术学院之后，逐步摆脱了专门艺术院校的办学思路，利用清华大学理工学科见长的优势，提出了新的科技与艺术发展的“艺术与科学”的学术定位及专业发展方向，形成了清华美院独特的办学特色。可见，综合性大学的整体学科优势和浓厚的学术氛围，为艺术专业发展提供了坚实的学科基础。为此，综合性大学艺术专业的学科发展应遵循艺术专业的学科特性，依托理、工、文、艺等多学科优势，整合优势资源，开创某些交叉的学科、综合性的艺术学科、应用性的艺术学科，这必将催生一些适应市场观念与社会需求的新兴专业，如艺术市场学、艺术管理学、艺术心理学、艺术思维学等，从而满足社会发展需求，从而培养出复合型多元化的艺术专业人才。

(二) 围绕人才培养目标，建立与之适应的综合性大学艺术特色教学体系

1. 多学科交叉的宽基础课程设置

艺术人才需要具备的素质是高等艺术教育关注的重点，但如何将它量化为具体的课程却是高等艺术教育研究的中心。课程体系建设是综合性大学艺术院系培养艺术人才工作的关键环节，只有通过不断的更新课程内容、改进教学方法、健全课程体系，才能确保艺术人才培养质量及培养目标的实现。因此，艺术院校要在原先的人才培养方案课程体系由通识教育平台、学科基础平台及专业方向教育平台三部分组成的基础上，依托多学科发展优势，以课程设置为载体，强化通识教育，打通艺术与人文领域、科学领域间障碍，将文化

图 6-2-5　2013 苏州大学艺术学院毕业生作品发布会。

与科学引入艺术教育的视野，着眼于艺术专业学生知识结构的完善和综合能力的提高。苏州大学 2012 年被江苏省政府确定为高校综合改革试点单位之一，提出"为了一切学生成才"、实践"通才教育、分类教学"和"宽口径、厚基础、重能力、求创新"的教学理念，全面推动了本科人才培养模式改革，制定了以课程体系改革为核心的本科人才多元化培养方案，为学生的个性化发展创造了条件。作为二级单位艺术学院也不例外，将艺术专业课程模块分基础课程平台、通识课程平台、特色课程平台及选修课程平台等四部分。基础课程平台包含了专业核心课程、专业系课程、配套课程组及实践性教学环节。特色课程平台不仅包含了应用型和拔尖创新型人才培养分流课程，还包含了不同学科专家系列讲座，以拓宽学生的知识面。选修课程平台不仅包含专业选修课(主要是在大艺术类范畴内选修，以提高艺术专业素养)，还包含全校公共选修课，包含艺术专业以外的各学科课程，以提升综合科学文化素养。当然，作为艺术专业来讲，需要依托专业背景，可以选择一些文化史、民俗学、市场营销学、管理学等相关的人文学科课程，也可以选择一些材料史、技术史、人体工学等相关的理工学科课程，为艺术专业学生打下宽厚的综合知识功底。苏州大学多学科优势，无疑在课程设置上给艺术学院学生提供了汲取各学科素养的土壤。(图 6-2-5)

2. 注重创新性的艺术实践课教学

由于教学体系在整个高校教学工作中具有导向、规范和

图 6-2-6　2013 年苏州大学艺术学院成功举办第四次"work & walk"中法艺术交流活动。

改进的重要功能，所以，建立高校教学体系不能仅以共性标准来统一指导，而应该采取针对各学科特点的具体标准与统一标准相结合的措施。作为综合性大学来说，要充分尊重和遵循艺术学科自身的发展规律，把握艺术学科建设的特点，不能简单地套用理工科的办学方式或教学模式来建设。不同学科因自身规律都有相应的教学模式，教学模式的合理性直接影响到教学质量。艺术专业基础教学与实践教学是一个互动发展关系，是教学体系中不可分割的两个重要组成部分。艺术专业是实践性较强的应用专业，具有鲜明的实践性，其教学特点有着自身特点，技能性、技艺性、表现性、实践性课程较多，同时也应与实际的生产相结合。因此，艺术专业教学更强调基础性教学的同时，更应强调实践性教学。（图 6-2-6）而综合性大学的教学优势是其宽厚的学科背景，专业设置全面，可以满足艺术学科的综合性和复杂性，这为培养适应社会需求的复合型人才提供了有利条件，这是专门的艺术院校所无法比拟的。与此同时，如何在传授知识、技能的同时，激发学生的创造性，让教学走向创新，这是艺术教育的核心。这也体现了艺术专业的一个特点，就是教学与创作相互依存，教学的过程与培养的目的就是从事艺术创作。其专业基础课和专业课基本上都是在教师与学生互动的实践中完成的，也就是教师在一边教学，学生在一边创作。这与理工科专业的情况有所不同，他们的教室与实验室无论在功能上还是在设备的配置上都有明显的区别，理论教学和实践教学也属于两个不同的体系。

图 6-2-7　第十一届中国大学生广告艺术节学院奖平面类铜奖作品：回味梦想，活出敢性（作者：广东工业大学李镛）。

图 6-2-8　武汉大学珞珈创意产业园。

因此，在艺术专业的教学中，除了艺术设计学等少数纯理论的专业外，绝大多数专业都带有较强的实践性特征。（图 6-2-7）

综合性大学凭借自身学科与人才优势，在整合学校资源与社会资源方面有着特殊功能，为搭建实践教学平台提供了后勤保障。大学文化创意产业园创建、产学研合作推进、实习基地建立等实践平台，无不体现出综合性大学的独到优势。（图 6-2-8）为此，综合性大学艺术院系应充分发挥其综合优势，依托大学实践平台，加强对艺术专业实践教学体系改革，必须将基础教学与实践教学作为一个整体来统筹，积极构建艺术专业实践教学平台的协同创新发展。这将是艺术专业教学改革的一个方向，也是现代艺术创新型人才培养的方向。如中国人民大学文化科技园依托学校的特色学科为依托，通过艺术学院、新闻学院、环境学院等联合建立了“创意及创意技术转移中心”，一方面依托各学科交叉优势，协同创新，打造人文社会科学学术科研成果产业化的转化平台，另一方面也成为了中国人民大学艺术学院学生实践学习的重要场所，不仅为他们提供了课堂学习以外的专业知识，而且拓宽了学生的其他学科知识视野。具体地讲，在此基础上，通过教学实践平台，从时间上，将课堂教学与实践教学、校内实践与校外实践贯通起来，充分利用“假期课堂”，即寒暑假、周末，加强实践、应用与技能的锻炼，成为对课堂学习的重要补充；从空间上，将课堂、企业、市场与社会大环境有机连在一起，努力营造教学与实践舞台一体化的良好氛围；在教学内容上，随着社会

〔1〕 束霞平，张蓓蓓.论建立综合性大学艺术院系教学工作水平评估体系.中国成人教育，2008(24)：53—54.

与经济发展而及时调整、充实、补充，以社会发展最前沿的观念与内容充实教学，将理论知识、专业知识传授与实践能力培养贯穿起来；在教学方式上，加强实践教学环节的工作，从原先的课堂教学拓展到工作室教学、校企合作教学、项目教学等并存的多种教学方式，将基础教学、专业教学和项目研究三者加以融合；在课程设置上，将专业知识、技能训练与实践实习课堂合理协调，多维度建立以创新应用型实践人才为目标的艺术实践教学体系。〔1〕

（三）发挥多学科交叉优势，培养社会需求的复合型艺术人才

1. 尊重艺术学科发展规律，建立综合性大学艺术专业独特的人才选拔机制

正如前面所述，建立综合性大学艺术专业教学体系是现有综合性大学整体教学体系的有益补充。在构建综合性大学艺术专业教学体系时，不仅要充分考虑到艺术学科与其它学科之间的差异，也要考虑到艺术学科的招生制度与其它学科的差异。从艺术高校的入口环节及招生政策来看，综合性大学艺术专业的招生除了省内以外一直是单独进行招生的。艺术类各专业大都采取提前进行专业考试，学校命题评卷，专业成绩优秀者参加全国统一的文化课考试的录取办法。到了2004年开始，教育部允许31所独立设置的普通高等艺术院校可自行划定本校艺术类本、专科(高职)专业文化考试录取控制分数线，并分配各省招生计划。这使综合性大学艺术类专

业招生与独立设置的艺术院校在政策上有了明确的区别。而综合性大学艺术类专业招生往往是由学校有关招生部门具体负责，艺术院系往往只有参与权，没有决定权，从一定程度上讲就减弱了艺术专业的特殊性，缺乏选拔艺术特殊人才的灵活机制，这将对发现和培养优秀的艺术人才产生一定的消极作用，直接影响了个性化的艺术教育。为此，综合性大学艺术类专业招生不仅要充分考虑艺术专业的特殊性，强调人才的个性，同时也要体现综合性大学综合素质人才培养目标，积极探索多元化的灵活人才选拔机制。对于在艺术上有突出潜能的考生来讲，可以建立以专业成绩为主的人才选拔机制，如专业成绩名列前茅的考生或在考之前获得了全国各类专业大赛优异成绩的考生可以破格录取；对于一般艺术考生来讲，可以建立专业成绩与文化成绩各占比重为主的人才选拔机制，区别于一些独立设置的艺术院校仅以专业成绩为主的考核办法，这样有利于凸显综合性大学人文素质培养优势；对于特殊专业上来讲，可以建立以文化成绩为主的人才选拔机制，如艺术设计学等理论专业。这样的选拔机制，一方面可以依托综合性大学优势，弥补少数特殊艺术人才的人文素养，另一方面，依托艺术学科自身特点，弥补特殊专业艺术人才的专业知识，从而为成功培养复合型艺术人才打下了基础。

2. 培养跨学科合作的复合型艺术专业人才

综合性大学有着多学科的优势，这对以发展与文化和市场经济相匹配的艺术应用型专业来说无疑是锦上添花。作为

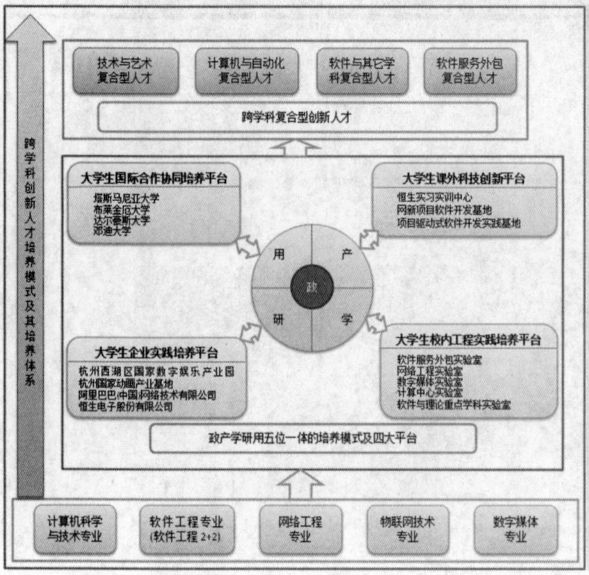

图 6-2-9　浙江工业大学艺术学院与软件学院合作实施的技术与艺术相结合的数字媒体跨学科人才培养模式创新实验区，并提出“政产学研用五位一体”复合型创新人才培养模式。

艺术专业的学生来说，除了要掌握艺术与设计知识技能以外，自然与社会学科知识技能是艺术专业学生的“另一只手”。设计师也不可能“一把抓，一把熟”，但不能因此不去掌握一些与设计相关的学科知识技能，例如自然科学的物理学、材料学、人机工程学、人类行动学、生态学和仿生学等，社会学科的经济学、市场营销学、消费心理学、传播学、管理学、思维学和创造学等。如浙江工业大学艺术学院在实践中也与该校软件学院合作实施教育部人才培养模式创新实验区——“技术与艺术相结合的数字媒体跨学科人才培养模式创新实验区”项目，积极探索动漫游戏人才培养模式。(图 6-2-9)可见，我们应充分利用综合性大学学科全的优势，加强文、理、工等学科的相互渗透和相互结合，积极引导学生跨学科选课，同时开设交叉学科的复合课程，如艺术与物理、艺术与数学等，积极探索、设置复合课程；加强艺术基础课程教学，大量开设全校选修课，以便学生掌握必要的艺术基础知识后，在普通教育课程、艺术学科基础课程与各种选修课之间建立起纵横交错的知识联系。我们要逐渐扩大与艺术有关的相关学科选修课的比例，增开选修课，创造条件鼓励学生跨学科选课，充分发挥综合性院校学科的优势互补条件，将专业知识、技能训练与实践实习课堂合理协调，多维度建立以创新应用型实践人才为目标的艺术实践教学体系，积极努力培养复合型艺术专业人才。

艺术专业教育无论是在艺术院校还是在综合性大学，它有着其专业特殊性，背负着特殊教育的使命。艺术不单纯是

图 6-3-1 “心织·天地行”——上海视觉艺术学院包装传播设计专业毕业展。

知识、技能，或是职业，它同时也是人的全面修养的提升，是人获得全面发展与实现理想的重要途径。正是艺术教育的复杂性与微妙性决定了艺术教育的特殊性，综合性大学的复杂性与学科多样性决定了艺术院系的“尴尬”地位。为此，面对我国艺术教育急速发展的现状，尤其在我国综合性大学纷纷开设艺术专业，扩大艺术招生规模情况下，扩招与教学资源之间的矛盾扩大了，如何进一步提高艺术教学质量，发挥办学特色，办好艺术专业，积极发挥综合性大学优势及艺术教育规律，探索构建综合性大学艺术专业人才培养模式，具有重要的现实意义。

第三节　独立学院艺术创新人才培养思考

独立学院是新形势下我国高等教育办学机制与模式的一项探索与创新，是顺应市场经济的发展以及高等教育的发展需要而产生的新生事物，是普通高校的行政资源与非财政性社会资本相结合的产物，并按新机制运作的一种新的办学模式。因此，“独立学院是我国高等教育体制改革与创新的产物，是我国高等教育由精英教育向大众教育转型和发展的一项重大举措”。[1] 自 20 世纪 90 年代末以来，经过 10 多年发展，由公办高校与社会力量合作创办的独立学院在规模上取得了长足的发展，有效地促进了我国高等教育尤其是优质资源的充分利用，进一步推动了教育大众化进程。（图 6-3-1）然而，由于传统办学体制、办学理念的约束，独立学院在人才培

〔1〕 潘志勇.独立学院人才培养存在的问题及对策.黑龙江高教研究，2009(4)：119—122.

养目标、培养模式及人才特色培养方面都缺乏科学的定位，这不仅制约独立学院能否长久生存，也直接影响着独立学院能否健康办学的发展。可见，人才培养的成功与否决定着独立学院的生存与发展。作为独立学院，它与母体学院一样，包含着不同学科不同专业，在确定独立学院人才培养总方案的同时，也要分类指导，确立不同专业的人才培养模式。在独立学院内，艺术专业作为一个特殊的专业，面对文化创意产业这一大背景，其人才培养模式理应也具有特殊性。

一、独立学院人才培养存在的认识误区

（一）人才培养目标模式依附“母体”

据不完全统计，目前全国共有独立学院 320 多所，在校生达 200 多万人。独立学院发展至今，虽时间较短，但发展迅速，成为高等教育领域中的一支生力军，为中国的高等教育大众化进程做出巨大的贡献，大大满足了我国人民日益增长的教育需求。独立学院之所以发展如此之快，主要原因在于它借助了母体高校的教育资源优势和民营运作的机制优势。所谓母体高校，就是独立学院的申请者，即普通本科高校，又称母体高校或举办高校。因此，“母体高校与独立学院之间有着与生俱来的亲缘关系”。[1]这种关系就决定着独立学院紧紧依附于“母体高校”，离开了母体高校的支持，独立学院就寸步难行。因此，母体高校良好的社会声誉、办学经验、师资力量、教学设备、大学精神、校园文化等优质资源都会间接或直接影响着独立学院的发展，这无疑是独立学院的优势所在。当然，母

〔1〕 朱建华.独立学院专业设置:克服趋同性,瞄准差异性,民办高教视窗.中国高等教育,2008(12):48—49.

体高校与独立学院这一种亲缘关系有力地推动了独立学院的迅速发展，一定程度上使教育质量和人才培养规格得到了有效保障。然而，正是这种天然关系使得独立学院无法摆脱母体高校的影响力，在实际执行中却往往是全盘吸收，直接搬抄沿用母体高校制订的人才培养目标模式，包括人才培养目标、人才培养方案，致使独立学院的人才培养成为母体高校的翻版，从而制约自身人才培养模式特点的形成以及与之相适应的人才培养目标的确立。

事实上，独立学院与母体高校在办学宗旨、办学层次、生源结构、师资力量、教学设施、管理水平等方面存在差异。从社会对人才需求的多样化来看，独立学院所具有的"民、独、优"的优势特点就决定了其人才培养目标及模式，要充分根据独立学院在我国大众化教育中扮演的角色以及在社会经济发展中的作用来进行科学的准确的定位。正如邓传德在一文中提到："独立学院在人才培养目标上，应充分发挥自身办学主体的独立性、民办机制的灵活性，借鉴母体高校无形资产的影响力，跳出传统本科高校的人才培养模式，科学确定人才培养目标定位，从而在满足本科教育必需的基本需求的前提下，走出一条差异化发展道路"。[1]

（二）人才培养目标模式陷于"职业教育主义"

目前，独立学院在办学过程中往往出现两种倾向，使其难以形成办学特色。一种就是前面所提到的完全依附于"母体高校"，追求与母体高校在人才培养方面的一致性。另一种现

〔1〕 邓传德等.关于独立学院人才培养目标定位的探讨.中国高教研究，2008(4):86—87.

象就是远离“母体高校”，强调与母体高校在人才培养方面的不同之处，也就是过分注重其职业教育，将独立学院简单地认为是“职业训练场”，这与强调技能培训的高职高专院校的人才培养没有太大的区别。当然，高职高专院校与独立学院同属高等教育，在人才培养方面有其相似性，但独立学院属于本科教育层次，是以培养高级应用型人才为目标的，正如在教育部《普通高等学校独立学院教育工作合格评估指标体系》中指出，独立学院应确立“培养具有创新精神和实践能力的应用型人才的目标定位”。独立学院在人才培养方面过分强调“职业教育主义”，功利性和实用性知识将会成为唯一诉求，这会导致“教育活动缺乏超越性价值和人文内涵”。[1]换句话讲，独立学院在人才培养方面放弃了创造性人才培养目标而蜕变成职业技能培训，这与独立学院办学宗旨相冲突。而高职高专院校属于专科层次，以培养高级技能型人才为目标，更强调是技巧能力的培养。可见，独立学院不仅与母体高校在人才培养方面存在差异性，与高专高职院校也存在不同，它更强调的是扎实的知识基础、较强的学习能力和适应性，而不仅仅是高职高专院校培养的高级技工。

二、独立学院艺术专业人才培养的特殊性

（一）独立学院艺术专业的特殊性

近年来，我国高等教育取得了喜人的成绩，贯彻“共建、调整、合作、合并”的方针，对全国高校资源进行了较大规模的整合。根据原国家教委对各专业目录的统一调整，1998 年新目

〔1〕 张应强.信息时代与大学文化素质.清华大学教育研究，2002(5)：1—7.

录调整20种，独立设置的艺术学院、美术学院、音乐学院、舞蹈学院、戏曲学院、戏剧学院、电影学院、工艺美术学院由20世纪50年代的不足10所，发展现在的三十余所。与此同时，一些综合性大学相继成立二级艺术学院、美术学院、音乐学院、影视学院、设计学院、动画学院等，或设立相关学科专业，其发展趋势之猛、规模之大都是空前的。学生在校人数年年递增，为社会培养了大量的艺术人才。因此，在许多综合性大学艺术院系里，如何利用自己的学科与专业优势，扬长避短，把握好艺术学科的专业定位和专业方向，体现艺术学科的自身特点，这成为一个共同关注的话题，也成为了当前综合性大学艺术院系发展的一个难题。这些都或多或少地影响着母体高校对艺术人才的培养。

（二）独立学院艺术专业要求必须建立与之相适应的人才培养模式

1998年国家教育部对院校艺术专业领域内的设计专业进行了调整，将染织、服装、装潢、环艺、服装设计及表演等专业归类于艺术设计大专业，“重基础，宽专业”的教育理念被提上了日程。全国各类艺术院校包括独立学院根据各校的具体情况，提出相对应的人才培养方案，且对原来的课程设置及教学安排与内容进行了调整。实际上，各校对于艺术专业人才培养认识存在差别。有的院校一进校就按照学生的兴趣对艺术专业进行了艺术专业方向的分班，然后根据各专业方向教学内容进行授课。其实教学安排及内容较原来并没有多大变化，这或多或少违背

图 6-3-2　中国传媒大学南广学院 2011 级服装设计与表演专业学生张龄月获得第八届中国超级模特大赛总冠军。

了教育部提出的“重基础,宽专业”的教育思路,表面上因专业过细便于学生竞争就业,其实明显带有点急功近利的教育思想。目前,国家教育部正在进行新一轮的学科目录调整,这无疑对各高校,包括各独立学院艺术专业人才培养有着重大指导意义。作为区别于公办高校、高职、高专的独立学院,应有别于公办艺术专业所培养的“大设计”概念的艺术专业人才,又有别于高职、高专艺术专业所培养的高级技师型人才。(图 6-3-2)

三、独立学院艺术专业应用型创意人才培养模式建构途径

(一) 以应用型培养为主导,确立人才培养的目标

就人才培养目标而言,母体高校一般为研究型大学或研究教学型大学,定位为培养创新型人才,而独立学院人才培养的目标,用前任教育部部长周济的话讲,就是“位于研究技术人员和实际操作人员之间,我们可称他为生产一线的工程技术人员”。这就要求独立学院在人才培养方面不仅注重动手能力、应用技术能力,而且还要加强系统的学科基础理论学习,培养他们一定的创新与技术革新的能力。从这一层来理解,独立学院可定位为教学型大学,专门培养创新型应用人才,这也与高职高专定位为高等工程技术人才的目标不同。

首先,把握整体目标定位。独立学院根据各自的实际情况,吸收和消化母体高校的优质资源,让母体高校的资源转化为自身的办学优势,以服务区域经济和社会发展为主要目标,突破传统的以学术知识为取向的教学模式,以现代大学人才

培养的基本理念为指导，在自身生源质量的基础上，构建“应用型”艺术专业创新人才培养模式。

其次，明确学科定位。一般说来，独立学院学科定位取决于母体高校的学科资源条件及市场人才需求，也包括自身财力保障，当然，母体高校的优势学科也对独立学院学科定位有着重要意义。以苏州大学为例，其艺术专业在全国艺术院校或综合性大学内名列前茅，作为江苏省政府首批优势学科之一，其雄厚的师资力量、完备的仪器设备、先进的教学管理、广阔的就业前景等享誉国内外，这无疑对苏州大学独立学院开设艺术专业提供了充足的条件。由此可见，独立学院艺术专业学科定位应该以母体高校的艺术学学科为基础，以市场需求为导向，以创新型人才和服务社会为目的，确立艺术专业学科体系。

其三，确立人才培养目标。从我国独立学院发展的现状来看，其母体高校除了一些专业院校之外，绝大多数都是综合性大学。为此，独立学院艺术专业应充分发挥母体高校学科门类齐全、资源配置比较全面的综合优势，结合独立学院办学特点，解放思想，开拓创新，以“通才教育、分类教学”及“宽口径、厚基础、重能力、求创新”为理念，以课程体系改革为核心，以学生的个性化发展为目标，以应用型为导向，突破传统的大一统的艺术专业人才培养模式，积极探索新时期下独立学院艺术专业创新应用型人才培养的新模式。

（二）以改革教学模式为先导，确定多元化的人才培养模式

科学制定艺术专业教学计划，完善课程体系是实现独立

学院艺术专业人才培养的关键。因材施教，又是制订艺术专业人才培养模式方案的基本出发点。由于办学目标定位的不同、生源质量的差异，独立学院的人才培养模式与方案不同于母体高校。优质的教学质量才是人才培养的重要保证，为此，独立学院应依托母体，自力更生，并结合学科特点，积极改革传统教学模式，调整课程结构，倡导新型教学模式，努力确定独立学院艺术专业多元化人才培养模式。

首先，体现艺术与技术并重的技能型人才培养模式。艺术与技术是一个综合的矛盾体，无论是对于单件产品设计还是批量产品设计，其制作过程和最终呈现的形态，其中必然渗透着一定的审美因素和技术含量。如服装是艺术性与实用性相结合的产物，它是界于两者之间的综合体，因此，对服装人才的审美能力要求较高，既需要把握生活中的美，又需要掌握艺术中的美，同时这种美又必须通过一定的技术才能使之得到尽善尽美的体现。这是艺术院校在专业课程设置中的共性，不同的也许只是纸样设计类、工艺类与设计类课程在比重上的差异而已。[1]在艺术与技术并重的前提下，独立学院艺术专业紧紧围绕企业和市场的需求，以技能型作为其基本的人才培养模式。技能型人才的知识结构是围绕着一线生产的实际需要加以设计的，在课程设置和教材建设等基本工作环节上，特别强调基础、实用和适用的知识，重视实行学历教育、职业资格培训、专业实习基地建设，加大了学生实践环节的课时比重，积极推动学院艺术专业教育和人才培养定位与市场、企

〔1〕 张蓓蓓.刍议独立学院应用型服装专业人才培养模式.大舞台，2008(6)：56—58.

图 6-3-3　浙江理工大学科技与艺术学院第一届毕业生毕业设计表演秀。

业实际需要的匹配与融合，而相对忽略对学科体系的强烈追求和对前沿性未知领域的高度关注。同时技能型人才的能力培养体系也是以一线生产的实际需要为核心目标，在能力培养中特别突出对基本知识的熟练掌握和灵活应用，比较而言，对于科研开发能力就没有了更高的要求。(图 6-3-3)

其次，艺术教育与创意产业发展合作的产学一体化人才培养模式。艺术教育与创意产业发展合作是一种特殊的职业教育模式，这种模式的人才培养过程更强调与一线生产实践的结合，即是通过对学生理论教学与实训有机结合，加大实践性教学环节如实验教学、生产实习等，使学生能在较短学习时间内熟练掌握工作必需的理论知识和工作技能。“产学结合”是利用学校和行业、企业的各自独特资源，而彼此间的资源恰恰就是对方所希望拥有或得到的。对于设计或文化创意企业而言，艺术专业的学生具有一定的可塑性，其思维具有一定的创新性，企业可以将每季的设计主题作为教学活动或以设计大赛等形式，让学生参与到企业的设计环节，利用学生丰富的想象力，为企业提供一定的设计创意。对于独立学院艺术专业而言，企业可以为学生提供实习场地、设备等实践资源、实习岗位，行业中的专家可以被定期邀请到学校作讲座或指导，把新工艺、新流程、新技术、新知识及时地传授给学生等形式，帮助他们缩短毕业后与企业的磨和期。目前部分独立学院艺术专业以设计工作室、设计或样品研发中心等多样化形式尝试与行业、企业间搭起合作的桥梁与平台，走出一条具有独立学院艺术专业特色的

图 6-3-4　2011 年在复旦大学上海视觉艺术学院举行的上海金伯利钻石有限公司与复旦大学上海视觉艺术学院校企合作签约仪式。

"产学结合"之路。(图 6-3-4)

其三,目标层次与规格需求匹配的多元型艺术人才培养模式。近年来,根据目标市场定位和实际需求,独立学院艺术专业发展逐步呈现日益多样化的趋势,从最初的染织设计方向、服装设计方向,发展至视觉传达方向、环境设计方向以及数码媒体方向等。某一设计方向也得到更深入的发展,如服装设计方向从最初着重强调结构和工艺的服装工程方向,以成衣设计为主的设计方向,逐步拓展到了服装贸易、针织服装设计与工艺等方向。专业方向的多样化表明艺术教育正根据市场层次和规格需求逐步细分化、专业化,改变了传统工程类的设计人才从事艺术设计行业或贸易,特别是以创意为主的艺术教学体系无法满足设计实践行业特点和要求等,造成艺术人才进入企业后,必须再经过企业的半年或一年以上的专门培训,才能达到企业实际工作要求等现象。这在一定程度上,既造成了学院教育资源浪费,同时也给企业增加了重复投资教育的成本,影响了企业对独立学院进行艺术专业教育的信心。与实际市场相适应的明确的目标层次和与规格需求相匹配的多元型应用型艺术人才培养模式正在逐步改变以上这些不利因素。多元型艺术人才培养在强调"一精多能",应用型人才培养的同时还较为注重培养外向型、复合型人才,以使"一主两辅、一精多能"人才培养模式更具有系统性和完整性。多元型订单式人才培养着重按照行业或企业的生产、管理中的细分化需求,设计教学内容和课程体系,并根据工作岗位的

图 6-3-5　2014 年景德镇陶瓷学院科技艺术学院创业孵化基地落户景德镇醉千年陶瓷文化传播有限公司。

能力要求确定相应的教学方式，独立学院正在尝试实行 2＋1＋1、3＋1 或 3＋0.5＋0.5 等学制模式的改革，使学生在毕业前加强专业外语教学、口语和面试、就业等方面的教学与培训，实现人才培养与企业的需要零距离对接。（图 6-3-5、图 6-3-6）

（三）以母体高校为依托，加快建立“双师型”的教学队伍

所谓“双师型”教师，就是“既具备教师资格又具备相关专业从业资格的教师，如既是教师，又是工程师、会计师、农艺师、技师等”。[1] 目前，独立学院的教师大多来自于母体高校的教师，他们更多侧重于“学”，即研究型教学，虽有着丰富的教学经验，但往往不可避免地将母体高校的教学方法、教学内容照搬至独立学院，缺乏独立学院教学特色。独立学院自身拥有的教师忙于教学，无暇顾及进入企业进行学习，他们缺乏实践经验，没有在生产一线、管理一线等从事过相关工作。这势必使独立学院存在师资不足之处。为此，独立学院一方面要依托母体高校艺术专业教师，积极为自身教师提供进修实践机会，另一方面要聘请从业经历丰富的设计工艺、管理、市场等企业行业人士担任兼职教师，也可以通过校企合作，构建工作室教学模式，从而构成专兼职结合的三种形式教师队伍，有力推动独立学院艺术专业发展和教学质量的不断提高。

独立学院是界于普通本科与高职高专之间的新生群体，独具的优势和明确的培养定位，使其能最大限度地利用其专业特点服务于社会。无论是技能型人才培养模式、产学一体化人才培养模式，还是多元型人才培养模式都是为了实现独

〔1〕 王俊德等．创新独立学院应用型艺术设计人才培养体系∥邹冬生．中国高等教育发展新思路探索：茁壮成长的独立学院．长沙：中南大学出版社，2008：739—744.

图 6-3-6　2013 年华中师范大学武汉传媒学院举行　武汉动漫协会产学研合作创新基地　揭牌仪式。

立学院与企业“零距离对接”，学生在学院与用人单位间“无缝转机”。在教育改革的今天，独立学院的艺术专业人才培养模式如含苞待放的花朵正欲在艺术教育与企业结合共进的这片田地中大放异彩。

参考文献

厉无畏，王慧敏等. 创意产业：转变经济发展方式的策动力[M]. 上海：上海社会科学院出版社，2008.

厉无畏. 创意改变中国[M]. 北京：新华出版社，2009.

张京成. 中国创意产业发展报告(2006)[M]. 北京：中国经济出版社，2006.

张京成. 中国创意产业发展报告(2007)[M]. 北京：中国经济出版社，2007.

张京成. 中国创意产业发展报告(2008)[M]. 北京：中国经济出版社，2008.

张京成. 中国创意产业发展报告(2009)[M]. 北京：中国经济出版社，2009.

张京成. 中国创意产业发展报告(2010)[M]. 北京：中国经济出版社，2010.

张京成. 中国创意产业发展报告(2011)[M]. 北京：中国经济出版社，2011.

张京成. 中国创意产业发展报告(2012)[M]. 北京：中国经济出版社，2012.

张京成. 中国创意产业发展报告(2013)[M]. 北京：中国经济出版社，2013.

林炎旦. 文化创意产业理论与实务[M]. 台湾：台湾师大书苑有限公司，2011.

冯天瑜，何晓明，周积明. 中华文化史. 上海：上海人民出版社，1990.

蒋三庚. 文化创意产业研究[M]. 北京：首都经济贸易大学出版社，2006.

孙安民. 文化产业理论与实践[M]. 北京：北京出版社，2005.

项仲平等. 文化创意产业与当代艺术教育创新研究[M]. 北京：中国广播电视出版社，2010.

曾繁仁等. 现代中西高校公共艺术教育比较研究[M]. 北京：经济科学出版社，2009.

程春云. 艺术教育概论[M]. 昆明：云南大学出版社，2009.

杨力，宋尽贤. 学校艺术教育史[M]. 长沙：湖南出版社，2002.

黄艳秋，杨栋杰. 中国当代商业广告史[M]. 郑州：河南大学出版社，2006.

缪学为. 苏州文化产业研究[M]. 苏州：苏州大学出版社，2007.

中国服装协会编. 服装廿念[M]. 北京：中国纺织出版社，2011.

潘鲁生.设计艺术教育笔谈[M].济南:山东画报出版社,2005.

聂立家等.高等艺术院校人才培养模式改革研究[M].济南:山东大学出版社,2011.

清华大学美术学院中国艺术教育发展策略研究课题组编.中国艺术设计教育发展策略研究[M].北京:清华大学出版社,2010.

张应强.文化视野中的高等教育[M].南京:南京师范大学出版社,1999.

林拓,薛晓源.世界文化产业发展前沿报告(2003—2004)[M].北京:社会科学文献出版社,2004.

王章旺等.创意的经济与创新设计人才的教育[M].沈阳:辽宁美术出版社,2009.

王治河.全球化与后现代性[M].桂林:广西师范大学出版社,2003.

江蓝生,谢绳武.2001—2002年:中国文化产业发展报告[M].北京:社会科学文献出版社,2002.

[美]理查德·佛罗里达.创意阶层[M].司徒爱勤译.北京:中信出版社,2010.

[澳]约翰·哈特利.创意产业读本[M].曹书乐,包建女,李慧译.北京:清华大学出版社,2007.

[英]约翰·霍金斯.创意经济——如何点石成金[M].洪庆福,孙薇薇,刘茂玲译.上海:上海三联书店,2006.

[美]安纳利·萨克森宁.地区优势:硅谷和128号公路地区的文化与竞争[M].曹蓬等译.上海:上海远东出版社,1999.

金元浦.世界创意经济浪潮正在勃兴[J].决策与信息,2005(4).

金元浦.新技术革命与文化产业[J].瞭望,2004(21).

金元浦.我国创意产业发展的困境与问题[J].中关村,2005(9).

张林明.游戏帝国风云再起:中国手机游戏产业观察报告:中国游戏产业的下一座金矿[J].经营者杂志,2005(5).

张文洁.英国创意产业的发展及启示[J].云南社会科学,2005(2).

熊澄宇.英国创意产业发展的启示[J].求是,2012(7).

吴丽萍.英国创意产业发展现状与经验启示[J].发明与创新,2012(7).

管晨.全球化背景下美国创意文化产业链[J].艺术百家,2007(7).

张颖.对河南省高校艺术教育应对文化创意产业产业发展的研究[J].河南工业大学学报(社会科学版),2010(2).

韩学周,马萱.论艺术教育与创意经济发展[J].文理导航·教育研究与实践,2010(11).

连连.大众文化消费与我国文化产业发展关系探讨[J].福建论坛(经济社会版),2000(6).

邓安球.论文化消费与文化产业发展[J].消费经济,2007(6).

俞鹰.艺术设计教育在创意产业中的角色——以英国伦敦艺术大学为例[J].同济大学学报(社会科学版),2009(5).

吴飞驰.关于共生理念的思考[J].哲学动态,2000(6).

费孝通.反思·对话·文化自觉[J].北京大学学报(哲学社会科学版),1997(3).

王卓君.文化自觉与高水平大学建设[J].中国高等教育,2010(1).

刘建刚.对高校艺术教育的几点思考[J].高教论坛,2006(1).

邵龙宝.全球化与“文化自觉”及其教育[J].社会科学,2001(10).

范可.全球化语境下的文化认同与文化自觉[J].世界民族,2008(2).

高新,屠志芬,赵庆华.动漫产业转型期的高端人才培养[J].中国高等教育,2011(23).

吕江.寻找适合现阶段动画教学的途径——南艺设计学院动画专业的发展及现状[J].南京艺术学院学报(美术与设计版),2002(3).

张立.对中国动画教育发展的思考[J].理论月刊,2006(2).

王玉敏.对中国动画人才培养现状的思考[J].艺术探索,2006(2).

彭涌.新时期中国广告产业的发展困境及路径选择[J].山东社会科学,2012(4).

刘磊.创新型广告人才培养探究[J].新闻界,2012(3).
杨蓓.广告设计人才培养模式研究[J].艺术教育,2012(6).
吴永红.我国高等服装教育适应性与前瞻性思考[J].江西科技师范学院学报,2003(6).
李当岐.我国服装业的人才需求与培养[J].宁波大学学报(教育科学版),2001(2).
郭晶,李运.服装人才培养之觉醒[J].中国服饰,2010(9).
任夷.服装产业与服装教育[J].美术学报,2005(4).
赵旭.从艺术教育看服装与文化创意产业[J].北京服装纺织,2008(9).
李超德.宽基础重能力——走综合素质培养之路[J].中国服装,2002(7).
朱烨.互联网10年:掀起传统服装业运营模式大变革[J].中国服饰报,2009.
李海亭.关于高校文化产业专业学科建设与教学模式改革的思索[J].高等教育研究,2010(4).
刘桂珍.综合性大学艺术专业建设问题与发展策略[J].西北师大学报(社会科学版),2007(6).
陈振濂.先“学”后“术”——综合性大学艺术学专业办学新思路[J].南京艺术学院学报,2004(1).
潘志勇.独立学院人才培养存在的问题及对策[J].黑龙江高教研究,2009(4).
邓传德等.关于独立学院人才培养目标定位的探讨[J].中国高教研究,2008(4).
邹平,顾韵芬.论服装产业发展及其专业人才的培养[J].中国职业技术教育,2004(12).
杨以雄,刘君,李春芳.服装创意产业园区规划与建设探析[J].纺织学报,2010(6).
中央政府门户网站.文化产业振兴规划,2009.
卢斌等.动漫蓝皮书.中国动漫产业发展报告(2012版)[M].北京:社会科学文献出版社,2012.
国务院办公厅.关于推动我国动漫产业发展的若干意见,2006.
“十二五”时期国家动漫产业发展规划〔2012〕1号.2012:1.
郑晓钰.创意人才急需有创意的培训.新京报,2008-03-31.

后　记

文化创意产业被誉为21世纪最具发展潜力的朝阳行业，各国都在不遗余力地竞相鼓励和扶持，以期在未来的竞争中立于不败之地，这对于由制造型向创造型发展的中国来说，具有重要意义。文化创意产业的勃兴为高等艺术教育的改革与发展提供了广阔的空间，也为高等艺术教育发展提出了新要求。创意人才的教育与培养是我国文化创意产业发展的关键条件，也成为文化创意产业与高等艺术教育之间沟通的重要桥梁。本书的主旨是研究文化创意产业与高等艺术教育互动关系，重点从文化创意产业大背景视野下阐述高等艺术教育创新发展，积极探索高等艺术各类专业人才培养目标及模式。作者还结合多年来的艺术学习实践及艺术教育管理经验，介绍了一些高等艺术教育创新发展理念与模式。

本书主要部分是本人在教育学博士后"出站报告"的成果及近几年来发表的相关学术论文的基础上完成的。其中第三章是由本人与南京信息职业技术学院张玉芹老师共同完成的，盐城工学院王文广博士、苏州大学艺术学院卢海栗老师、苏州工艺美术职业技术学院王涌副教授等也为本书提供了相关资料。我的爱人张蓓蓓博士为本书提供了大量精美的图片。该成果既是2014年江苏省教育厅高校社科项目(2014SJB526)的结项成果，也是本人主持的国家社科艺术学项目(15BG105)的立项基础及中期成果。

在本书的撰写过程中，得到了我的博士后合作导师周川教授以及各位领导、同事及家人的关心与指导，在此表示衷心的感谢。本书的撰写与出版得到了江苏省高校优势学科建设项目资助。撰写此书，对我而言是一个挑战，我接触此领域较晚，知识积累不足，而且由于时间较为仓促，所以错误难免，请各位专家学者多多批评指正。